文化遗产保护是城市领导人的天职

——杨卫泽

文化是产业 但更是城市领导人的天职

——耿工华

天职

从「文保市长」到「文保书记」

中国文物保护基金会 编

文物出版社

北京·2009年

文化
是城市的灵魂

今天的文化遗产保护形势依然严峻
城市领导人对文化遗产的认知将起到关键的作用

杨卫泽同志从"文保市长"到"文保书记"
一路走来已有八年
始终如一地关心文物保护
受到人们的广泛关注和高度肯定

杨卫泽

杨卫泽　工程硕士。南京大学公共管理学院兼职教授。1998年5月至2000年12月任江苏省交通厅厅长，兼任江苏省高速公路建设指挥部副总指挥，江苏省长江公路大桥建设指挥部总指挥；2000年12月至2004年11月任中共苏州市委副书记、代市长、市长，兼中新苏州工业园区股份有限公司董事长；2004年11月起任中共无锡市委书记；2006年11月起任中共江苏省委常委、中共无锡市委书记。

2006年获联合国教科文组织亚太地区文化遗产保护奖，2008年获首届"薪火相传——中国文化遗产保护年度十大杰出人物奖"。

前 言

2008 年 4 月 12 日，在古老而辉煌的北京故宫，举办了一次在中国文化遗产保护史上具有重要纪念意义的活动，即首届"薪火相传——中国文化遗产保护年度杰出人物"颁奖典礼。经全国各地推荐，社会各界人士投票，评比委员评审，有 10 位同志当选为年度杰出人物。其中，中共江苏省委常委、无锡市委书记杨卫泽同志作为唯一城市领导人光荣当选。

杨卫泽同志高度重视文化遗产保护，在中国文物界享有赞誉，被人们称为"文保市长"、"文保书记"。在这次评选活动中，反响强烈，有 429 万张选票为他投票，人们希望能有更多的城市领导人，像杨卫泽同志一样成为"文保市长"、"文保书记"。因为，今天的文化遗产保护形势依然严峻，城市领导人对文化遗产的认知将起到关键的作用。

10 位杰出人物都有感人的事迹，我们将编辑《薪火相传》

一书，收录 10 位杰出人物的先进事迹，作为对本届文化遗产保护杰出人物评选活动的总结和纪念，回馈广大民众，扩大活动和杰出人物的影响力。同时，我们征得杨卫泽同志同意和支持，将杨卫泽同志任苏州市长和无锡市委书记期间所发表的有关文化遗产保护的文章汇集成册，编辑出版《天职——从"文保市长"到"文保书记"》一书。

文化遗产保护任重道远，它关系到民族的命运、人类的未来。我们殷切希望每一位城市领导人，每一位有识之士，读一读这本文集，得到一点启迪，都来做文化遗产保护与城市建设相融合的促进者，做文化遗产保护的支持者和实践者。

中国文物保护基金会

2008 年 8 月 5 日

杨卫泽
——城市发展有机更新的实践者

2006 年联合国教科文组织亚太文化遗产保护奖,授予苏州市平江历史街区整治改造规划项目主持者——苏州市市长杨卫泽先生、同济大学国家历史文化名城保护研究中心主任阮仪三教授。

历史街区体现着一座城市发展年轮和历史风貌,反映着一座城市建筑特色和历史文化。历史街区的保护,是全球城市发展中面临的共同难题和挑战。杨卫泽先生和阮仪三教授成功地主持了苏州市平江历史街区整治改造规划项目,历史文化遗产得到了全面保护,城市发展得到了有机更新,为历史街区的保护作出了卓越的贡献。

联合国教科文组织世界遗产中心

东亚和太平洋地区主席　博卡帝

2006 年 6 月 10 日

杨卫泽
——敢为人先的"文保书记"

    被誉为"文保书记"的杨卫泽,名字在全国的文物界并不陌生。在担任苏州市长期间,他组织保护修复了苏州环古城河历史风貌带和山塘、平江历史文化街区,成功地承办了第28届世界遗产大会。到无锡工作后,他继续推行"文化遗产人人保护,保护成果人人共享"的全新思路,使得无锡的文化遗产保护在江苏省内乃至全国都走到了前列。他以自己的探索为经济效益与文物保护之间的矛盾找到了一个稳固的支点,也开启了一种新的发展范例。

中国文化遗产保护年度十大杰出人物

评选组委会主任　马自树

2008 年 4 月 12 日

序 言

罗哲文　谢辰生　吕济民

　　2008 年初，无锡的同志到北京来，说起江苏省文物局和无锡市文化遗产局要推荐杨卫泽书记参选"薪火相传——中国文化遗产保护年度杰出人物"，我们几位不约而同地提出要当专家推荐人，一致赞同推荐杨卫泽同志当选杰出人物。前几天，听说中国文物保护基金会要编辑出版《天职——从"文保市长"到"文保书记"》，我们几位又异口同声地表示要为这本书作序。

　　我们认识杨卫泽同志，是从他当苏州市长开始的。杨卫泽同志在苏州工作期间，正是苏州市政府筹办联合国教科文组织主办的第 28 届世界文化遗产大会之时。我们每年都要去苏州，每次都要去看文物。苏州的文物保护不仅基础工作做得好，而且亮点频频，苏州博物馆、山塘街和平江历史街区、古镇、古村、古城风貌等一系列重点工程相继竣工开放，影响巨大，文物界把杨卫泽同志称之为"文保市长"。2004 年末，杨卫泽同志到无锡担任市委书记。无锡文物保护曾有令人遗憾的过去，然而，短短几年，无锡文化遗产保护一跃走到了全国前列：第一个成立文化遗产局，物质与非物质文化遗产开始得到有效整合和全面保护；第一个成立文化遗产保护基金，首期募集社会资金 2400 万元，引导全社会参与文化遗产保护；第一个实践市区联动、以区为主的政府责任制，共计投入 10 多亿元资金，修复了 100 多处文保单位；第一个与国家文物局联合构筑高层次学术交流平台，中国文化遗产保护论坛永久落户无锡等等。无锡 2006 年成功申报为省级历史文化名城，2007 年又被国务院公布为国家历史文化名城。业内外人士由衷地称杨卫泽同志为"文保书记"。杨卫泽同志从"文保市长"到"文保书记",一路走来已有 8 年,始终如一地关心文物保护,受到人们的广泛关注和高度肯定。

和杨卫泽同志相处这么多年,深知他勤于思考,富有思想,但对文化遗产保护研究如此之深,撰写的文章如此之多,是我们始料未及的。细细阅读,既有理论高度,又有前瞻思考,更贴近改革开放实际,内容丰富翔实,涉及范围较为广泛,从不同侧面、不同角度、不同程度反映了杨卫泽同志的理论研究水平和研究成果,具有较强的理论性、指导性、针对性和实用性,对进一步推动我国文化遗产保护有着积极的参考价值。近 8 年时间内,杨卫泽同志先后在两个重要城市担任党政主要负责人,城市工作面广量大,在工作十分繁忙的情况下,将文化遗产保护放到重要位置,撰写了这么多文化遗产保护理论文稿，十分难得，可敬可佩。

我们几位在文化遗产保护战线上工作了几十年，深切地体会到，文化遗产保护既需要文化遗产业界人士的奋发有为，更需要各级党政领导的高度重视和大力支持。唯此，中国文化遗产保护才能真正迎来阳光灿烂的春天。华夏文明必定华光异彩，代代相传。中华民族必定能全面复兴，屹立于世界的东方。

是为序。

2008 年 8 月 15 日

罗哲文　国家文物局古建筑专家组组长、中国文物学会会长
谢辰生　中国文物学会名誉会长、国家历史文化名城专家委员会委员
吕济民　原国家文物局局长、故宫博物院研究员

目 录

从"文保市长"到"文保书记"

——中国文化遗产保护年度杰出人物杨卫泽的文化遗产保护理念与实践

因为首届中国文化遗产保护年度杰出人物的评选，我开始关注广受专家和公众好评的江苏省委常委、无锡市委书记杨卫泽的文化遗产保护事迹和理念。近日有机会到无锡，更是亲耳听到亲眼看到并亲身感受到了一些因杨卫泽的推动而形成的一些文化遗产保护成果已开始在地方社会经济文化的发展中产生积极作用。

其实杨卫泽保护文化遗产有其渊源。他在担任苏州市长期间，就因高度重视文化遗产保护，被人们称为"文保市长"。他组织保护修复了苏州环古城河历史风貌带和山塘、平江历史文化街区，成功地承办了第 28 届世界遗产大会，得到了联合国教科文组织和国内外专家的充分肯定，曾荣获联合国教科文组织亚太地区文化遗产保护奖。2004 年他到无锡工作以来，又带领党政干部和全市人民深入贯彻落实科学发展观，努力推进无锡市文化遗产保护事业全面协调可持续发展，在全市形成"文化遗产人人保护，保护成果人人共享"的和谐局面，为推动文化名城建设和文化遗产保护作出了卓越贡献，无锡的文化遗产保护在省内乃至国内走到了前列，杨卫泽被全国文物界誉为"文保书记"。2008 年 6 月，他当选为"薪火相传——中国文化遗产保护年度杰出人物"。

本文由《中国文物报》曹兵武撰写。

提高认识　统筹规划
全面建设文化名城

　　无锡位于太湖之滨，人杰地灵，7000 多年前的新石器时代文化就闪现出璀璨的光辉，有 3000 多年的文字记载史，2500 多年的建城史，是吴文化的重要发源地，近代民族工商业发祥地和当代乡镇企业诞生地，留下来众多各具特色的文化遗存。客观地说，在近年社会经济快速发展的过程中如何看待历史文化遗产，无锡有过迷失。杨卫泽到任后多次提出："我们不应把保护文化遗产看作是一种束缚，我们要通过'申名'自套'枷锁'，在城市建设中理性地对待遗存，自觉地保护文物，保留城市的个性和特色。"为此，市第十一次党代会明确了打造最富有人文特质的文化名城的奋斗目标。为彻底改变历史文化遗产保护的被动局面，杨卫泽着力在三个方面予以重点推动：一是推动文化遗产保护法制建设。无锡颁布了全国多项之先的政府规章，比如《无锡市历史街区保护办法》、《无锡市工业遗产普查及认定办法》、《无锡市乡土建筑普查及认定办法》等。二是推动文化遗产保护规划编制。在杨卫泽高度重视和推动下，先后编制了《无锡历史文化保护规划》、《无锡城镇文物保护规划》、《无锡历史街区保护规划》、《无锡古运河保护规划》、《无锡工业遗产保护和利用规划》、《无锡历史文化名城保护规划》等，加强了文化遗产保护的刚性和力度。三是提炼无锡文化遗产的特色。杨卫泽认为，文化遗产的价值不仅在于时间，更在于独有性，无锡文化遗产要在千年吴地文明、百年工商繁荣、江南古城人杰地灵上下工夫，要求开展全市性、专题性的大规模文物普查。到目前为止，无锡的全国重点文物保护单位由 2002 年的 4 处增加到 15 处，省级文物保护单位由 21 处增加到 58 处，市级文物保护单位由 182 处增加到 285 处；历史文化街区由 1 处增加到 4 处，保护面积由 18.18 公顷增加到 58 公顷；非物质文化遗产分别有 8 项被列入国家级名录，10 项被列入首批省级保护名录，56 项被公布为市级保护名录。无锡各级文物保护单位总量从江苏全省第 9 位跃升至第 3 位，历史街区保护面积从全省第 10 位跃升至第 2 位。无锡还开创全国工业遗产保护之先河，先后分 2 批公布了 35 处工业遗产保护名录、第 1 批 20 处乡土建筑保护名录，今年将公布古村落保护名录和 20 世纪文化遗产保护名录。无锡文化遗产保护取得的显著成果受到全国专家的赞誉，得到省和国家文物部门的首肯。江苏省人民政府 2006 年公布无锡为江苏省历史文化名城，国务院 2007 年 9 月公布无锡为国家历史文化名城。

实施项目　维修保护
全面优化文化遗产保护利用状况

　　面对无锡众多的文化遗产，杨卫泽十分珍视这份珍贵的文化资源，注重把潜在的优势转化为现实优势。他多次率市委、市政府领导考察无锡文化遗产保护状况，并针对文物保护工作的难度多次提出"文化是一种'软实力'，这种特性决定了文化工作的柔性比较强，衡量文化建设成效的标准较难制定。越是这样，就越是需要我们在文化建设中拿出一股硬气来，软事硬做、虚事实做，确保建设文明无锡，打造文化名城工作取得实实在在的效果。"确定了"护其貌，显其颜，铸其魂，扬其韵"的无锡文化遗产保护的指导方针，以项目化、工程化的举措推进无锡文化遗产保护事业。在 2006 年召开的全市"建设文明无锡，打造文化名城"文化工作会议上，确定了市级文物保护建设项目 4 个"八大工程"，确定了市、区联动的"1234"十大文物保护重点工程，确定了 99 个文物保护项目，分解到 2 个市（县）7 个区政府的相关单位，并将文物保护建设项目以责任书的形式与市相关部门及 2 个市（县）7 个区政府签订《"建设文明无锡，打造文化名城"项目任务责任书》。为加大推进力度，落实措施，市委、市政府专门印发了《关于国家历史文化名城建设的实施意见》、《关于确定"十一五"市文化重点工程的通知》、《关于"十一五"市文物重点工程实行领导挂钩联系制度的通知》。杨卫泽带头挂钩清名桥历史街区，担任保护领导小组组长。

　　2007 年 12 月，杨卫泽又主持召开了全市"建设文明无锡，打造文化名城"再动员大会，要求全市人民"以无锡获得国家历史文化名城称号为新的起点，以更加自觉、更加主动的态度和更加扎实、更加有力的措施，在全市范围内全面深入开展历史文化遗产发掘、保护和修复工作，传承弘扬优秀传统文化，彰显城市人文底蕴，掀起全市历史文化名城建设新高潮"。近几年来，投资9亿元建设无锡博物院；总计投资10亿元，先后修复了薛福成故居、茂新面粉厂（中国民族工商业博物馆）、东林书院、钱钟书故居、顾毓琇故居、阿炳故居、秦邦宪故居、刘天华故居等50多个项目；清名桥、惠山、荣巷、小娄巷四大历史街区保护整治工程已启动，荡口名镇、严家桥名村修复工程已过半。无锡县城隍庙戏台、锡金公园、适园、东坡书院、安阳书院、孙冶方故居、薛暮桥故居、张效程旧宅、秦观墓、倪云林墓、孙继皋墓、允福面粉厂、江阴蚕种厂和荣毅仁纪念馆、王选纪念馆、无锡名人苑、何振梁与奥林匹克陈列馆、无锡乡镇企业博物馆、吴文化博物馆、丝业博物馆、窑业博物馆、米市博物馆、锡式铁具博物馆、民乐博物馆、书画博物馆等相继启动建设。在这些项目中，倾注了杨卫泽的心血，如鸿山遗址保护建设。2004年，杨卫泽刚到无锡，听说鸿山墓出土大量珍贵文物，立即现场办公，听取专家意见后决定停止原国际家具城工程建设，改建为遗址公园。该遗址位居新区，寸土寸金，7.5平方公里大遗址在杨卫泽一手倡导下，2006年完成大遗址保护规划，2007年投资2.7亿元建成遗址博物馆，2008年又将投资3亿元进行本体保护，将在3年至5年内总投资达12亿元，建成国内一流的大遗址保护展示项目。4月，国家文物局在无锡召开了全国大遗址保护现场会。

改革创新　广泛发动
全面提升文化遗产事业
健康持续发展的能力

为适应市场经济条件下文物事业大发展、大繁荣的新形势、新要求，在杨卫泽组织领导下，无锡率先在国内实行文物管理体制改革。本着管办分离、政事分开的原则，将原文化局直属的8家文物博物单位建制划归市文化艺术管理中心管理。成立了国内第一家文化遗产局，设置了文物处、法规处、非物质文化遗产保护中心、文物执法大队等文化遗产管理机构。

为落实文化经济政策，在加大公共财政对文化遗产保护事业投入的同时，2007 年，杨卫泽倡议设立了全国首家文化遗产保护基金，并带头捐赠 1 万元，鼓励社会各界支持和促进无锡文化遗产保护事业的发展，公募基金 2400 多万元。为加大文物保护的社会参与度，杨卫泽提议设立"文保卫士"专项奖励资金，每年表彰 10 位举报和阻止文物损坏事件发生的"文保卫士"。杨卫泽对有关文物保护的来信来访高度重视，都亲自一一批示督办，仅 2007 年批示来信 50 多件。

杨卫泽十分尊重专家，每年"两会"期间都要把罗哲文、吴良镛、谢辰生等专家请到无锡驻京办事处召开座谈会，听取专家意见。为促进全国文化遗产保护事业的发展，杨卫泽和国家文物局长单霁翔多次协商在无锡设立中国文化遗产保护无锡论坛，并作为永久会址，每年 4 月在无锡举办文化遗产保护论坛。已分别成功举办了中国工业遗产保护论坛、中国乡土建筑保护论坛和中国 20 世纪文化遗产保护论坛，杨卫泽在论坛上都曾发表主旨演讲，为推动工业遗产、乡土建筑和 20 世纪文化遗产保护作出了重要贡献。如今，无锡论坛已经成为中国文化遗产保护最新概念、最新理念和理论的重要发布和推广平台。

在中国文化遗产保护年度杰出人物颁奖会上，杨卫泽一再强调保护文化遗产是城市领导人的天职。他说："相比城市发展的历史长河，一个城市领导人的任期只是短暂的一瞬间，但是，一个城市领导人对于城市文化遗产保护的态度和作为，对城市发展历史的影响是重大和久远的，今天的获奖告诉我，薪火相传是城市领导人的天职，是第一大使命。"

我非常认同杨卫泽的这段话。改革开放，发展经济，某种程度上我们正在创造历史。但是只有正视并科学地处理历史及文化遗产，才能创造更好的新的历史。因此，如何正确处理历史文化遗产即对待文化遗产的态度，往往会决定一个城市或者地方发展的高度、持续力及其发展成果最终的历史地位。

即便在长江三角洲这样的发达地区，无锡也是重要的经济发达地区。这个面积上的小型城市，人口上的中等城市，资源并不丰富，却能够成为经济上在全国也屈指可数的大市，其发展的动力源泉就是人才和文化。历史上的无锡人杰地灵，人才辈出，历史文化遗产积淀丰厚，而今天的无锡要实现持续的发展与繁荣，就必须更加重视人的素质与文化的建设。这其中，文化遗产资源的有效保护、科学管理与合理利用，是极其重要的方面。

愿更多的地方领导能够认识到这个道理，能够有这样的文化自觉，能够取得这样的文化遗产保护与利用的成效。如此，我们的国家、民族和中华文明的全面复兴的伟大目标，就会更早、更好地实现。

（2008 年 9 月）

苏州

SU ZHOU

我们所熟悉的苏州风貌主要是明清年代的，它的建筑颜色是黑、白、灰，素雅宁静。在保护和修复中，我们必须尊重传统，不是简单的复制

苏州平江历史街区保护赞誉中外

——杨卫泽获联合国教科文组织亚太文化遗产保护奖

今天是我国第一个文化遗产日，由同济大学、中国城市规划学会历史文化名城学术委员会和同济大学国家历史文化名城研究中心主办的"2006世界遗产国际高层学术讨论会"聚集了来自世界各地的文化遗产保护界知名人士。市委书记杨卫泽作为唯一受邀的城市代表发表演讲。6月9日晚，杨卫泽还出席了联合国教科文组织亚太遗产保护奖颁奖晚会，他与同济大学国家历史文化名城研究中心主任阮仪三教授等因成功主持苏州平江历史街区整治改造规划项目而获得了"联合国教科文组织亚太文化遗产保护奖"。

杨卫泽在研讨会上就"无锡文化遗产保护理念和方式的转变"这一主题与专家们进行了深入的交流。他指出，要积极吸收国际、国内文化遗产保护的先进经验，构建无锡利用保护文化遗产体系，实现文化遗产保护和经济社会发展的良性互动。演讲着重介绍了我市在保护文化遗产过程中实施的"六个转变"。由行政保护为主转向以法制保护为主，在市场经济条件下，政府的行政行为要逐步纳入法制轨道，在文化遗产保护上也应如此，以增强保护工作的刚性和力度；由单体保护为主转向单体保护与片区保护并举，文化遗产通常都是系统性、整体性存在的，为此要突出对重要历史遗存的片区保护，在继续加强单体修复保护利用的基础上，着力把历史街区、古镇、古村的保护放在更加重要的位置；由文物保护转向文化遗产保护，将文物保护的范畴扩大到文化遗产，包括物质文化遗产和非物质文化遗产；由被动保护转

本文由《无锡日报》高飞撰写。

向品牌打造，打造历史文化发源地品牌、吴越文化精华地品牌、名人文化荟萃地品牌；由部门保护转向全社会保护，努力形成政府导向、多方联动、多元投入、有效利用的文物保护新体制；由单一保护转向综合保护利用，把文物保护和利用融入整个城市发展中。最后杨卫泽指出，要通过"六个转变"建设保护利用体系，更好地发掘、利用好无锡的文化遗产资源，展示城市历史风貌，彰显无锡文化魅力，努力使历史文化资源成为无锡城市核心竞争力的重要组成部分。

文化遗产日前夜，上海莫干山路 50 号振兴书院剧场内，联合国教科文组织亚太遗产保护奖颁奖晚会，从权威的视角表彰那些为文化遗产保护做出卓越贡献的单位和个人。嘉宾席地而坐、低案上烛火跳跃、耳边悠悠飘来的江南丝竹、评弹，拉开了颁奖晚会的序幕。当杨卫泽从联合国教科文组织世界遗产中心东亚及太平洋地区主席博卡帝先生手中接过奖牌时，他与全场嘉宾分享了自己在文化遗产保护工作中获得的启示："遗产保护是为了将来，为了可持续发展，所以我把这个奖项理解为是对未来的褒奖。"

文化遗产日到来之际，杨卫泽在上海接受了本报记者的专访。他呼吁全市上下高度重视文化遗产的保护和利用，积极申报国家历史文化名城，大力弘扬优秀的吴文化和工商文化，吸收一切先进的文明成果，加快把无锡建设成为一个最富有人文特质的文化名城。他指出，一个国家、一个城市的遗产是这个国家、这个城市历史的见证、文化的烙印，也是前进的基础、发展的优势。保护遗产就是尊重历史、保护文化，就是夯实基础、发扬优势。无锡作为一座有 7000 年人类文明史、3000 多年文字记载史和 2500 多年建城史的江南名城，是古代吴文化的发源地，是近代中国民族工商业的发祥地，是当代乡镇企业的诞生地，遗产众多而又宝贵，我们要十分珍惜，努力形成富有自身特点的文化遗产保护之路，使文化遗产传之后世，永续利用。

（2006 年 6 月 10 日）

苏城迎来"世遗"盛会

联合国教科文组织第 28 届世界遗产委员会会议昨天在苏州市开幕。国家主席胡锦涛发来贺词，代表中国政府和中国人民，向会议表示热烈的祝贺，并向与会的各国代表团表示诚挚的欢迎。

胡锦涛在贺词中说，保护世界遗产，是造福人类的千秋功业。各国都应在平等和相互尊重的基础上，相互借鉴，取长补短，更好地保护人类的共同遗产。

胡锦涛说，中国政府高度重视保护文化和自然遗产，将继续弘扬中华民族的优秀文化，保护生态环境，扩大国际合作，保证文化和自然遗产的充分保护和适度利用，进一步促进人与自然和谐发展。

胡锦涛指出，多样性是世界文明的一个基本特征。加强文明对话，有利于促进世界和平与发展的崇高事业。我们期待着联合国教科文组织在促进义明交流方面发挥更大作用。

国务委员陈至立、联合国教科文组织总干事松浦晃一郎、联合国教科文组织大会主席奥姆勒瓦、联合国教科文组织执行局主席弗雷德、世界遗产公约缔约国大会主席贾拉利以及来自各国的 500 多名代表出席了开幕式。开幕式由本届会议主席、中国联合国教科文组织全国委员会主任章新胜主持。文化部部长孙家正，江苏省委书记李源潮，江苏省省长梁保华，国务院副秘书长陈进玉，建设部副部长仇保兴，国家文物局局长单霁翔，江苏省委常委、苏州市委书记王珉，苏州市委副书记、市长杨卫泽，以及联合国教科文组织文化助理总干事布基纳

苏州最高的桥，吴门桥

本文由《苏州日报》徐蕴海撰写。

什、遗产中心主任巴达兰在主席台上就座。

陈至立代表中国国务院在开幕式上致词。她在阐述中国政府为保护文化和自然遗产所采取的一系列政策措施后指出，中国政府充分认识到加强文化和自然遗产保护在全面建设小康社会进程中的重要性，将进一步完善法律法规，加强机构人才建设，普及遗产保护知识，形成全社会参与遗产保护的社会风尚。她表示，中国政府愿与世界各国、各地区、各有关国际组织一道，为保护好人类共同的文化和自然遗产作出不懈的努力。

松浦晃一郎在开幕式上致词。他说，世界遗产和非物质遗产是世界多元文化的重要组成部分。中国在世界舞台上发挥着重要作用，其宝贵文化财富也是世界遗产中不可多得的精粹。

梁保华在开幕式上介绍说，江苏有着丰富的文化和自然遗产资源，并积极履行《保护世界文化和自然遗产公约》，把经济发展与繁荣文化作为统一的目标，文化和自然遗产保护工作取得显著成就。苏州市市长杨卫泽在开幕式上致词。

联合国教科文组织世界遗产委员会每年举行一届会议，本届会议于6月28日至7月7日在苏州召开。这是中国第一次承办这一国际会议，也是世界遗产委员会会议有史以来参会人数最多、会期最长、议题最多的一次会议。

《保护世界文化和自然遗产公约》现有178个缔约国。中国于1985年加入此公约。迄今，中国已有29处文化和自然遗产被列入《世界遗产名录》，数量居世界第3位。

苏州市小星星世界艺术合唱团在开幕式上分别用英文、中文演唱了《让和平降临大地》和《歌声与微笑》两首歌曲。

开幕式结束后，陈至立、孙家正和松浦晃一郎还为第28届会议世界遗产展开展以及世界遗产研究教育中心剪彩。

（2004年6月29日）

为人类文明的延续贡献力量

　　第 28 届世界遗产委员会会议，昨天在全市人民的翘首期盼中隆重开幕。这一天，也同时成为苏州的第一个"遗产保护日"。

　　从第 27 届世遗会到第 28 届世遗会，苏州人民精心准备了整整两年。两年中，苏州人民经历了与第 27 届世遗会失之交臂的遗憾，经历了第 28 届世遗会失而复得的惊喜。两年中，为了迎接盛会，迎接来自五洲四海的嘉宾，苏州人民用辛勤汗水、用聪明才智，令家园面貌焕然一新。两年中，《世界遗产·公约》倡导的保护人类·文明成果使之永续传承的精神，时时激励着苏州人民思考和探索如何在工业化、城市化、国际化、现代化的大潮中，保护好 2500 年古城的历史文化，使苏州这座历史文化名城保护发展共襄壮举，现代传统交相辉映。可以说，两年来，苏州人民不仅交出了一张破解"保护"与"发展"矛盾难题的优秀答卷，更是经历了一次人类发展史哲学思辨的"扬弃"洗礼。我市宣布设立"遗产保护日"，正是苏州人思想升华的标志。

　　作为一个主办城市，苏州与第 27 届世遗会失之交臂，又失而复得第 28 届世遗会的经历，在世界遗产公约组织史上堪称传奇故事。透过传奇经历，苏州人民分明感受到了一种荣誉，也感受到了一种压力。荣誉，来自从联合国教科文组织、世界遗产公约组织到自己国家、省对我们这座城市的倚重；压力，则是从这种倚重之中我们感受到了传承历史文化的责任如山。国家主席胡锦涛昨天在致第 28 届世界遗产委员会会议的贺词中指出："加强世界遗产保护已成为国际社会刻不容缓的任务。这是历史赋予我们的崇高责任，也是实现人类文明延续和可

　　本文为《苏州日报》社论。

持续发展的必然要求。"作为一个世界遗产委员会会议的主办城市，主动承担这一崇高责任，理所应当为人类文明延续贡献我们的力量，苏州在物质文明、政治文明、精神文明建设中，就更应当把处理好"保护"与"发展"的关系，纳入整个城市发展战略，纳入"两个率先"的步骤，使之成为我市经济与社会发展中应有之议题。要为人类文明延续贡献我们的力量，苏州在探索和实现可持续发展上，就应当倾注更大的精力，更加科学地研究和配置我们这座城市的资源，引导人们转变思维方式，转变经济增长方式，更多地依靠科技进步和人的素质提高来实现发展。

为人类文明延续贡献我们的力量，苏州还要营造和倡导尊重历史、崇尚文明的社会氛围，要让"世界遗产保护日"成为每一个市民日常生活中新的行为准则和道德规范，尤其要以设立"遗产保护日"为契机，养成新一代苏州人的文化荣辱观，为古城保护奠定坚实的思想基础。

回望历史，苏州保护人类文明的成就值得欣慰，我们这座城市拥有9所世界遗产级园林即是明证；展望未来，历史赋予我们保护人类文明成果的崇高责任，则让人更添紧迫感，因为如何协调现代化建设和保护历史文化积淀，还有很多课题亟待解决，容不得稍许懈怠。为人类文明延续贡献我们的力量，这是每一个苏州人的职责！

(2004 年 6 月 28 日)

苏州，回到从前

——杨卫泽答《南方周末》记者问

苏州与"世遗大会"

记　者：苏州为什么想到要申办这次大会？

杨卫泽：苏州举办世界遗产委员会全会虽然是一个偶然的机会，但是，偶然中有其必然性。2001 年，我们苏州承办了第一届中国世界遗产青少年夏令营。在开营仪式上，中国联合国教科文组织全委会业务处长杜越透露了一个重要信息：刚刚结束的第 25 届世遗委员会全会决定，第 27 届会议由中国承办。我们觉得这是一件好事，苏州一定要抓住这个好机会，马上就成立了申办小组。当时，杭州、西安、昆明、北京等好几个城市也表达了申办愿望。12 月 17 日，我在申报函上签了字，向中国联合国教科文组织全委会发出申请函，表达了苏州市申办大会的愿望。

2002 年春节刚过，北京方面就来了电话，联合国教科文组织总部认为"苏州是一个好的会议选址"，要求我们务必抓紧申报。教科文全委会、建设部、国家文物局、外交部随后派出专家来苏州考察。2002 年 6 月 28 日，我们接到了中国驻联合国教科文组织大使张学忠的电话："苏州已经申办成功！"

拿到第 27 届世遗会议的举办权以后，我们一直在加强城市的硬件建设，整治苏州的市容环境。可以说，我们当时为会议兴建的基础设施已经全部完成，突然就有电话和传真说，大会改在巴黎举办了，我当时觉得头上挨了一棒。联合国教科文组织总部将大会改址，也有他们的考虑和合理性。我已经做了最坏的准备，第 27 届世遗会移地巴黎，第 28 届会议地址原定南非，英国、黎巴嫩也递交了申办要求，苏州能否成功争取 28 届世界遗产大会并无把握。

我们没想到，在巴黎的会议上，由于中国政府的努力，联合国教科文组织作出了将 28 届世界遗产委员会全会的举办权交给我们的决定。这样，我们又多了一年的时间来准备，所以我们对自己的要求是，把这次大会办得史无前例的好。

记　者：除了提升苏州的形象，世遗会议给苏州的老百姓带来了什么好处？

杨卫泽：在城市面貌改观的同时，对老百姓来说，首先是公共服务设施的完善，具体来说，老百姓出行交通更通畅了，居住环境更好了，拆迁居民的住房也改善了。我们下大力气改造旧城，在保留传统民居的同时，按照"保持传统风貌，完善现代设施"的要求，对一些质量尚可、有传统特色的旧宅进行修缮和修复，重新划分原有平面布置，扩大实用面积，增加独立厨房、卫生间，让继续住在古城区里的市民能够过上现代化的生活。

另外，我们的城市绿地多了，因为举办世遗委员会全会，我们在市区建造了一大批园林景观，居民出行 300～500 米就能步入绿色空间。我们还投资 40 亿元，实施"苏州环古城风貌保护工程"，延伸了历史文脉，大大提升了苏州的城市品位。应该说，世界遗产大会对完善城市功能、提高老百姓的生活质量是有着直接关系的。

记　者：为什么不在当时苏州园林申报世界遗产的同时，申报苏州古城呢？有传闻说，是因为一条高速公路的建设计划而导致苏州古城申报工作失败？

杨卫泽：当时条件不具备，苏州古城区内有工业企业 286 家，涉及纺织、医药、电子、机械等行业，带来了工业三废和噪音污染，严重影响了环境质量和居住质量；还有学校 59 所，医院 5 座，古城区居民达 29 万，人口众多，街道狭窄，交通混乱，建筑乱搭、乱建也非常厉害，特别是作为水城灵魂的水发黑、发臭。在这样的情况下，既有的园林景观和名胜古迹的保护都存在问题，把苏州古城整体申报世界遗产，是不明智的。在专家的建议下，我们当时就只选择了苏州园林申报世界遗产。至于你说的因为一条高速公路的建设计划而导致苏州

古城申报工作失败，这件事情我没有听说过。

记　者：现在，苏州古城申报世界文化遗产的工作进行得怎样了？

杨卫泽：刚刚进入实质性的操作阶段。苏州是拥有 2500 多年历史的文化古城，有着丰厚的历史文化传统。自公元前 514 年建城以来，苏州古城历经沧桑，城址未变，城内"三纵三横一环"的水系和"河街相邻、水陆并行"的双棋盘城市格局至今得到很好保护，在全球范围内也属少见。

作为东道主，苏州将在本次会议上提出把苏州古城申报为世界文化遗产的申请。

经过反复论证比较，苏州古城"申遗"目前倾向于在苏州园林的基础上进行扩展；将作为古城一部分的古典园林与古城墙、古河道、古街巷、古塔、古桥放在一起申报为世界文化遗产。我们希望经过两三年的努力，使古城"申遗"成功。

另外，继昆曲之后，我们准备把苏州评弹申报"世界非物质遗产"。苏州评弹是用苏州方言进行说唱表演的地方曲种，有四百年的历史。它显现着中国古代明、清时的吴文化地区的风土人情，被称为是曲艺形式的活化石。

修补水城面貌

记　者：一路上看过来，苏州是越来越现代了，人们熟悉的那个古苏州的韵味和独特个性却在变淡，对这个问题您怎么看？

杨卫泽：具体情况要具体分析。我们按照国务院提出的"全面保护古城风貌，建设现代化新区"的方针，在古城两边建设了苏州高新区、苏州工业园区，又在南北设了吴中区和相城区，构建了"古城居中，组团发展"的城市框架，促进古城保护。

古城区里的传统建筑好看，但是从功能上已经不能满足人们对现代化生活的需要。老百姓都讲，"古城保护好是好，就是住在里面的人受不了"。大量的传统建筑是古城历史文脉的重要组成部分，如果是拆旧宅建新宅，势必破坏传统格局。

我们要保护、我们要恢复的是怎样一个苏州呢？现在我们所熟悉的苏州风貌主要是明清时代的，它的建筑颜色是黑、白、灰，素雅宁静，在保护和修复中，我们必须尊重传统，不是简单的复制。所以我们在古城区内的要求是，减人减户，保留有价值的房子，按照房屋的年限和原来的建筑格局，修旧如旧，决不在历史街区里进行民居拆迁和道路拓宽。同时，拆掉了一大批严重影响古城风貌的障碍性建筑，保留历史的信息、古城的肌理和街巷古朴的风貌。

现在，古城的保护、整治规划已经完成，古城被划为 54 个街坊，小规模、分批、分阶段适时渐进地改善，维护历史原有街巷格局，完善公共设施。现代化的水、电、气、通讯、有线电视、路灯照明等基础设施一步到位，全部入地。我们以 37 号街坊为代表的保护更新项目，拿到了"中国人居环境范例奖"和"2002 迪拜国际改善居住环境最佳范例奖"。

记　者：我们经常说苏州是个水城，是"东方威尼斯"。有报道说，苏州在近 20 多年的发展和建设中，填掉了大量的河道。在这方面，苏州做了哪些保护工作？

杨卫泽：在宋代，苏州河道是 82 公里，桥 314 座；清代河道是 58 公里，桥 241 座；现存河道 35 公里，桥 168 座，是全国河道最长、桥梁最多的城市。1958 年，苏州以 10 万人 5 天填平了 12 条河道，1976 年再填了 11 条，新中国成立以后填掉 23 条城内河道，总长 16.3 公里，80 年代发展城市建设，古城外围的河流又被填掉很多，90 年代苏州大运河段改道，加上防汛所建的泵站闸门，造成古城内水流不畅，加上工业废水和生活污水直接排入河流，古城的水常年被污染，常年处于劣 5 类。

水是苏州的灵魂。我们已经花了 26 亿元对市区水资源进行综合治理，截留污水，引来清流。在不影响交通和居民生活的前提下，近 2 年来，我们在古城的小街小巷铺排了 220 公里管道，每天超过 10 万吨的污水通过管道被引入到污水处理厂。我们对环城河全面实施禁航，让它不再承受船只的油污和船民随意抛下的垃圾。今年 1 月，西塘河引水工程正式通水，长江水开始每天日夜冲刷环城河，使其水质有了明显改善。同时，我们的目标是到 2005 年河道水质初步达到景观水标

准，环城河水质达到地面水 4 类标准。现在，我们已经有一个计划，适当恢复一些重要的历史河道，相信苏州水城必将重现"东方威尼斯"的形象。

记　者：这些年，苏州在获得了保护经验的同时，有哪些教训呢？

杨卫泽：可以说是遗憾多多。由于古城保护没有现成的路子好走，也没有一个固定的模式，在整治和保护、修复过程中，肯定有成功也有失败。像我们以前在改造交通时，拓宽原来苏州的传统道路，拆掉了一些历史建筑，建设一批新路，沿路破墙开店，使得传统建筑的形态和风貌消失，就是一个很惨痛的教训。

比如人民路是苏州古城的历史中轴线，它历史上没有那么宽，但是过去已经拓宽了，现在怎么办？我们在路两侧和桥两侧增加了古典式的候车亭和廊桥，以弥补缺憾。

1958 年，苏州城墙、城门作为"封建城堡的象征"被拆掉，城墙城砖被运去建炼钢的小高炉，10 座城门拆掉 7 座，只剩下盘门、胥门、金门 3 座，那阊门瓮城我们现在要不要修复？专家、学者有的说要保持断壁，有的说要新建，意见不统一，我们就先修部分城门，其他部分等争论有了初步结果后再说。类似的情况，对我们因地制宜的能力是个考验。

（2004 年 7 月 1 日）

双塔

　　宋代建筑，两塔近依，形式、结构、大小完全一样，为世所罕见

苏州的传统与现代

——杨卫泽答《中国报道》记者问

记　者：苏州是一座历史文化名城，在许多人的印象中，一提到苏州，第一个反应总是"小桥流水人家"、古典园林等苏州所特有的传统的东西。但是最近我又得到这样两组资料：一是美国《纽约时报》、《时代》周刊等对苏州的报道，二是苏州经济总量在国内各城市中的排名情况。从这些资料来看，苏州显然已经成为一个现代化工业城市。我们该如何理解在苏州出现的"传统与现代"这看似对立的两极相伴相生的现象？

杨卫泽：您是否听说过苏绣？苏绣是与湘绣、蜀绣、粤绣齐名的中国"四大名绣"之一。苏绣中的"双面绣"是一种比较精湛的艺术表现手法，它以特殊的针法在同一块薄得几乎透明的真丝底料的两面，分别绣出不同的图案，使之成为一件完美的刺绣艺术品。在我看来，苏州也正是一幅"双面绣"，在她身上较好地体现了传统与现代的和谐统一，人们从不同的视角，可以发现她不同的魅力。

苏州的历史源远流长，文化的积淀十分深厚。建城2500多年来，历代文人都用"地灵水秀、人文荟萃"等各种词汇来赞美她。苏州历史文化的丰厚性既体现在苏州的古城名镇、园林古迹、街坊民居以及刺绣、丝绸、工艺珍品等丰富多彩的物化形态，也体现在昆曲、苏剧、评弹、吴门画派等门类齐全的艺术形态。到过苏州的朋友都可以看到，目前苏州城仍坐落在春秋时代的位置上，基本保持着"水陆并行、河街相邻"的双棋盘格局，"三纵三横一环"的河道水系和"小桥、流水、人家"的独特风貌。无论是保存完好的古典园林、千年古镇，还是我们刚刚提到的刺绣、丝绸，都较为真实而完美地体现着苏州传统的一面。

在保护、继承、弘扬传统文化的同时，灵巧的苏州人还在同一片蓝天下、同一方山水间，大胆创新、巧妙构思，用同一双灵巧的手，飞针走线，绣出了苏州现代经济飞速发展的另一面。在过去的 20 年里，苏州的国内总值年均增长 14%，近三年的财政收入每年都增长 50 亿元左右。苏州的面积不到全国总面积的 0.1%，人口不足全国总人口的 0.44%，但这里所创造的国内生产总值占到全国的 1.7%，进出口贸易总额和利用外资分别占全国的 4.2% 和 7.5%。

苏州的实践证明，世上万事万物总是辩证统一的，"传统"与"现代"虽然是两个看似互相对立的极端，但只要我们善于找准切入点，是完全可以得到和谐统一、同生共荣，并不注定是此消彼长的两难选择。

记　者：我们注意到，近年来，国内外媒体在报道苏州的时候，较多地关注着苏州外向型经济的发展，事实上也每年都有一批又一批境内外投资者纷纷涌向苏州。最近，国内有一家媒体还将苏州评为"外资最为活跃的城市"。您对这个评价怎么看？

杨卫泽：您说的这个报道我也注意到了，首先感谢国内外所有新闻媒体对苏州的关心。开放型经济较为发达，外向依存度高，的确是苏州经济发展中最为显著的一个特点。

苏州开放型经济起步于 20 世纪 80 年代，"九五"期间得到长足发展。至去年年底，全市累计批准外商投资企业 8000 多家，合同利用外资和实际利用外资分别为 415.8 亿美元和 233.4 亿美元。在美国《财富》杂志评选出的世界 500 强企业中，有 81 家已经落户苏州。来自美国、日本及西欧的一批著名跨国公司在苏州设立了 30 多家研发机构。正如最近美国《华尔街日报》所报道的那样：苏州已成为"世界最热的制造业基地"。目前，以电子信息等为主的新兴产业所创造的产值，已占全部工业产值的 40% 以上。

当然，在一大批外商选择苏州、大量外资进入苏州的同时，苏州人也在国际经贸舞台上施展着自己的才华。历史上曾经建起北京故宫的苏州能工巧匠，他们的后人如今已经被邀请到美国、加拿大、日本、新加坡等世界 50 多个国家和地区从事经贸合作与交流。去年，苏州完成进出口总额 236.6 亿美元，新签对外承包合同额 1.45 亿美元，完成外经营业额 1.36 亿美元。

我们专门测算了一下，全市 38.6% 的财政收入、78% 的外贸出口、30% 的投资来自于外商投资企业，外贸依存度达 57%。从这个角度来讲，苏州在经济国际化的进程中可以说已经抢到了先机，较早地、自觉地融入了国际经济大循环。这对于我们进入世界贸易组织，参与国际经济竞争显然是有利的。

记　者： 外向型经济较为发达，是苏州经济发展的最大特点。那么，作为苏州市的市长，您认为这个城市最大的特点是什么？

杨卫泽： 刚才所讲的传统与现代的完美结合，外向型经济较为发达、外向依存度高等，都是苏州的显著特点。至于说她的最大特点，则在于她将物质文明建设与精神文明建设的高度统一，这也好比是一幅"双面绣"作品，一面绣的是高度发达的现代经济，另一面绣出的则是同样高度发达的精神文明。"东园西区"构成了苏州城市发展的"一体两翼"，而物质文明与精神文明构成了苏州城市发展的另一对翅膀。

记　者： 您可以为我们描述一下这幅"双面绣"作品吗？

杨卫泽： 当然可以。我们先来看看她的这一面，在经济发展这个层面上，我们刚刚已经讲了不少数据，这里我再提供另一组数据：2001 年，苏州市的国内生产总值为 1760 亿元；财政收入 209 亿元；人均国内生产总值按现行汇率计算已超过 3600 美元，是全国平均水平的 3.8 倍。这三项指标都在国内城市排名中名列前茅。

繁荣的物质文明，为精神文明提供了基础和保证。具体地讲，在精神文明建设这个层面上，表现为一种充满活力的文化勃兴。文化具有"化人"的作用，因而我们在积极发展经济建设的同时，大力度推进文化设施建设。按照建设社会主义文化强市的目标，近几年来，我们在文化设施建设上的投资每年都在亿元以上，我们相继建成了苏州图书馆新馆、市体育中心、中心血站等一大批文化体育卫生设施。每年还在城区划出黄金地段建设公共绿地和市民休闲娱乐健身场地。如

今，在苏州城乡，你很容易就能感受到一股浓浓的学习氛围，这也是我们苏州市委、市政府所一贯倡导的构建学习型城市的成效之一吧。

记　者：刚才，从大屏幕展示的画面和杨市长如数家珍的介绍中，我们能够深切地感受到，伴随着现代化的进程，苏州浓郁的开放气息扑面而来。那么，在为这座古老而又年轻的城市取得骄人业绩击节赞叹的同时，我想，大家肯定会有一个共同的问题：苏州凭什么创造了这一奇迹？杨市长，您能为大家揭开这个谜底吗？

杨卫泽：这些年，苏州的开放型经济和许多城市一样，的确发展比较快，我觉得，苏州今天之所以能以"开放"的姿态向世人展示自己的形象，并没有什么秘诀，关键在于机遇青睐苏州，而苏州不失时机地把握住了机遇，天时、地利、人和，一应俱全，铸就了主持人所说的"奇迹"。所谓天时，就是改革开放的宏韬伟略为苏州的开放发展奠定了政策基础。苏州的发展史，就是一部改革开放史。回顾苏州开放型经济的发展历程，主要是抓住了80年代和90年代这两次创新的时机，特别是抓住了90年代中央开发开放上海浦东，以此为龙头，带动长江三角洲以及沿岸地区的开发和发展的有利时机，大力吸引外资，加快开发区建设，取得了发展开放型经济的先发效应。所谓地利，就是努力发挥区位优势，赢得发展空间。苏州地处长江黄金水道和西太平洋黄金海岸的交汇处，位于经济十分活跃的长江三角洲中心地带，紧靠上海，易于接受和传递大都市的辐射，正因为占据了这种得天独厚的优势，苏州的开放型经济才迅速成为苏州的特色。所谓人和，就是苏州人心往一处想，劲往一处使，在宏观环境宽松的时候，抢抓机遇、乘势而上；在发展形势趋紧的时候，趋利避害、稳中求进，推动开放型经济始终走在改革发展的前列。在这里，我还想特别强调一点，那就是谋事在人，成事也在人，天时、地利是外因，人和是内因，苏州人民是全市经济、社会发展的决定力量。

记　者：我们常说，事业成败，关键在人。通过杨市长的话，我们能体会到，苏州经济、社会的发展凝聚着苏州这块土地上的人们的智慧和汗水，蕴涵着苏州人的一种积极向上的精神。那么，这种精神源自哪里呢？

杨卫泽：这是一个深层次的问题。苏州经济、社会的发展，折射出苏州人民开拓进取、务实创新的精神，而这种精神有着非常深刻的人文背景，深深植根于苏州文化这块沃土。从本质上讲，苏州文化是一种兼容并蓄的开放型、创新型文化。苏州人自古就有一种"走出去"的追求。明代的郑和下西洋，出发点是苏州太仓的刘家港，写下了一段扩大对外交往、传播中华文化、吸收异域文明的历史。改革开放以来，苏州的文化获得了长足的发展，特别是近几年，取得了许多新成就。教育处于全国领先地位，曾培养出 2000 多名状元、进士，当代苏州籍"两院"院士多达 80 多名，目前，苏州已在全国率先普及高中阶段教育，并正在朝着高等教育普及化的目标迈进，应届高中毕业生、高等教育的毛入学率分别达到 84.3% 和 33%，新成长劳动力平均受教育年限超过 12 年；园林艺术逐步走向世界，日益表现出旺盛的生命力，拙政园、留园、网师园、环绣山庄等 9 座园林已被列入世界文化遗产名录，有些园林出口到美国、加拿大等国。作为"百戏之祖"的昆曲已被联合国教科文组织评为世界首批"人类口述和非物质遗产代表作"之一，苏州被评为"全国文化模范市"。科技水平显著提高，苏州与中科院、国内外著名高校和科研机构广泛开展了交流与合作，先后创办了留学生创业园、国际企业孵化器、院士创业园、国际科技园、博士后流动站和企业技术中心等技术创新载体，吸引了一大批国内外优秀人才，现有 7500 多名国外和港澳台专家、管理人员常住苏州，有近千名回国留学生在苏州创业。

透视一项项沉甸甸的文化成就，我们不难体会到当代苏州文化中渗出的多元交融的气息：传统的吴文化、外来人口带来的区域文化以及欧美日兼有的海派文化，激荡于吴门烟水之间，水乳交融，苏州人每天就在这多元文化间往来穿梭。传统吴文化向现代先进文化的演进，呈现出兼容并蓄，在继承的基础上创新发展的特点。这种特点在理念和行为层面上表现为苏州人具有高度的责任感和强烈的"入世"精神，以及海纳百川、吐故纳新、务实进取的拼搏意识，正是由于长期受到苏州文化中绵长恒久的开放式人文精神的浸润，苏州人始终保持了善抓机遇、敢于争先、追求卓越的精神风貌。宋代范仲淹"先天下之忧而忧，后天下之乐而乐"、明末清初顾炎武"天下兴亡，匹夫有责"的高尚节操就是这种精神的典范，当代苏州人培育出开放型经济的累累硕果更是十分生动的写照。可以预见，这种精神在苏州改革开放和现代化建设的新征程中必将得以发扬光大，迸射出更加激越的魅力。

记　者：过去 20 多年来苏州发展成绩有目共睹。那么，苏州发展的秘诀在哪里？或者说苏州的优势在哪里？

杨卫泽：苏州的发展并没有什么秘诀可言，但苏州的发展的确有她自身所独有的优势所在，概括起来讲，不外乎两个方面。一是机遇青睐苏州，苏州把握了机遇。二是苏州自身所独具的优势。

苏州的成功，固然得益于外向度高，得益于外资的大量参与，这为苏州城市建设注入了取之不竭的源头活水。但在更深层次上说，苏州的发展还得益于苏州人与生俱来的包容性格。苏州是个得天独厚的地方。得天独厚的不完全是土地肥沃、气候温和等自然条件，更在于她所具有的得天独厚的文化积淀。优越的自然条件得于天，人文精神优势得于人，"天人合一"这才构成了苏州所独有的优势。苏州人具有内敛而不事张扬的性格，凡事总是显得较为大度、洒脱，正是这种大度与洒脱，使得苏州人在面对外来文化的时候，能取一种兼容并包的平常心态，进而造就了苏州以开拓、开创、开放为主要特征的人文优势。历史上的苏州曾经是个墨客骚人、文人雅士、名流荟萃的古城，今天的苏州依然是一个能够包容古今中外各种文化，并为各种人才提供施展才华的舞台和机会的开放的城堡。我们进行过统计，去年，苏州市引进各类人才 2.2 万多人，引进国外智力项目 11 个。

记　者：苏州市未来发展的目标是什么？

杨卫泽：苏州未来发展的目标，总起来讲，可以用两句话来概括：一是达到上中等发达国家水平；二是建成 21 世纪"人间新天堂"。

围绕这样两个目标，我们已经制定了相应的工作计划。比如在城市的形态上，我们已经将苏州市区从原来的 392 平方公里扩大到 8488 平方公里。苏州拥有太湖水面的 2/3 以上，但以前我们一直没有重视打"太湖"这张牌，现在我们不但把市区面积扩大到太湖边，还围绕发展太湖旅游业，提出了一系列相应的新思路。再比如在城市发展的战略上，我们将更注重于人与自然的和谐统一，提出了要建设园林城市、最适宜人居和创业的城市等具体目标，并正在为之而不断努力。

山塘街夜景

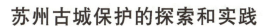

苏州古城保护的探索和实践

苏州是一座有着悠久历史文化传统的古城。苏州古城始建于公元前514年，虽历经沧桑，仍坐落在古城原址上，基本保存着宋代水陆并行、河街相邻的双棋盘格局。苏州环古城15.3公里的护城河至今保存良好，古城的古典园林、城墙河道、街巷塔桥等风貌犹存。与此同时，苏州还是吴文化的发源地。小桥流水的古城风貌，也为诗人、艺术家们提供了取之不竭的创作源泉，因而1982年中国政府将其列入首批公布的国家历史文化名城。

然而令人遗憾的是，在不断流逝的岁月之河中，古城曾一再遭到侵蚀。苏州古城保护工作受到社会各界的极大关注。1981年，吴亮平、匡亚明等著名学者给中央写信，呼吁采取积极措施，紧急抢救、保护古老美丽的苏州古城和园林名胜，并建议有计划、有步骤地把苏州建成全国头等风景旅游城市。邓小平批示道："采取有效措施予以保护。"1983年，他在苏州视察时又指示："要保护好这座古城，不要破坏古城风貌，否则，它的优势也就消失了。要处理好保护和改造的关系，做到既保护好古城，又搞好市政建设。"

一　苏州古城的历史价值和历史教训

（一）历史价值

1. 历史悠久，地位重要

苏州地处太湖流域、长江三角洲东南部，是古文化发达地区。新中国成立以来，苏州发现了许多远古文化遗址，尤其是新石器时代晚

本文为杨卫泽在复旦大学与国家文物局联合举办的全国文物局长学习班上的演讲稿。

期的良渚文化最为丰富，著名的有赵陵山遗址、少卿山遗址、绰墩遗址、草鞋山遗址、罗墩遗址等，其中赵陵山遗址1992年被列为全国十大考古遗址重大发现之一。苏州在春秋时期是吴国的政治中心；西汉武帝时为江南政治、经济中心，司马迁称之为"江东一都会"（司马迁《史记·货殖列传》）；宋时，全国经济重心南移，陆游称"苏常（州）熟，天下足"（陆游《奔牛水闸记》），宋人进而美誉为"上有天堂，下有苏杭"，而苏州则"风物雄丽为东南冠"；明清时期又成为"衣被天下"的全国经济文化中心之一，曹雪芹在《红楼梦》中誉称苏州"乃红尘中第一等富贵风流之地"。

2. 遗产丰厚，极具价值

苏州是1982年国务院公布的第1批24个全国历史文化名城之一，物质和非物质遗产极其丰富。

（1）物质遗产

现有各级文物保护单位248处，其中全国重点文物保护单位13处，省级文物保护单位57处；控制保护建筑200处；古构筑物790处，列入保护的文物建筑遗存约33.8万平方米。此外，还有近100万平方米的传统古民居。

（2）非物质遗产

昆曲，又称昆（山）腔，相传是元末明初昆山人顾坚始创，距今已有700多年的历史，是我国传统戏曲中最古老的剧种之一。至明万历年初，昆曲扩展到江、浙各地，成为压倒其他南戏声腔的剧种，随之由士大夫带入北京，与弋阳腔并为宫中大戏，当时称为"官腔"，从此成为剧坛盟主。明万历至清嘉庆年间（公元1570～1800年），是昆曲声名最辉煌、成就最显著的阶段，汤显祖的《临川四梦》——《牡丹亭》、《南柯记》、《邯郸记》、《紫钗记》以及洪昇的《长生殿》、孔尚任的《桃花扇》一时风靡天下，昆剧达到鼎盛时期。2001年被联合国教科文组织宣布为首批《人类口头遗产和非物质遗产代表作》。评弹盛行于江南一带的曲艺，系评话和弹词的总称。她起源于风景秀丽的苏州，故演出均操吴词，约有数百年历史。评话又称大书，有说无唱，演出大都为单档（一人）。演员凭一把折扇，一块醒木，边说边演。内容一般是演义、公案、武侠及英雄史诗。传统书目有《三国》、《隋唐》、《岳传》、《英烈》、《七侠五义》等。弹词又称小书，既有说表，又有弹唱，演出大都为双档（两个），也有单档和三个档（三人）的，内容一般是描述社会生活和爱情故事。传统书目有《珍珠塔》、《描金凤》、《玉蜻蜓》、《三笑》、《啼笑姻缘》等。昆曲、评弹、苏剧被誉为苏州传统戏曲"三朵花"。吴歌，吴地之人所咏唱的江南歌谣。《晋书·乐志》说："吴歌杂曲，并出江南"。吴歌的历史可追溯到很早，顾颉刚认为其起源"不会比《诗经》更迟"，其内容主要是"小儿女口中的民间歌曲"。"小儿女"们口中最爱唱什么？首先自然是男欢女爱、郎情姐意，此外当然也经常会旁及家乡风景、人生苦乐之类，因此曾被称为"淫词艳曲"。但它也是研究民俗"最真实最扼要的材料"，以至顾颉刚、刘复、鲁迅、周作人这样的人物都曾亲自收集。苏绣，苏州刺绣的简称，是苏州的传统工艺，与湖南的湘绣、广东的粤绣、四川的蜀绣并称中国四大名绣。苏绣历史悠久。刘向《说苑》载，早在春秋时期，吴地贵族就有"绣衣而豹裘者"。明代苏州是丝织业的中心，苏绣在运用原料、针法、色彩等方面都已形成了自己的特点。清末民初，苏绣艺人沈寿吸收西画讲究明暗和透视的优点，创作了"仿真绣"，在国际上都有重大影响。苏扇、雕刻、琢玉、戏服、乐器、桃花坞木刻年画（年画是富有绘画特色和装饰意味的民间美术品。苏州的桃花坞曾是江南民间年画生产的荟萃之地，发展最早，延续时间长，人们习惯将苏州年画称为"桃花坞年画"。其起始年代当不晚于明代，先后经历了清康熙的发展期、雍正和乾隆的兴盛期，并在乾隆年间与天津杨柳青年画并称"南桃北杨"）等传统工艺美术，技艺精湛，闻名中外。全国24大类工艺美术品种中，苏州拥有22大类，3000多个品种。

3. 体系完整，个性独特

苏州城始建于公元前514年，建城2500多年，历经沧桑，城址至今未变，与宋《平江图》（公元1229年）相对照，古城的总体框架、骨干水系、城墙位置、路桥名胜基本相符，为世界所罕见。

（1）城、镇、村体系完整，典型完备

苏州现有 2 个国家历史文化名城（苏州、常熟），3 个中国历史文化名镇（周庄、同里、甪直），7 个江苏省历史文化名镇（东山、西山、光福、木渎、震泽、沙溪、千灯），还有一大批保存较好的古镇（如吴江的黎里、盛泽）、古村落（吴中区的东山村、明月湾）。

（2）水城特点鲜明，水绕城转，城在水中

古城水的大环境方面，有长江、运河和太湖三大水系的滋养。小环境方面，古城内宋代有河道 82 公里，桥 314 座；清末有河道 58 公里，桥 241 座；现存河道 35.28 公里，桥 168 座，是全国河道最长、桥梁最多的水乡城市。

（3）双遗产集于一城

苏州古典园林和昆曲分别被联合国教科文组织列为世界文化遗产以及人类口头和非物质遗产代表作。苏州古典园林的历史可上溯至公元前 6 世纪春秋时吴王的园囿，私家园林最早见于记载的是东晋（公元 4 世纪）的辟疆园，历代造园兴盛，名园日多。明清时期，私家园林遍布古城内外。公元 16 至 18 世纪进入全盛时期，共有园林 200 余处，现在保存尚好的有 60 余处。1997 年，拙政园、留园、网师园和环秀山庄，根据文化遗产遴选标准 C（Ⅰ）（Ⅱ）（Ⅲ）（Ⅳ）（Ⅴ）被列入《世界遗产名录》。2001 年，耦园、沧浪亭、狮子林、艺圃和退思园也被列入《世界遗产名录》。

（4）贤能辈出，人文荟萃

苏州向来具有崇教尚文的文化传统，是著名的状元之乡，历史上曾出过 50 名状元，1500 多名进士，现存的状元府第有 10 座。吴地名贤，不胜枚举。沧浪亭内有"五百名贤祠"，著名的代表人物有春秋时期的政治家伍子胥、军事家孙武；唐代诗人陆龟蒙、白居易；宋代政治家、文学家范仲淹及文学家范成大；明代画家沈周、唐寅、文征明、仇英，政治家况钟，文学家冯梦龙，建筑家、明故宫设计者蒯祥；明末清初思想家顾炎武，造园大师计成，叠石专家戈裕良；清代帝师翁同龢，外交家洪钧；近代民主人士柳亚子，经学大师章太炎，史学家顾颉刚，文学家和教育家叶圣陶，刺绣大师沈寿等。另外，在两院院士中，苏州籍院士有近百位。

苏州丰厚的历史文化，是城市竞争力的重要依托。一个城市的竞争力，不仅仅体现在经济发展水平上，城市的历史脉络与文化底蕴也是构成城市竞争力的重要组成部分。苏州几千年的历史和文化是城市竞争力厚积薄发的动力和源泉。中新合作苏州工业园区建设项目的确定以及近几年来不断成长的外资企业对苏州古老历史文化的青睐，是苏州古城价值和城市竞争力最直接的体现。

（二）历史教训

苏州古城的保护工作，一直受到党和国家领导人的高度重视和社会各界的极大关注。1981 年，吴亮平、匡亚明等给中央写信，呼吁采取积极措施，紧急抢救、保护古老美丽的苏州古城和园林名胜，并建议有计划、有步骤地把苏州建成全国头等风景旅游城市。邓小平同志先后两次对苏州的古城保护做了批示。

回顾历史，苏州古城保护有成绩、有经验，但也有遗憾、有教训。如果保护得早一点、多一点，保护得更科学一点、更仔细一点，古城的价值会更高，这份历史遗产就会更丰厚。

追溯历史，苏州古城大的劫难有史可查的主要有三次：其一，南宋时期，金人南下，对苏州古城的破坏；其二，元末明初，张士诚与朱元璋的战争，对苏州造成破坏；其三，清朝咸丰年间，太平天国战火的破坏，这次破坏最大，直接导致繁华的阊门、山塘的衰落。

新中国成立以后，最大的遗憾和教训是：

第一，城墙、城门被拆毁大半。1958 年，苏州的城墙、城门被作为"封建城堡的象征"横遭大肆拆毁。城墙砖运去建小高炉，城墙土挖去作砖坯。新中国成立初期，苏州有 10 个城门，1958 年陆续拆掉了 7 个，现在只剩下盘门、胥门和金门 3 个。

第二，不少河道被填，水环境遭到污染。20 世纪 60 年代，苏州组织 10 多万人，用 5 天时间填平了 12 条河道，70 年代又陆续填掉一批。据统计，1949 年后，苏州共填河道 23 条，总长 16.3 公里。河填了，水流不畅，加上工业和生活污水排放总量上升且超量，直接排入河道，古城的水被严重污染，常年处于劣 5 类。

第三，建造了一批严重影响古城风貌的建筑。突出的障碍性建筑：

一是 70 年代在苏州文庙前建了五幢六层高的电子新村，封堵了文庙的正门，使进出文庙府学长期只能走"旁门左道"。二是 80 年代在忠王府西侧、拙政园西南角建了一座四层高的区级医院，严重影响了拙政园历史街区的环境风貌。

第四，道路新建拓宽，商业建筑过多。古城内一批新建道路、拓宽道路和沿路破墙开店，使传统建筑的形态和风貌散失。

第五，对旧住宅的整修不够及时，致使有些旧住宅非拆不可。

二　保护古城的几点认识

城市发展是一个不断变化的过程，变化是城市的规律。我国改革开放以来，促使城市释放出巨大能量，使城市发展的速度超过了历史上任何时期。这一巨大推动力使城市发展中传统与现代、历史与现实、继承与保护、经济与文化等矛盾更加突出地显露出来。古城保护是城市发展过程中越不过的一道坎，城市发展又是古城保护不可避免的压力。

1986 年，国务院批复苏州总体规划时明确了"全面保护古城风貌，积极建设新区"的方针。至今，苏州古城保护的探索和实践已进行了 20 多年。这 20 多年，特别是近几年，是苏州经济发展最快、城市面貌变化最大的时期，也是古城保护力度最大的时期。每次掀起城市发展的高潮，苏州市委、市政府都同步认真思索，谨慎处理古城保护与城市现代化的关系。而且这种认识在思考和实践中不断深化：苏州不仅是苏州人的苏州，也是中国的苏州、世界的苏州。随着城市化进程的加快，面临的情况更复杂，需要解决的问题更紧迫，古城保护的任务更繁重。

（一）保护古城是城市现代化建设的重要内容和特色

一座伟大的令人尊敬的城市一定是特色鲜明、风格独特的城市，而具有悠久历史的古城往往是这种城市特色和风格的集中表现。古城不仅包括城市原有的物质形态，还包括优秀的传统文化艺术、健康的民俗风情以及独特的城市精神。这些是先民创造的宝贵物质财富和精神财富。从某种意义上说，古城既标志着一座城市的知名度和赞誉度，也是赢得城市综合竞争优势的重要基础。温家宝同志指出：城市现代化建设与城市历史文化传统的继承和保护之间，不是相互隔离，更不是相互对立，而是有机关联、相得益彰的。继承和保护城市的自然遗产和文化遗产，本身就是城市现代化建设的重要内容，也是城市现代文明进步的重要标志。正因为如此，无论是战争年代，还是和平时期，人们总是力图保持、恢复、传扬古城的历史风貌。二战时期，希特勒叫嚣要将华沙从地图上抹去，英勇的华沙人民却将古建筑的构件从废墟中捡起来藏在家中。战后又有人曾预言："华沙不会重现在人间，至少100年内是没希望的。"也许正是这句话激励了华沙人，战后不久，人们便重建了城市，并充分保留了中世纪古城的风貌，一种伟大的民族精神重新焕发出生机和活力。从苏州来看，城市的定性第一位的就是历史文化名城，苏州经济社会的快速发展，很大程度得益于拥有历史文化底蕴丰厚的古城。同样，城市经济实力的提升，也为古城保护打下了坚实的基础。实践告诉我们，保护古城是苏州城市发展的题中之义，我们现在和将来都将在遵循城市发展规律的基础上，结合实际确定城市的发展方向和发展模式，努力做到古城保护和城市发展互动并进，使古城伴随城市发展水平的提高保持永恒的魅力。

（二）保护古城是实现可持续发展的重要方面和条件

城市的可持续发展不仅指经济的繁荣，还包括环境的不断改善、文化的持久传承。古城是历史的见证，是传统文化的物化形态，其内涵丰富精深，价值弥足珍贵，只要得以充分挖掘和运用，必将对经济社会发展起到积极持久的推动作用。保护好古城，是可持续发展的客观要求，目的就是要将历史文化传之后世、永续利用，要为子孙后代创造一个生态环境良好、历史文化丰厚、创造力绵延不绝的发展条件。苏州古城历史悠久，遗存丰富，在促进城市发展过程中曾发挥了不可替代的重要作用。随着经济建设和社会事业的进步，如何保持古城的传统风貌，在保护中继承，在继承中创新，以不断满足新的竞争、新的发展的需要，成为摆在我们面前的一项重大课题。如果说城市发展是一幅壮丽的历史长卷的话，那么每一个时代的建设者只能在这幅长卷上添画增彩，而不能撕毁涂鸦。要做到这一点，必须把保护古城作为一项长期而艰巨的工作，不能毕其功于一役，更不能对古城采取大规模推倒重建的做法。1980年，简·雅各布在国际城市会议上批评说："大规模改造计划只能使建筑师们血液澎湃，使政客、地产商们血液澎湃，而广大群众则往往成为牺牲品。"而梁思成先生则提出了积极的建议，他形象地以自己的假牙作比喻，说人老了，牙齿掉了，镶牙的时候，因为年纪大了，牙医就选择了黄白色的，而不是雪白的，排列不是很齐整的假牙，这就叫整旧如旧。基于各个方面的启发，可以归纳出这样一点，在保护古城时应做到有所不为，只有有所不为才能有所为。由此出发，在古城保护的方式上，应主张小规模、分阶段，适时的、谨慎渐进的改善，特别是对古城形态和布局有影响的建设计划更要慎之又慎。这个时代不能解决的，就留给下一代去解决；有些问题一时解决不好的，就等到找到最佳方案时再去解决，决不可盲目草率行事，损害或牺牲下一代人的利益。在古城保护的内容上，既要着眼于整体，保护古城的物化形态、古城所蕴涵的文化财富以及人文精神，也要保护单体文化遗迹，并统筹考虑与之相适应的景观和周边环境，使之成为传承历史文化的见证和载体。

（三）保护古城是城市科学发展的必然要求

人的需求随着社会经济的发展而不断变化，城市发展要满足这些变化就必须不断地改善城市功能，改变城市的物质形态。但是这种改善和改变必须以满足人的物质、精神和心理需求为前提，以促进人与人的理解、保持人与自然的和谐、加强人与环境的协调为目标，也就是说，城市的发展必须走科学发展之路。苏州古城在这方面给我们留下了许多典范，如至今仍保持着完好的水陆并行格局，既方便行船，又利于车马，还利于泄洪排污；现代化城市交通——人车系统分开的原理，就是美国人斯坦因从苏州得到启迪后，在纽约附近的一个小城镇首先实现的；错落有致的空间，除了采光和分泄雨水，还能给人以美的享受。由此不难理解，保护古城，就是对城市发展的科学性和以人为本的建设观念的认同。城市科学发展的要求不仅限于此，还需要有历史精神。城市发展的过程就是创造历史的过程，只有尊重历史，才能使历史尊重我们。现在我国的历史文化名城，都是在漫长的历史时期建设发展、不断完善起来的。一些城市在历史上还遭兵燹人祸。之后，城市建设者们总是千方百计在断墙残垣间寻找历史遗存，重修优秀历史建筑，努力恢复城市的布局旧貌，正是因为有一代又一代人的不懈努力，历史文化名城丰厚的历史遗存才得以保留至今。今天对照苏州著名的《平江图》，重新审视曾经粗暴占用珍贵历史建筑建工厂做仓库、大规模拆除城墙炼钢造砖、全民动员填塞河道等行为，我们不得不惊讶当时的愚蠢并为此感到沉重。历史的教训昭示我们：对古城历史文化遗存应保持敬畏和尊重，在建设城市时要努力为未来留下良好的示范，使古城这一宝贵财富传之后世，这是城市科学发展的客观要求。城市科学发展还必须有创新精神。变化发展既是城市内在的要求，又是多种因素综合的结果，意味着要在城市形态、文化观念、思想意识等诸多方面接受挑战，而迎接挑战就要有新的创造。古城是各个时代遗存的聚集点，延续着延绵不绝的城市文脉，随着时代进步和城市发展步伐的加快，古城保护也需要围绕城市文脉这一轴心，不断赋予新的内容，不断注入新的内涵。唯其如此，古老的城市才能焕发时代气息，凸显现代文明，古城也将在这一过程中泽被城市科学发展的益处，成为城市文明成果的崭新亮点。苏州古城历经岁月沧桑，依然保持着旺盛的活力，古城保护正是顺应城市科学发展的必然要求、沿着城市科学发展的必由之路一步一步走过来的。

对古城保护的认识，说到底是对文化的认识。只有认识到文化的继承和发展的重要性，认识到城市文化在文化发展中的重要性，才能自觉地、科学地做好城市历史文化保护工作。

三　古城保护面临的突出矛盾

由于历史的原因和经济的迅猛发展，当前苏州古城保护正面临着前所未有的压力。突出表现在以下几个方面：

（一）现代化生活方式与古城保护之间的矛盾

苏州古城的建筑以造型轻巧、粉墙黛瓦，清、雅、淡、素的艺术特色与小桥流水的环境，共同构成了江南水乡城市的风貌并因而闻名于世。除列入保护的文物建筑遗存外，传统古民居面广量大，住房成套率仅为 10%，户均居住面积只有 40 平方米，人均 15 平方米；一般一处古民居居住 20 多户，最多的住了 78 户，人均居住面积只有 13.3 平方米。住房大都为砖木结构，建筑高度一般为一两层，采光较差，阴暗潮湿，保温隔热以及隔音性能很不理想。房屋设施落后，无单独厨卫设备，自来水大都不能进户，更无污水管道，居民生活基本上采用原始的"三桶一炉"（马桶、水桶、浴桶和煤球炉），更别谈使用现代化的空调和热水器了。不少住房年久失修，40% 左右已经破旧不堪，危房比例高，最多时达 24 万平方米，承重结构有部分腐烂及倒塌的危险，人民群众安全存在很大隐患。古城保留下来的传统建筑适合于新中国成立前大家族居住，从功能看已不能适应现代化生活的需要，以至于老百姓都讲："古城保护好是好，就是居住在里面的人受不了。"大量的传统建筑是古城历史文脉的重要组成部分，如果拆除旧民居翻建新型住宅，必将破坏传统格局，铸成破坏性建设的恶果。在当前形势下，如何正确处理提高人民生活水平与传统民居保护之间的矛盾，成为摆在我们面前的一大课题。

（二）古城承担的职能与古城保护之间的矛盾

苏州古城目前还承担着大量工业生产和教育、医疗卫生服务等职能。工业企业方面：20 世纪 90 年代初，古城区工业企业最多时有 286 个，用地共达 172 公顷，占古城总用地 12.2%，工业门类齐全，涉及纺织、医药、工艺美术、电子、机械、丝绸、轻工、设备制造八个行业，在全市经济发展中占有相当的地位。这些工业企业多数因陋就简，就地改造发展，与住宅、园林、文物古迹等犬牙交错，布点混乱，带来了工业三废和噪音的污染，严重影响了古城的环境质量和居住质量，也给古城保护与更新及文物保护带来障碍。教育方面：古城区共有小学 40 所，在校学生 26122 人；用地面积 17 公顷，人均用地 6.5 平方米，有限的用地却承担着全市小学教育总份额的 30%。古城内共有中学 19 所，在校学生 22000 人，用地面积 43.6 公顷，人均用地 14 平方米，承担着全市 28% 的中学教育量。古城内中小学数量偏多，规模偏小，用地紧张，距国家人均 20 平方米用地标准差距较大，也不利于学校自身的发展。医疗卫生方面：古城区共有医院 5 座，占全市医院的

40%。医院总体布局不合理，两座市级医院相距仅1公里，区级平江医院和市级第四人民医院相距不到800米。市级医院历史悠久，医疗水平高，居民信任感强，70%的居民就医还集中在古城区。古城承担的为全市服务的工业、教育、医疗卫生等职能，给古城交通带来极大的压力，同时影响了古城居住和旅游质量，降低了古城的品质。

（三）容量需求与古城保护之间的矛盾

从交通方面看：苏州古城路网的特点是街巷窄（一般宽2～3米）、密度高（巷与巷间距平均100米左右）、桥梁多（古有390桥之称）、多弯道、卡口，行车视距普遍不足。停车场缺口达11000个车位，占地需40公顷左右。为了保持传统的河街相邻的城市格局和空间尺度，古城内道路只能在有限的空间范围内提升古城交通通行能力。与此不相适应的是，机动车正以每天130多辆的速度迅速增加，其中私家车日增100多辆。目前古城承担的交通量是20世纪90年代初期的5～6倍，交通拥挤、停车难问题相当突出。从旅游方面看，由于国际交往的增多和国内人民生活水平的提高，苏州旅游业发展很快，2003年接待国内游客2270万人次、境外游客80多万人次，分别为1990年的4倍和18倍。在众多境内外游客中，相当一部分是到古城来游览园林的，而古典园林同时又是文物古迹，已被列为古城保护的重要内容。古典园林原来多为民间私家花园，容量不大，调查表明，全年有1/3天数处于超负荷状态，客流量最高时超过饱和容量10倍以上。由此带来的问题是，园林和名胜古迹的建筑、设施、环境受到越来越多的不利影响，景观效果也大为下降。从古城人口方面看，古城是苏州市的商业、文化、旅游中心，目前古城内生活着近29万居民，人流、车流、物流日益频繁，给古城基础设施造成巨大压力。按照现行地下管线埋设最小须6米宽，消防通道最低为3.5米的国家技术规范，古城市政基础设施建设存在很多困难，消防上也存在不少隐患。总之，机动化水平的提高、旅游业的发展、人口的高度集中突破了古城的承受能力。

（四）古城外围建设与古城保护之间的矛盾

历史上的苏州城处在优良的水乡泽国大环境中，至今仍有河湖水系环抱的特征。京杭大运河绕城而过,宽阔的护城河紧匝城周。太湖山水明丽淡雅。城外树木重重,绿满郊原,城内引水入城,棋盘式水网系统纵横交错。宋代著名诗人苏舜钦诗云:"绿杨白鸳俱自得,近水远山皆有情",形象地勾画出古城内外互为流通的空间环境和耐人寻味的城市意境。水是苏州的灵魂,水在调节改善城市小气候、美化城市环境,以及消防、蓄排水和防涝等方面都具有重要作用。但很长一段时期以来,由于乡镇经济粗放型发展,污水直接入河,还有不少河道被填埋,使古城外围生态环境受到很大破坏。随着城市化进程的加快、陆上交通的迅速发展和现代工业的大量建设,以及城市用地的扩展,古城水系也受到很大的冲击。如20世纪70年代中期,望亭电厂抽取大运河水作冷却水,截留了大运河较多水量,导致古城水网流速降低一半;90年代初,大运河苏州段改道工程完成后,古城水道进水量锐减47%,加之因防汛需要建立许多泵闸,古城河水几乎变成死水,大大削弱了河道的自净能力。外部水量受限、水质下降对古城水质和水循环都带来了负面影响,而要改变这一现状代价很大,在技术、资金等方面都有很高要求,从某种意义上说,这形成了制约古城保护的一大"瓶颈"。

(五)城市空间形态与古城保护之间的矛盾

按照国务院"全面保护古城风貌,建设现代化新区"的精神,苏州依托古城西建新区,东建园区;撤吴县市,设吴中区和相城区,构建"古城居中,组团发展"的城市框架,有效分解了古城功能,促进了古城保护,但由此也不可回避地给古城保护带来了新的问题。古城处于相对居中的地理位置,由于历史原因,交通建设相对滞后,快速交通体系尚未建立,城市环路通而不畅,环古城道路尚未形成,致使大量过境交通穿城而过。另外,古城作为生活中心的地位短时期内还不会改变,人们对其的依赖性也会长时间存在,这一问题只有随着各分区中心功能的不断完善和新型城市形态的最终形成才能得到根本解决。可以预见,在较长时期内,古城保护所受的压力不会因为城市形态的改变而迅速地消失。

四 积极保护古城使之传之后世永续利用

针对面临的突出矛盾和存在的问题，苏州市委、市政府始终坚持边思考、边摸索，努力推进古城保护工作。

改革开放以来，苏州古城保护经历了三个阶段：第一个阶段是20世纪80年代，采取积极措施，搬迁古城内的工厂，抢救古典园林并整治开放。同时，认真编制《苏州城市总体规划》，报国务院批准执行。第二个阶段是20世纪90年代，进一步确定了保护古城、建设新区的方针，先后设立了西区（苏州高新区）东园（苏州工业园），推动古城内企业"退二进三"和工业向园区集中，积极启动旧城整治试点。第三阶段是进入21世纪的前几年，制定了古城保护的一系列法规规章，加快了古城环境治理和生态建设步伐，实施了历史街区的保护性修复和环古城风貌保护工程，全面推进市区工业和职业教育布局调整，采取古城交通综合治理对策措施，加大了古建筑和古镇古村落抢修保护力度，启动了平江、沧浪、金阊三个新城区工程。在探索和实践中，我们的主要做法和体会是：

（一）保护古城要确立科学发展观和正确政绩观

1. 保护古城是苏州可持续发展的必要条件

古城是苏州最为独特的不可替代的资源，是最具竞争力的资源。古城是源，经济是流，只有保护好源泉，经济之流才会永不枯竭。

2. 保护古城要坚持以人为本

城市是人工作、生活的场所，是人口密集的场所，也是人们进行创新创造活动的主要场所。要以实现人的全面发展为目标，从人民群众的根本利益出发谋发展、促发展，不断满足人民群众日益增长的物质文化需求，让古城保护的成果惠及人民，使古城真正成为苏州人民乃至人类的宝贵财富。

3. 保护古城需要政府理性地协调平衡好各种突出矛盾

始终把握住古城保护三个最核心的问题。第一是严格控制层高，一般都在24米之下，极个别的民居也没有超过七层，商厦也不超过八层，最近更是严格控制不超过三层。因为苏州最高的古建筑是北寺塔，八面九层，高 76 米。古城内所有建筑都必须低于宝塔。所以现在在苏州登高，依旧可以看到虎丘塔、北寺塔、双塔、瑞光塔、方塔遥相呼应，空间轮廓线还是十分优美的。在苏州古城区 14.2 平方公里的范围内，没有一幢高层建筑，这在整个中国，恐怕也是绝无仅有的。这就为后人保护古城创造了良好的条件。二是注意控制建筑色彩。以前苏州城里的房子都是粉墙黛瓦，体量轻巧，色调柔和。在新的建设中，我们尊重这种传统，城市的主体色彩也仍然保持黑、白、灰三种基调，使城市显得素雅宁静。三是严格掌握不在历史街区里进行民居拆迁和道路拓宽。所以，在苏州现有的平江、山塘、阊门等几个历史街区以及将近 40 处历史地段区域内，历史的信息、古城的肌理和街巷古朴的风貌都保存完好，为保护古城打下了坚实的基础。

4. 保护古城必须树立强烈的历史责任感

人类文明是一条长河，中间不能中断，而我们每一届政府，就好比是历史链条上的一环，起着承上启下的作用。在苏州为官，都会萌生出一种强烈的历史责任感和忧患意识。古城保护工作只能做好，否则就会愧对祖先、愧对子孙。古城保护没有现成的路子好走，也不能用一个模式去处理全部问题，必须时时研究新情况，处理新问题，根据各种具体对象区别对待，循序渐进。几十年来，我们经历了从文物古迹、园林名胜的保护，到古民居建筑群落的修缮使用，然后又从街坊成片改造、注意风貌环境协调到注重历史街区的修复和利用，最后又统一思想，进而提出了将古城申报世界文化遗产，准备以此为动力，最大限度地保护这座千古名城。我们的每一步行动都将古城保护提高到一个新的水平，而每一步行动也使我们更加接近崇高的目标。

苏州先贤范仲淹有句名言："先天下之忧而忧，后天下之乐而乐。"在弘扬传统文化和保护古城工作中，我们认真向先贤学习，做到比别人更多一些忧患，比别人更多一份责任，比别人更多一份努力，作出比别人更多一点的成绩。

（二）保护古城要坚持正确的指导方针

1. "全面保护古城风貌，建设现代化新区"的方针

认真落实国务院 1986 年批复同意苏州市城市总体规划的精神，依

托古城又跳出古城，突出重点，分步实施，先后跨出了三大步：第一步是从 20 世纪 90 年代初开始，在古城以西开发建设苏州高新区。第二步是从 1994 年起，与新加坡合作在古城以东开发建设苏州工业园区。经过多年的努力，高新区已建成 35 平方公里，园区完成开发建设面积 70 平方公里。两区充分发挥对外开放优势，吸引了大量国际资本进入，初步形成了电子信息、生物制药、新型材料、精密机械等新兴主导产业。第三步是从 2002 年起，按照国际领先、国内一流的要求加快建设国际教育园、研究生城（独墅湖高等教育区）和平江、沧浪、金阊三个新城区。

国际教育园以培养面向苏州经济建设第一线的高素质应用型人才为目标，整合市区职业教育资源，推进本地教育资源与国内外优质教育资源的融合，重点发展本科高校、民办二级学院，建成具有国际水准的高等职业教育基地和技术培训基地。研究生城，大力引进国内外知名高校和科研机构，集聚优质教育和科技资源，重点培养高层次创新型人才，建成以研究生教育为主的高等教育基地，以高新技术为主的科研开发基地。

"三新城区"是苏州中心城市的重要组成部分，建设好了有助于完善中心城市功能，提升中心城市的地位，加快城市化进程，提高城市现代化水平。依据规划，"三新城区"功能定位为：第一，平江新城区（苏州中央商务区）以交通枢纽、商务商贸、生态居住为主要功能；第二，沧浪新城区（苏州科技创业社区）建成集创业、居住、商务、高科技研发和中试为主要功能的城市副中心。第三，金阊新城区（苏州综合物流园）建成以服务于中心城区生产生活的物流配送、仓储市场为主要功能的城市副中心。目前正在抓紧制订发展规划：一是面向国际国内，优选一流的规划设计队伍，编制最优规划设计方案。二是全覆盖地编制控制性详细规划、城市设计和法定图则。三是全面引入色彩设计和景观设计。四是全面引入地下空间利用规划。整体建设框架已全面拉开。

2. "重点保护、合理保留、普遍改善、局部改造"的方针

从 20 世纪 80 年代末开始，我们按照上述方针，进行了一系列实

践和探索，大致可分为三个阶段：

第一阶段是对古典住宅进行单体改造。按照"保持传统外貌，完善现代设施"的要求，对一些质量尚可、有传统特色的旧宅进行改造。选择十梓街 50 号为试点，结合传统的天井、庭院，重新划分原有平面布置，扩大实用面积，增加独立厨房、卫生间，使每户能独立成套，功能完善。改造后的住宅条件得到改善，环境质量有了明显提高。这一经验被推广到十全街 275 号、干将路 144 号、山塘街 480 号等传统民居的改造中，均取得很大的成功。

第二阶段是在建筑单体改造成功的基础上，建设试点小区桐芳巷。以大量现场调查分析为基础，将街坊分为"保留、更新、改造"三个层次，分别进行不同的设计研究，维护原有街巷格局，改善居住条件，繁荣地段经济，完善公用设施。

第三阶段是结合解危安居工程，对古城街坊进行保护性更新。根据古城河道、街巷的走向和组合，将古城划分为 54 个街坊，每个街坊均为约 26 公顷的矩形地区，并以街坊为单位开展了大量的调查、统计、计算工作。编制了街坊控制性和修建性详规，在对现有建筑质量和风貌进行认真评定的基础上，结合其景观价值，合理确定了保护、保留、改善、改造的对象，具体明确到每一栋建筑、每一座桥梁、每一株古树、每一口古井。对于需要保护、保留的古建筑，按照"修旧如旧"的要求恢复其历史原貌；对于需要改善、改造的对象，做到外观保持传统特色，与周边环境相协调。在整个街坊改造过程中，基础设施包括供水、供电、供气、通信、有线电视、排污排水、路灯照明等管线铺设一步到位。改造后的街坊告别了马桶、浴桶、吊桶、煤球炉"三桶一炉"，人均建筑面积由 15.4 平方米提高到 25.1 平方米，以 37 号街坊为代表的"苏州古城保护和改造"项目获得中国首届人居环境范例奖和"2002 年迪拜国际改善居住环境最佳范例"称号。

近年来，我们继续对民居改善课题进行研究，先后对由巷和东麒麟巷成片破旧危房开展改善试点。在提高工程的基础设施功能、整治环境的同时，对民居以改善为主，立足恢复原有建筑群落的样式和格局，保持了粉墙黛瓦、街道邻里的姑苏风情。2002 年，对重点保护历

史街区山塘街试验段进行了保护性修复。目前，为迎接28届世遗会，正在整治平江风貌保护区。

3. "保护为主、抢救第一、合理利用、加强管理"的方针

围绕这一方针，我们重点抓了以下四个方面的工作：

一是明确文物保护责任。建立了历史文化名城委员会，由市长任委员会主任。成立文物局，加强对文物的管理。市政府与各市（县）、区政府签订责任书，理顺分级管理体制，落实各项管理责任；文物行政主管部门与各级文保单位、使用单位签订文物保护责任状，明确"谁使用、谁维修，谁管理、谁负责"的要求。

二是修复大批文物古迹。2001年投入2800万元，2002年投入3900万元，2003年投入5600万元，逐年增加投资，先后修复了一批文保单位，其中全国重点文物保护单位有太平天国忠王府、虎丘云岩寺塔、瑞光寺塔、拙政园、留园、网师园、环秀山庄、文庙、三清殿；江苏省文物保护单位有唐寅墓、盘门、俞樾故居、申时行墓、报恩寺塔、寒山寺、范文正公忠烈庙及天平山庄；苏州市文物保护单位有灵岩山寺、苏州美术专科学校旧址、唐寅故居遗址、织造署旧址、惠荫园、畅园，等等。2001年底提出了亟待抢修保护的49处文物古建筑名单，第1批10处已维修竣工，总投资3400万元，第2批10处已进入修缮阶段。

三是扩大古城文物保护面。早在20世纪80年代初期就公布了控制保护建筑名单，以此作为三级文物保护单位的补充，目前全市共有控保建筑200处。近年来又对古城内构筑物进行调查，公布了古井类（639口）、古驳岸类（22处）、古牌坊类（37座）、古桥梁类（70座）和砖雕门楼类（37座）等文物，增列了阊门历史街区，保留了西中市民国一条街。

四是结合古城区居民居住条件改善基础设施配套建设优化文物周边环境。如全国重点文物保护单位玄妙观三清殿、瑞光塔院、罗汉院双塔及正殿遗址，江苏省文物保护单位寒山寺、铁铃关、狮子林，苏州市文物保护单位定慧寺、胥门、况公祠等，都在近年的城市建设中得到了较好的维修，周边环境得到有效保护，有些文物和古建筑更完

退思园八角形图案漏窗

整地显现出原有的内涵和价值，比如三清殿露台须弥座、五代古井、胥门瓮城遗址等，就是在城市建设过程中新展现出来的。这些地方现已成为社区文化活动场所或文化旅游的新景点，深受当地居民和外来游客的喜爱。

（三）保护古城要明确法律地位

古城保护是一项政策性很强的工作，需要依法开展。1986年，我市编制了《历史文化名城保护规划》，确定了古城保护的原则、内容和范围，以"全面保护"为总的指导思想和控制原则，强调古城保护的整体性、综合性，明确了一城（古城）、二线（上塘线、山塘线）、三片（虎丘片、枫桥镇寒山寺片和留园、西园片）的综合保护框架。1996年，修编城市总体规划时重申了这些要求，详细划定了"一城二线三片"的范围，重点划出了四个不同类型的历史文化保护区（平江、拙政园、怡园、山塘街历史街区）和三个传统风貌地段保护区（盘门地区、观前街地区、十全街地区），并在古城街坊控规中确定了45个大小不等的历史地段作为古城风貌保护的重点。

为了保证《历史文化名城保护规划》的实施，我市制定出台了一系列相应的地方性法规和规章。1995年4月，市人大常委会通过了《苏州市城市规划条例》，明确"苏州市区应当保护古城风貌。保护范围为护城河内的苏州古城，山塘街、山塘河和枫桥路、上塘河、枫桥古镇、虎丘和留园、西园地区"。《条例》还对保护古城与现代化建设的关系作了具体阐述。1996年10月，制定了《苏州园林保护和管理条例》。1997年4月，制定了《苏州市市区河道保护条例》。2001年12月，制定了《苏州市古树名木保护管理条例》。2002年9月，制定了《苏州市古建筑保护条例》，这是针对古建筑遗存而制定的一部专项地方性法规。2003年5月，颁布了《苏州市历史文化名城名镇保护办法》。2003年12月，印发了《苏州市城市紫线管理办法（试行）》。此外，还出台了《苏州市文物保护管理办法》、《苏州市古建筑抢修保护实施细则》、《关于进一步加强历史文化名城名镇和文物保护工作的意见》、《苏州市城市规划若干强制性内容的暂行规定》、《苏州市民族民间工艺保护办法》等规章和规范性文件。

（四）保护古城要确立为全民责任

1. 树立全民保护古城的意识

古城保护只有政府意志还不够，还要通过多种途径和形式，强化全民保护意识。文物部门每年开展"文物宣传周"活动，编印各类文物宣传资料，举办各种专题陈列、报告会、座谈会，宣传文物知识。此外，借助报刊、电台和电视等媒体，以举办苏州历史文物知识问答和电视大奖赛等形式，普及苏州历史文物知识。不仅做好各级文物保护单位标志说明，还对一批著名古街坊（巷）和文物点进行立牌标志说明。现在保护古城意识已深入人心，设计人员从规划设计开始就体现了对古井、古树、古屋进行保护的意识，施工人员在施工中发现过去没有调查清楚的古井、古树、古屋都会及时向有关部门报告，并及时改变施工方案，妥善加以保护。

2. 正确处理居民意愿、专家意见、政府意志三者关系

在古城保护中，有一个有趣的现象，就是专家呼吁保护，居民赞成改造，"专家的善意和居民的愿望存在着很大差距"。居民是每日每夜生活在自己的老房子里，他们更能感受到生活的不方便，而专家则是从可持续发展与保护优秀历史文化遗产的角度出发考虑问题，两者的立足点不同。但是，专家和居民有一个共同的愿望，就是都以改善、提高居民的生活水准为根本出发点。为了改变长期以来在建设和保护工作中忽视公众权利，公众参与决策、参与管理的积极性不高，古城保护意识淡薄等状况，使古城保护更具广泛的社会基础，我们建立了重大项目规划公布制度，一些古城整治、改造项目规划在网上公布，认真听取市民意见，并将市民的建设性意见吸收到规划中去。诸如此类的做法充分调动了市民参与的积极性。

在古城保护中，专家学者的规划意见和市民群众的现实愿望往往会产生矛盾，和政府部门的实施考虑也常常会有差距。如何协调这些矛盾，密切政府和专家学者的关系，这在古城保护中是至关重要的。一般讲，要尊重专家意见，请专家把关，负起专业的责任，但专家学者的建议虽然有价值，有时也会缺乏可操作性。对具体问题要进行具体分析，还要采取几方面结合的办法，

及时沟通，讲透道理，寻找共同点，使规划和建设方案更为完备、更具可操作性。这样对于专家学者来说，也提高了他们所提建议的命中率，政府也尽到行政的责任。比如在山塘历史街区整治保护和环古城风貌工程建设中，专家学者和政府部门密切配合，大家心往一处想，劲往一处使，合作相当成功。目前在苏州，有相当一批专家学者已成为政府工作的智囊团和参与者，使我们的工作避免出现大的失误。

3. 探索全社会保护的路子

从 20 世纪 90 年代开始，我们就积极探索扩大保护与改进利用的新路子，努力做到国家保护与社会保护相结合、国家管理与社会管理相结合、国家使用与社会利用相结合。在实行政府财政支持、落实文化经济政策的同时，尝试运用市场运作的方法解决部分资金来源和古建筑的合理使用问题。90 年代初期，用这种方法修复开放了清代园林北半园。不久前，金阊区出台了有关政策，鼓励各方人士参与保护修复控保建筑。位于山塘街 250 号的控保古建筑许宅已利用民营资本进行了全面维修整治，新公布的《苏州市古建筑保护条例》又对一些实践作了法律解释。

（五）保护古城要坚持规划控制

1. 编制古城控制性详规

20 世纪 90 年代初，苏州就编制了古城控制性详规，并获建设部银奖，之后又根据实际情况进行了修订。

2. 建立较完备的规划体系和技术规范

我们现在有 1 个城市总规，31 个专项规划，54 个街坊的控制性及修建性详规，还有具体的规划设计方案，将古城三个等级保护范围及相应的 65 处三类保护对象纳入其中，这样一个比较完备的规划体系和技术规范为保护古城风貌提供了保障。通过对传统建筑风格、表现艺术手法、空间尺度和形态的分析，明确了绝对保护区、建设控制地带、风貌过渡地带的范围；主次干道及水巷两侧的建筑高度、檐口高度、容量（容积率、建筑密度）、朝向、竖向等也都基本有了细化的指标，特殊地块还提出了特定的技术指标要求。

3. 科学编制规划

基本形成了编制、审议、公示等科学程序。设立了专家规划咨询委员会，邀请国内著名专家参与，重大规划方案都请他们论证，认真听取意见。规划形成后在网上和固定地点公示，听取群众意见。

（六）保护古城要采取治本措施

1. 制定科学的古城保护与城市发展战略

20 世纪 90 年代，通过开发建设苏州高新区和苏州工业园区，形成了"一体两翼"的城市发展格局。这不仅为古城保护赢得了战略性的空间支持，也使各城市分区的功能定位逐步趋向合理。2001 年，撤销吴县市，南北两片设立吴中区和相城区，中心城市呈现"古城居中、组团式发展"的框架，凸显出古城的战略地位，也为古城保护创造了更加有利的条件。2003 年，为了培育中心城区新的增长点，我们又提出了建设平江、金阊、沧浪三个新城的思路，目前正在加快推进。

2. 提高基础设施水平

近年来，我们以市区为核心，以构建"一纵三横一环五射"高速公路网和中心城市"两横四纵"快速干道网为重点，加快推进道路建设。在建高速公路达 318 公里。新增道路面积 560 万平方米。对古城区内道路开展综合整治改造，实施公交优先战略，因地制宜开辟公交专用道，实行渠化管理，古城交通压力得到缓解。按照维护古典风貌的要求，全面实施街景立面改造，城市环境进一步美化。

3. 加强环境整治

及时调整完善城市绿地系统规划，积极开展国家园林城市创建活动，实施"绿线"制度，城市绿化从相对软性约束转变为硬性约束，变小规模"插绿"、"透绿"为大规模"规划建绿"、"拆房建绿"。两年多来，新增绿地面积 980 万平方米，城市绿地率、绿化覆盖率分别达到 33.2% 和 37.1%，人均公共绿地达到 7.6 平方米；建成市级公园 4 个、区级公园 20 个、小游园 72 个，获得国家园林城市和国际花园城市称号。大力整治水环境，积极开展太湖水污染综合防治零点行动，关停污染企业 117 家，沿太湖 278 家限期重点治理单位至 1997 年年底已全部实现排放达标。市区正在实施总投资达 12 亿元的水资源综合治理工程，通过疏浚河道，建设大型污水处理厂和配套管网，引太湖水进入古城，从根本上改善城市水环境。切实防治大气污染，对城市所有污染大气环境的工业企业，实行搬迁整治和严格监控，推广清洁生产工艺，广泛使用清洁能源；提高机动车尾气排放标准，坚决淘汰排气不达标的各类机动车辆，大气环境质量多年来保持优良水平。进一步搞好城市景观设计，布置街景小品，加强市容市貌整治，重点实施了集交通、旅游、防汛、景观为一体的环古城风貌保护工程。

（七）保护古城要接受广泛监督

1. 古城保护实践具有不可逆性，稍有不慎，就会造成建设性破坏

苏州古城保护既是在监督中实践，又是在监督中开展的。20 世纪80 年代初，吴亮平、匡亚明关于古城的调查报告，一石激起千层浪，引发了关于苏州古城保护的争论，经过争论确立了全面保护古城风貌的方针。2003 年，苏州博物馆新馆建设方案也引起了争论。这些都推动了对苏州古城的保护。

2. 形成一套完整的监督体系

一是社会监督。有舆论监督、群众监督和网上监督。重要的规划方案市政府都要听取群众意见。二是专家监督。设立专家委员会，从城市发展战略到具体方案都邀请专家评审，有些方案做到了一评、二评、三评。三是人大、政协监督。每年"两会"期间都要收到数十件关于古城保护的建议和提案，对古城保护起到了积极的推动作用。四是国际监督。目前苏州古城拟申报世界文化遗产，并主动接受国际公约约束，以更好地推动古城保护。

五 "十五"以来的主要成果和实例介绍

"十五"以来，经济社会全面发展，古城保护与整治近两年已累计投入 200 亿元。

加快住宅建设步伐，改善和提高人民生活水平。古城区住房成套率从不到 20% 提高到 63%，人均居住面积从 8.4 平方米增加到 17.2 平方米。

市政基础设施建设成效显著。家庭燃气普及率由 52.3% 提高到

84%，住宅电话拥有率由 67% 提高到 82%。自来水普及率达到 100%。大力实施水环境综合治理，切实治理各类污染，清理疏浚古城区所有河道，古城区污水处理率由 52% 提高到 78.7%，生活垃圾无害化处理率达到 100%。

加大对古典园林的保护力度，投入 1 亿多元修复了耦园、艺圃、曲园、鹤园等一大批具有代表性的园林。疏浚园林河道 35 公里，拆除有碍园林的违章建筑 6800 平方米，迁移各类杆线 3000 多根，改善了古典园林周边环境。

加快构筑现代化交通体系，缓解古城交通压力。人均拥有道路面积从人均 6 平方米提高到 11.2 平方米。每万人拥有公共车辆从 4.7 标台增加到 11.4 标台。公交线路从 23 条增加到目前的 68 条。

积极创建国家园林城市，投入园林绿化资金 31 亿元，新增绿地面积 1242 万平方米，建成一大批市级公园。建成区绿化覆盖率从 33.4% 提高到 37.1%，绿地率达到 32%，人均公共绿地达到 7.6 平方米，其中古城区人均绿地从 1.6 平方米增加到 7 平方米，绿地率达到 25%。

（一）37 号街坊

37 号街坊位于沧浪区东北隅，东沿官太尉河，南连十梓街，西靠凤凰街，北接干将路。这里遍布小桥流水，曲径深巷，粉墙黛瓦，飞檐斗栱，具有浓重的水乡色彩，至今保存着著名的古寺、古塔、古桥、古宅、古树和一些古建筑等宝贵文化遗产。她是一个具有历史艺术价值，适宜游览、观光、怀旧的居住小区。

整个街坊占地 22.1 公顷，整治前居住户数 1837 户，总人口数 4804 人。住房成套率不足 20%，户均建筑面积只有 34 平方米，常常是一套房子住四五户人家。一批极具价值的建筑在无节制的搭建中被破坏，一大批文物年久失修，岌岌可危。此外，这里的生活基础设施也非常薄弱，供水排水设施不全，建筑大多超过使用年限，整个街坊内活动空间小，居住采光、通风都不足，绿化少，道路狭窄，大多数居民靠"三桶一炉"生活，居民迫切要求改变这一现状。

整治后的 37 号街坊遵循"重点保护，合理保留，普遍改善，局部改造"的原则，保持了原有巷弄传统构架，保留了小桥流水、老树古井、粉墙黛瓦、飞檐斗栱的古城风格，许多有价值的古建筑也被重点保护起来。居住面积平均每户从整治前的 34 平方米增加到 62 平方米。环境得到优化，绿地率达到 27%。市政基础设施改善，供水、雨水、污水、电力、煤气、电讯、有线电视、路灯等管线一次性入地，改变了原先"三桶一炉"的生活方式。促进了旅游业的发展，位于定慧寺内的双塔，每年吸引 5 万多人前来参观。

37 号街坊保护与修复最让人称赞的是挽救了一批具有历史价值的文物古迹和名人故居，保护了苏州古城区范围内最具特点的一座寺、一处塔、一栋宅、一条河，重现了苏州的历史风貌，使已荒废的古迹得以重见天日。

一座寺——定慧寺

定慧寺，始建于唐代咸通年间（公元 860~874 年）。以定慧寺命名的定慧寺巷，历来以"巷因寺名、寺以巷彰"而闻名于苏州古城。在整治之前，古寺被工厂占用，定慧寺名存实亡。整治之后，古城内这座最大的佛教园林恢复了原有的规模和光彩。

一处塔——双塔

在定慧寺巷的中部，有一个闻名遐迩的国家重点保护单位——双塔。双塔始建于唐代咸通二年（公元 861 年），历经沧桑，几废几兴，1982 年又修建了双塔塔园。整治前的双塔塔园仅存有双塔和罗汉园大殿前的石础矗立。整治后的 37 号街坊以此为核心，在建筑高度、体量风格上遵循了整体协调的原则，双塔四周留有视线走廊，从街坊外围也能够间断地看到双塔的秀姿。

一栋宅——袁学澜故居

袁学澜是清朝显赫一时的大学士，其故居是苏州 260 座古宅中罕见的坐西朝东的建筑。整修后的故居已成为一座最具苏州特色风格的古民居建筑之一。

一条河——官太尉河

官太尉河是苏州历史上古代书生来苏州赶考的交通要道。在这里，望星桥、寿星桥、吴王桥、官太尉桥，东西南北桥相望。如今的官太尉河，磊堤驳岸、水榭平台、杨柳岸晓风残月的景象依稀可见，再现了古城历史上河、路、桥相映成趣的城市形态。站在官太尉河旁，"小桥、流水、人家"的水乡风貌尽收眼底。

苏州市政府为此投入了巨大资金，仅卫生设施改造一项，每甩掉一只马桶就需要 10～12 万元人民币，共投资 1 亿多元。街坊改造不仅保护了古城的风貌，也大大改善了居民的生活环境。老住户吴定远说：改造前，天天要倒马桶；改造后，家里有了卫生间，用上了自来水、煤气，看上了有线电视，真正过上了现代化的日子。

（二）山塘历史街区试验段

山塘街源于山塘河。山塘河东起苏州市阊门外城河，西至虎丘。其中自望山桥至阊门吊桥，长约 3500 米，宽 30～50 米的河段为唐代白居易任苏州刺史时发起挖掘的，河上架桥 10 余座。沿河为山塘街，旧称白堤，全长 3829.6 米，唐代桃红柳绿的河岸，日久变成了居民街坊，史载"吴人常时游虎丘，每与山塘，泊舟耍乐"，为后代文人所吟咏。七里山塘，吴门烟水，蕴含着无与伦比的江南文化，浸透着江南水乡独特温情的人性关怀。在山塘街区，古巷、石驳岸、石河埠、石拱桥、石栏杆，以及富有特色的民俗文化和岁时习俗，充分体现了自然、艺术和哲学的完美结合。

随着时间的推移，山塘历史街区也在不断变化，先是 1860 年太平军逼近苏州时，清军火烧山塘；再是"大跃进"和"文革"期间，寺院、会馆、祠堂大量被拆，石狮、石狸、石舫被砸等一系列破坏，使山塘满目疮痍，再加上古建筑自身老化，生活设施滞后，严重阻碍了人民生活水平的提高，与人居化时代的要求相距甚远，山塘历史街区急需保护更新。为慎重起见，先行启动试验段工程。

试验段工程范围：东起通贵桥下塘桥，西至新民桥，南以众安弄、前小郝弄西端部分道路为界，北到山塘街以北进深 15～45 米范围以内（以房屋北边线为界）。

试验段占地 2.7 公顷，总建筑面积 3.15 万平方米，约有居民 400 户，人口 1200 人。试验段工程投资共 1 亿元，动迁居民 289 户。

实施保护与整治修复的山塘街试验段工程全面保护建筑的整体风

　　山塘街位于古城苏州西北部，全长3600米，东连阊门，西接虎丘。公元825年，唐朝诗人白居易任苏州刺史时所建。2002年6月18日，苏州市委、市政府正式启动了山塘历史文化保护区保护性修复工程，按照"保护风貌、修旧如旧、有机更新、分级分类保护"的原则，开展了整体风貌保护和基础设施、重要节点建设。6年来，累计投资上亿元，形成了风貌整治线、基础设施线、绿化美化线、文化展示线和景观灯光线，恢复了玉涵堂等一大批历史遗存，成为"老苏州的缩影，吴文化的窗口"

貌和特色（保护其建造之初的原貌或大致按原貌修复），保护修复文物、古迹和古建筑，保护水巷、街巷空间格局，保护传统民居外貌，注重试验段整体功能提升和环境的优化。通过保护、整治、修景等办法，延续历史文化保护区的风貌特色，完善内部功能；按照试验段内传统的"街—巷—弄"的肌理，组织交通，保持街坊原有格局，减少人口，降低人口密度，改善居住条件；合理开辟陆地、水上旅游线路，以保护带动旅游和社区的发展。

（三）环古城风貌保护工程

随着苏州城市经济的快速增长，政府手头宽裕了，首先想到"服务于民"。2001 年 8 月，环城河地区的改造摆上议事日程。早在 20 年前，就有人提出"环古城绿化问题"，贝聿铭先生也在 1996 年回乡时，向有关方面提出建议"沿护城河两岸可以种些杨柳之类的树"，但似乎一直没有"适当契机"。事实上，要解决这么多年的老大难问题，并不像想象中那般容易，实施苏州环古城整治工程，绝不能简单片面地就事论事，必须与城东工业园区、城西高新区，以及城北相城区、城南吴中区连成一体考虑。

以前东南西北四个区搞开发建设，或许缺乏有效的"血脉沟通"，古城居中起着吴文化的"核心作用"，但若古城一直以"老古董"身份，隔断五区间的联系，必将阻碍整个苏州大市的综合发展。因此环古城风貌保护工程，首先要解决苏州城的"交通动脉"问题，将过去的运输通道改建成市民休闲散步的绿荫花径，把苏州市区各"板块"有机连成整体，展示姑苏地方特色，挖掘周边历史文化遗存，吸引海内外宾客前来游览观光。

工程规划实施更难。苏州环城河全长 15.3 公里，最宽处 300～500 米，狭窄处仅有 20 多米。河道两岸涉及动迁居民约万余户，有的三口之家仅住 20 平方米。最拥挤的，大约 1 平方米的地方，竟开着 3 户人家 3 扇门，一户傍城墙搭建，一户借城墙造屋，外面再有一家，居住如犬牙交错，邻里之间近乎呼吸相闻。运河两岸还有苏州第一丝厂、苏州（鸿生）火柴厂、造漆厂、肥皂厂、缝纫机厂、第四橡胶厂、油脂厂、第六服装厂等 500 个厂家及仓库需要搬迁。这些企业曾经走过

白居易纪念地，金阊阁夜景
原是低洼地民居，年年被淹

辉煌的历程，但随着时代进步，似已不适应城市发展，没有必要再保留在护城河两岸，且对居民生活环境保护有诸多不利。

随着经济社会发展，市民对环境保护、美化家园的认识日益提高，政府实事工程正逐渐成为一种意志与决心。在苏州市第九次党代会上，环古城风貌保护工程被确定为"十五"期间中心城市重点建设"十大工程"之一，成为加快城市化进程、提升城市综合竞争能力的重大项目。这项工程的建成，有利于古城风貌保护，缓解城区交通矛盾，推动结构调整，发展城市旅游，改善人居生态环境，为把苏州建设成"文化强市"、"国家园林城市"、"最适宜人居和创业的城市"奠定坚实基础。

工程于 2002 年 5 月 24 日正式开工，总投资约 40 亿元。

环古城风貌保护工程分四大功能区域进行。由于当年吴都东部除东夷部族外，越国亦建有军事基地，伍子胥建城时在东部留有水面较宽的护城河，城南区域则是大运河上重要的"交通枢纽"，而今规划将这一段整治建成"体现城市山林、枕河人家风貌"区域，以绿化与居住为主要功能，增加公共绿地，塑造理想的人居环境，创造亲水休闲的居住空间，同时重现古城墙基址遗存的历史风貌。

北部功能区定位是"吴门商旅"、"都市驿站"。这里除有火车站、长途汽车站外，将来还将建造高速铁路与轨道交通站点，作为"换乘中心"。通过调整现有交通网络，使交通集散空间与环古城开放空间相衔接，提升"城市门户"形象，实现古城区对外旅游交通多功能"集散"。

西部功能区则定位为"金阊十里、盘门水城"。城西南的盘门，水陆城门俱全，国内少见，弥足珍贵。城西金阊一带，向为苏州商业繁华地区。规划根据本地区特点，在严格保护历史遗存、挖掘文化内涵的基础上，局部修复景点原貌，护城河两岸以传统民居与小型商业相配套，点缀反映苏州地方文化特色的雕塑小品；强化金阊商业气息，繁荣石路地区，使之与观前闹市相媲美；恢复阊门城楼、城门、城墙等"重要节点"，等等。修复整治后的阊门地段，将在保留民居、商贸的同时，腾出空地建造绿地，营造旅游环境。

新人民廊桥夜景
原是人民桥旧址

环古城风貌带以功能划分的四大部分，按14个绿化地块分为娄门景区、相门景区、葑门景区、南门景区、盘门景区、胥门景区、干将景区、阊门景区、太子码头景区、平门景区、齐门景区、北园景区等14个景区。

苏州古城历史悠久、文化积淀深厚，环古城风貌保护工程，除了绿化美化环境以外，更担负着保护和修复"文化财富"的重任，其中开发绿地40万平方米，植树1.2万株，移植灌木、草坪近30万平方米，并完成了4.5万平方米铺地以及上千平方米的景观建筑。仅一期工程运建筑垃圾就达10万立方米以上，调运"种植土"约25万立方米，太湖石8000多吨（超过市区所有古典园林中太湖石总量）。另外，选用黄石、石笋、花岗岩、鹅卵石、青平绣纹石等各种辅材，难以数计。

在重建桥梁工程中，设计者既考虑现代交通之便利，又注意保留历史文化底蕴。胥江边有座造型古朴的"枣市桥"（花岗岩三孔石拱桥），多年前被拆除，后有好心人将其石料运至山塘街普济桥附近，一放数年，几乎被人遗忘了。但在这次南门河段整治工程中，规划设计时考虑东大街往南建一座桥梁，于是有人提议将"枣市古桥"移建于此。但这段河道比胥江宽，老枣市桥"石拱"偏小，不尽适宜，遂仿其桥形放大尺寸，重造了一座水泥新桥，在桥面局部铺上老桥石板。这座"复活的枣市桥"定新名为"蟠龙桥"。站在人民桥上西眺蟠龙桥，三孔倒映水中，无论朝霞满天之晨，还是夕阳西斜之暮，瑞光塔、盘门城楼耸立蜿蜒绿带之中，是一幅美丽的图景。原枣市桥剩余石料，今后还将用于山塘街整治工程，可谓"一桥两用"。

苏州重建新人民桥，是环古城风貌保护工程的建设范例。人民桥是苏州城南大门的"咽喉"，日车流量超过3万辆，修造须在不中断交通的状况下进行。2002年8月28日工程动工，历时9个月，2003年5月28日竣工通车。新人民桥面宽45米，8孔桥墩，两侧筑有十五开间仿古"长廊"，黛青筒瓦，廊檐轻挑，洋溢出轻盈典雅的吴文化气息。尤其桥墩更见"精雕细作"，镶有16幅石刻浮雕，一部生动的苏州历史长卷浓缩其间：铸剑江南、筑城争霸、江东都会、园林始兴、山塘

蟠龙桥
原是老苏纶厂码头

水上码头，原是鸿生火柴厂旧址

风韵、学风蔚然、烟雨江南、百艺竞争、人文荟萃、吴门画苑、明吏治府、能工巧匠、市井风流、南巡盛况、仁人志士、与时俱进。

新建的觅渡拱桥弯弯如月，21 孔桥上高悬 60 对仿古宫灯，桥两侧设置"观景台"，供游人上桥近观古觅渡桥，远眺盘门城楼，俯瞰四河交汇"觅渡揽月"之用。新觅渡桥古韵新貌，凭栏亲水观景，令人称绝。贝聿铭曾深情地说，以前到苏州难见清水，现在让人闻到水香，听到水声，看到水色，甚至可以掬一捧"苏州水"了。

在环古城风貌保护工程中，我们还根据现代发展的需要，做了一些"新功能建筑"的补充，如兴建中的演出中心，位于金门与阊门中间，临水而筑，面对南浩街，游船至此登岸，看一台演出，听一曲昆曲，是一大赏心乐事，同时也丰富了旅游风光带的文化内涵。又如在胥江北岸与百花洲公园隔河相望之处，建造苏州规划展示馆，南侧以移建的"顾家花园"（清代建筑）作为"古代展示馆"，中部设展厅，西部建"贵宾厅"，大都采用仿古建筑。馆内将展示史前文物、先民遗址分布图、丝质"吴国世系图"、"吴都变迁图"、11 平方米的"阖闾大城"模型（陶土），唐代苏州的古坊名录、宋代街巷发展图、明清苏州市场分布图、会馆分布图等也将在此展示（其中面积约 40 平方米的立体木雕《宋平江图》、总长 34 米的砖雕《盛世滋生图》等均全国称冠）。现代馆主展厅面积 3352 平方米，建成后的"规划陈列馆"将免费向市民开放，系统展示近年苏州城市的发展规划，将成为环古城风貌保护带一处较有特色的新景点。

重建不忘保护。建设工程中，在阊门城墙西侧复建《姑苏繁华图》中的"半截子街"，修建"吴晓邦故居"、"瑞德堂"以及"吴中义士祠"等，同时在原第一丝厂旧址处，恢复重修三国东吴的"孙坚墓"；胥门恢复"接官厅"、"民不能忘牌坊"，重建"伍子胥纪念园"；保留原"鸿生火柴厂"的老厂房（苏州民族工业标志）和苏州对外开放的历史见证之一"洋关"，等等。先保留这些具有各个历史时期代表意义的旧建筑、船棚、外国领事馆等遗迹，日后再酌情考虑调整"功能"。

环古城风貌保护工程使城市的历史文化遗产得到了最大限度的保护，并以日益妍丽的风姿向世人展示魅力。

平江工程之今昔对比

（四）平江历史街区

平江历史街区东起外环城河，西至临顿路，南起干将路，北至白塔东路，面积约为 116.5 公顷。

平江历史街区是苏州古城的缩影，是苏州古城目前保存最典型、最完整的历史文化保护区。至今保持着路河并行的双棋盘格局，与南宋《平江图》格局基本一致，"小桥、流水、人家、小巷"的江南水城风貌依旧。平江历史街区拥有极为丰富的历史遗存和人文资源，街区内有世界文化遗产 1 处——耦园，文物保护单位 9 处，控保建筑 43 处。据史料记载，历史上曾出过 6 名状元和 4 名宰相，叶圣陶、顾颉刚、郭绍虞等知名学者和许多文人雅士都曾在街区生活、活动过。1986 年，国务院批准的《苏州市城市总体规划》，将平江历史街区列为绝对保护区。

由于历史原因，街区内存在着五个突出的问题：一是房屋破旧，人口过密，居民居住条件差。二是管线老化，功能不全，基础设施配套差。三是河道受到污染，街景杂乱，街区环境质量差。四是古建筑失修，违章搭建破坏了风貌，文物古迹毁损严重。五是街区用地不尽合理，功能不配套。尤其突出的是古建筑的使用和保护这一对矛盾日益凸显。

2002 年，苏州市委、市政府决定先行启动平江路风貌保护与环境整治工程，作为平江历史街区保护整治工程的先导性实验工程。成立了工程领导小组，政府有关职能部门和平江区组成的工程领导小组，组织实施工程建设，并邀请全国名城保护专家阮仪三教授领衔对平江路风貌保护与环境整治进行总体把关。

整修中发现的井

平江路风貌保护与环境整治工程范围为干将路至白塔东路 1090 米长的平江路（河）两侧，占地约 11 万平方米，涉及房屋建筑面积约 9 万平方米。先行实施范围占地约 3.2 万平方米，房屋建筑面积约 2.9 万平方米，涉及动迁 475 户。

平江路风貌保护与环境整治一期工程 2003 年 2 月 23 日正式启动，投资 1.9 亿元人民币，主要用于平江路基础设施改造、部分房屋修缮及改建、平江路（河）两侧风貌保护，目前已取得初步成效。

（2004 年 6 月 21 日）

建设秀美、繁荣、文明的新观前

在总结观前地区整治更新一、二期工程建设情况的基础上，要动员和组织各有关部门、责任单位及社会各界再接再厉，加快推进三期工程建设，为这一跨世纪的重大工程画上一个圆满的句号。

一　观前地区整治更新一、二期工程的简要回顾

在市委、市政府的统一部署和组织领导下，在全市人民和社会各界的热情支持下，观前地区整治更新一期工程从 1999 年初起实施，经过工程建设者 263 个昼夜的艰苦奋战，首战告捷，向国庆 50 周年献上了一份厚礼。一期工程投资 3.3 亿元，对观前街、玄妙观、小公园等核心地段以及 8 大类市政管线系统和公共环境，进行了全面整治，共更新建筑 43 座、7.1 万平方米，翻建道路、广场 4 万多平方米。

一期工程竣工后，市委、市政府又加紧推进二期工程建设。二期工程从 2000 年 3 月底启动，到 2001 年春节前基本建成，投资 3.1 亿元，整治更新的主要区域是宫巷、碧凤坊、第一天门、珍珠弄、蔡汇河头、碧颜巷、颜家巷（部分）、落瓜桥下塘、洙泗巷等 9 条街巷，共更新建筑 1.8 万平方米，翻建道路 1.8 万平方米，增辟广场、停车场近 1 万平方米。

观前一期工程的建成，使具有深厚文化内涵的观前街、玄妙观、小公园区域旧貌换新颜。二期工程又在四个方面扩大了一期工程的成果：一是通过建设碧凤坊美食街、建造"苏州人家"家居式旅馆、搬迁小商品过渡市场等，增强了观前地区的旅游、餐饮、娱乐、休闲功

本文为杨卫泽在观前地区整治更新三期工程动员大会上的讲话稿。

能，优化了整体布局。二是通过改造宫巷及支巷道路，建造碧凤坊广场和地下停车场，改善了道路交通基础设施。三是通过更新建筑、整治街景，搞好灯光、绿化、小品等配套建设，进一步提高了环境质量。四是通过改造新艺文化广场和光裕书场，移建控保建筑，开展由巷民居改善试点工作，进一步丰富了观前地区的文化内涵。

观前整治更新一、二期工程，是近年来苏州城市建设的精彩之笔，所取得的良好社会效益、经济效益和环境效益有目共睹，得到了全市人民的衷心拥护和高度关注，是名副其实的民心工程。首先，较好地实现了现代和传统、商业和文化、硬件和软件的结合，大大提高了观前地区的知名度，使之成为广大市民引以为豪、海内外游客慕名而来，理想的购物、休闲、游览场所，成为苏州这座历史文化名城对外宣传的重要窗口。其次，有效地促进了人气聚集和商贸、旅游业的发展。观前地区的日平均人流量已由整治更新前的不到 10 万人次增加到 12 万人次左右，节假日高峰超过 35 万人次，人流结构中市民与外地游客的比例由 17:3 转变为 2:1。这一区域中市属各大商场销售额普遍增长 20% 以上，黄天源、采芝斋等老字号销售增幅超过五成。第三，富有特色的城市景观，给人充分的视觉享受，较好地实现了游人、建筑和环境的和谐统一。2000 年，观前一期工程在全市十大民心工程评选中名列榜首。观前街先后荣获江苏省"购物放心、服务满意一条街"和全国"百城万店无假货活动示范街"等称号。观前一期、二期工程还得到了中央、省及兄弟城市领导和专家的充分肯定和广泛好评。

观前地区整治更新一、二期工程的顺利建成，凝聚着各级领导、各界人士与全市人民的智慧、心血和汗水，是广大工程建设者克服困难、团结拼搏的成果，是苏州人民献给新世纪的一份厚礼。

二　观前地区整治更新三期工程的主要任务

按照观前地区总体规划的要求，实施整治更新的指导原则是"统一规划、分期实施、全面整治、局部改造"。三期工程是观前地区整治更新的结尾工程，也是整个工程的点睛之笔，其意义十分重大。首先，三期工程的质量和效果，直接关系到观前地区最终的整体格局，关系

观前地区东起临顿路,西至人民路,南临干将路,北靠旧学前、因果巷,东西长800米,南北长700米,占地58.3公顷,是苏州古城几何中心,也是苏州传统商业文化中心。1998年,为振兴古城,繁荣观前,适应苏州的快速发展,苏州市委、市政府决定实施观前地区整治更新工程。工程从1999年1月起,分三期滚动实施,到2002年8月竣工。

观前地区整治更新工程是苏州古城改造的成功实践,重点体现在四个结合上:

一是理念上明确传统与现代相结合,以保持粉墙黛瓦的传统建筑风貌为基调,融入广场、花坛、灯光、广告、小品等现代都市的环境特征,形成传统韵味和现代气息交相辉映的观前特色;

二是形式上实行更新与整治相结合,在大面积更新改造同时,通过对大量保留建筑的立面整治和对公共环境的综合整治,使整体风貌趋于协调,人、建筑、环境和谐融合,并有效地降低了开发投入;

三是内涵上注重建设与文化相结合,在规划和实施中,力求传承吴文化渊源,提高建设的文化品位,特别注意处理好恢复玄妙观景观、翻建光裕公所、移建沁兰厅、改建新艺文化广场、改造开明大戏院、保留恢复老字号、建设园林品味的观前公园等文化内涵丰富的项目,使新观前得以依托独特的文化优势而焕发持久的魅力。

四是目标上着眼于改造与繁荣相结合,在设计和施工中,充分考虑繁荣观前对建筑的造型、体量、结构、设施、装修等方面的各种要求,重点在特色、美观、精细、舒适、方便、安全上增加投入,使开发建设尽可能贴近市场,为商业、文化、旅游的全面繁荣创造最佳环境

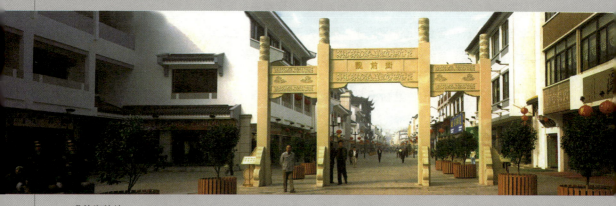

观前街牌坊

到能否圆满实现市委、市政府重塑观前新形象的战略意图。其次，一期、二期工程由于时间、地域、资金等因素的限制，在道路交通、环境绿化、休闲场所、文化商业布局等方面，难免有不尽完善之处，这些缺憾都有待在三期工程中解决或完善。第三，整治更新后的观前将是苏州最繁华的商业中心，也将是城市"热岛效应"最典型、最集中的地区，因此在生态环境建设上必须未雨绸缪，有超前意识和预见性，有敢于突破常规思维的大手笔。

在一、二期工程建设取得成功的基础上，市委、市政府决定从现在开始加快实施观前三期工程。三期工程的规划和设计方案经过了民主的、科学的决策程序。向社会进行了公示，广泛征集了广大市民和社会各界的意见；邀请包括周干峙、齐康院士在内的国内专家进行了评审；向市人大、政协进行了汇报，认真征询了人大代表、政协委员的意见；在此基础上报市委、市政府审定。三期工程规划总用地 5.8公顷，新建建筑 1.55 万平方米，翻建道路 2.5 万平方米，增加绿地8000 平方米，增建停车场 2 万多平方米。主要建设内容分为 4 个部分：

一是道路交通部分。通过打通支巷和增建停车场，形成健全的动态和静态交通网络。(1) 打通整治北局弄，沟通小公园至干将路的南北向交通。(2) 拓宽改造颜家巷，沟通临顿路至宫巷的东西向交通。(3) 打通新由巷，沟通干将路至蔡汇河头的南北向交通。(4) 在富仁坊巷沿线建设停车场，包括在观前公园地下结合人防工程，建设近 1万平方米停车场，在观前公园南侧建设非机动车停车场，并在观前广场建设近 1 万平方米地下停车场，为扩大步行区范围作好充分准备。以上工程建成后，将基本形成观前地区的交通环线和停车系统。

二是绿地公园部分。通过建设大型绿地公园，营造良好的生态环境。在小公园以南、宫巷和邵磨针巷之间建设 8000 平方米左右的观前公园。

三是整治改善部分。通过整治周边支巷环境，实施民居改善，进一步提高整个地区的环境质量。(1) 综合整治与主干道相连的 9 条街巷，即颜家巷、富仁坊巷、吉由巷、大井巷、塔倪巷、九胜巷、邵磨针巷、北局弄、山门巷。(2) 在总结由巷民居改善试点工作基础上，

千年道观玄妙观前展现一片独具文化韵味的观前街街心广场

文化休闲广场小公园旧貌换新颜

积极稳妥地进行民居改善推广工作。

四是文化商业用房部分。通过更新改建文化商业用房，挖掘历史文化内涵，促进商业繁荣和旅游业发展。（1）在观前公园东、西两侧和北侧建设商业用房。（2）在新由巷和北局弄建设部分文化商业用房。

三期工程投资约 1.3 亿元（不包括观前广场），2002 年上半年基本建成。考虑到 2001 年 9 月将在苏州召开 APEC 财长会议，三期工程计划分两步实施：第一步，APEC 财长会议召开之前，完成观前公园及其周边动迁、9 条街巷的外立面整治，以及整个观前地区车辆的集中整治等三项工作；第二步，APEC 财长会议之后，进行颜家巷和新由巷动迁，实施道路、广场、绿地建设和建筑更新。观前公园地下停车场等土建施工必须在 2002 年春节前完成，保证公园绿地有比较充裕的绿化建设时间。

三　观前地区整治更新三期工程的建设要求

观前三期工程已列为今年全市的实事项目，市委、市政府对此高度重视，社会各方面也对此极为关注。三期工程面临的最大困难是时间非常紧迫，无论是 APEC 财长会议召开前要完成的 3 项任务，还是明年春节前要完成的观前公园地下人防工程土建任务，工作量大，任务十分艰巨。因此，各建设单位和有关部门要按照与市政府签订责任状的目标、任务和要求，继续发扬一期、二期工程建设中形成的好传统、好作风，增强搞好三期工程建设的紧迫感和责任感，以对人民高度负责的态度，保质保量地完成各项建设任务。重点要做好以下六个方面工作：

一要各方配合形成合力确保建设目标顺利实现。要动员社会各方面的力量，大力支持和参与观前三期工程建设，努力把这一全市的实事工程、民心工程办实办好。各有关部门和单位必须坚决服从工程领导小组及其办公室的统一指挥，从大局出发，通力合作，全力以赴，共同推进工程建设。各建设单位和施工单位要密切配合，加强协调，相互支持，确保各项工程建设加快实施。要继续实行目标责任制，市政府将与各责任单位签订三期工程目标责任状，大家把任务领回去后要按照责任状的要求逐项落实到人，逐级强化工作责任制和检查考核制，坚持特事特办、急事急办，按时按质按量完成各项工作任务，确保三期工程建设目标顺利实现。

二要按照建成精品工程的要求搞好规划设计。规划设计是工程建设的蓝图和龙头，要把三期工程建成精品工程，规划设计首先必须是精品。在寸土寸金的中心商业区建造一座8000平方米的观前公园，有了这块绿地可以有效地改善观前地区的生态环境，增加高质量的大型休闲场所，因此，大家形象地称这座公园是观前整治更新的点睛之笔。观前公园的设计要进行招投标，处理好现代与传统的关系，拓宽思路，力求创新，设计出具有国内一流水准、苏州历史文化丰富内涵的佳作。对于建筑物、道路、停车场以及民居改善的设计，都要在总结一、二期经验的基础上，精益求精，在特色、美观、舒适、安全、质量上下工夫。设计单位要抓紧做好与建设单位的衔接工作，保证优质按时完成设计任务，并组织力量搞好建设现场的配合服务。

三要细致稳妥地做好动迁安置工作。三期工程的动迁工作已于6月17日展开，第一阶段观前公园地块动迁，涉及居民234户、单位18个、个体商店22家，共274户，要求在3个月内完成，时间紧、任务重，困难不少。为了保证动迁工作的平稳有序，一方面，负责动迁的平江区要借鉴以往的成功经验，深入调查，摸清情况，制订周详的动迁方案，做到依法动迁，有情动迁；另一方面，涉及动迁单位的主管部门要积极主动地给予支持，共同做好单位动迁工作；新闻单位和政法部门也要一如既往，鼎力协助，切实做到公开、透明、有序，力争得到广大动迁户的理解和配合。

四要在确保工程质量的前提下狠抓建设进度。观前地区整治更新功在当代、造福后人。按照建成精品工程、形象工程的要求，三期工程所有建设标准，与一、二期相比，只能提高，不能降低，要精雕细琢，一丝不苟，成为精细秀美的建筑精品。要进一步严格执行工程招投标制、工程监理制、项目法人负责制、行政领导终身责任制等建设规范。要正确处理好速度与质量的关系，在确保质量的前提下，通过采取周密计划、合理调度、挖掘潜力、加强督查等措施，狠抓建设进度，提高施工效率，做到能快则快、既快又好。

五要大力促进商业、文化、旅游市场的繁荣。观前地区整治更新的最终目的是要全面繁荣观前，招商引资是把建设蓝图变为现实的最终环节，意义十分重大。三期工程中，要把筹措建设资金和销售一、二期待售房产结合起来，放远眼光，拓宽思路，从培育繁荣市场的长远目标出发，灵活采用能售则售、能租则租、售租结合等多种办法，寻求捕捉国内外的各种商机，尽快把空置房开发出来。要在招商引资中注意改善商业文化布局和结构，多在增强地方特色上动脑筋，下工夫。同时，对观前地区已批租但尚未开发的地块，要敦促业主尽快开发，多次敦促无效的，要按照有关土地法规和政策予以收回，由政府重新招标拍卖。要高度重视文化市场的繁荣，通过文化市场的繁荣促进旅游业的发展，提升观前地区的品位。三期工程的招商引资要更多地把着眼点放在吸引文化产品、发展文化事业上，以丰富的民俗文化、传统文化聚集人气。对此，市文化广电局等有关部门一定要积极组织和引导，观前办要精心策划，力争云集刺绣、桃花坞木刻、吴门画派和昆曲、评弹等文化艺术门类。

六要加强和规范观前地区管理。观前地区整治更新的成果要靠强有力的管理来维护。观前地区综合开发管理办公室要一手抓建设，一手抓管理。总的来看，一、二期工程完成后，观前地区的管理是卓有成效的，取得了初步经验，获得了各方好评。三期工程建成后，管理工作将更具有整体性和艰巨性。为了把观前地区规划好、建设好、管理好，市委、市政府拟把观前地区的管理机构由临时机构改为常设机构，制定有关管理办法，开展相对集中行政处罚权试点工作，使观前地区管理更加规范有序。当前，管理力量不能松散，管理标准不能降低，管理内容还要赋予新的内涵。APEC财长会议召开之前，要重点抓好整个观前地区的车辆集中整治，进一步提高环境质量，并为扩大步行区创造条件。各有关部门都必须从大局出发，积极主动地配合做好管理工作。

观前一期、二期工程建设取得了令人鼓舞的成绩，也为三期工程建设奠定了良好的基础、积累了宝贵的经验。现在，三期工程正式全面启动，我相信，在市委、市政府的领导下，通过我们的共同努力，一定能把三期工程建设得更加出色，把一个秀美、繁荣、文明的新观前展现在世人面前。

（2001 年 6 月 29 日）

繁华的太监弄 —— 碧凤坊美食街夜景

让传统文化与现代文明交互辉映

　　新世纪之初，在"十五"计划开局之年，在省、市党代会闭幕后不久，市委、市政府就召开全市文化工作会议，充分体现了认真实践江泽民总书记"三个代表"重要思想，坚持经济、政治、文化协调发展，提升苏州综合竞争力，推进富民强市，率先基本实现现代化的战略意图。提交会议讨论的《苏州市2001～2010年文化强市建设规划纲要》对未来5～10年文化强市建设作了全面规划，重点突出、特色鲜明、要求明确、措施实在。《苏州市进一步加快文化强市建设若干经济政策》出台后，将对文化设施建设、文化产品生产、文化体制改革起到积极的推动作用。

　　会议坚持从实际出发，明确提出"把苏州建设成为国际知名的长江三角洲地区重要文化中心之一"的战略目标，指明了我市文化建设的方向。这既是一个催人奋进的目标，也是一个自加压力的目标，它贯彻了重在建设的方针，突出了加快发展的主题。要实现这一目标，不可能一蹴而就，而必须进一步增强紧迫感、责任感、使命感，抓紧落实会议确定的各项任务，全面加快文化强市建设步伐。会议指出当前制约我市文化发展的一大"瓶颈"，就在于文化管理体制改革滞后、文化运行机制不活。因此，在文化发展中要"保护一头、退出一块、放开一片"，公益性文化事业要由政府兴办并给予重点保障，同时增强公益经营性文化单位的自我发展能力，多渠道发展文化产业。会议坚持以深化改革为动力，强调在改革中开创文化工作新局面，点准了要害，抓住了关键，这是市场经济条件下推进文化发展的根本动力和必

　　本文为杨卫泽在苏州市文化工作会议上的讲话稿。

由之路。

文化发展的过程既是一个前后传承的过程，也是一个超越自我、不断创新的过程。苏州是一座历史文化与现代文明融为一体的城市，会议强调既要古为今用，做好传统文化的薪火传人，又要与时俱进，谱写现代文明的崭新篇章，这对于充分展示我市特色鲜明的文化内涵，打造"文化苏州"的品牌形象，具有十分重要的指导意义。

这次全市文化工作会议与以往不同，不是单纯地就文化谈文化，而是把文化放在苏州现代化建设的全局中，紧紧围绕经济建设这个中心，专题研究文化发展的战略思路和主要任务，具有很强的针对性、指导性和操作性。现代市场经济与初级市场经济的一大区别，就在于文化对经济发展的贡献日益增大，文化的经济价值日益凸显，文化与经济形成了一种彼此依存、相互促进、共同发展的态势。一个地区、一座城市没有经济实力就没有地位，没有特色文化就没有品位。特别是在我们苏州，文化已成为投资环境的重要组成部分，今后要进一步增强城市综合竞争力，更有赖于文化含量的不断提高。

一 要解放思想，始终坚持先进文化的前进方向

先进文化是社会实践的理性升华，也是人类社会前进的精神动力和智力支持。江泽民总书记指出："社会主义现代化应该有繁荣的经济，也应该有繁荣的文化。"面对现代化建设加快推进的新形势，面对理论创新、科技创新和体制创新的新课题，面对国际国内竞争日趋激烈的新态势，面对人民群众文化消费的新要求，我们必须充分认识自身所肩负的历史使命，身体力行"三个代表"的重要思想，更新观念，与时俱进，努力开创我市文化繁荣发展的新局面。

一要树立大文化的发展观。任何社会都是一定的经济、政治和文化的统一体，文化是一个相对于经济、政治而言的具有丰富内涵和宽泛外延的概念。因此，我们要切实改变以往对文化概念的狭隘理解，不能简单地认为文化只具有意识形态的属性，把发展社会主义文化仅仅看成是宣传文化部门的一项具体工作，而要充分认识到，文化已渗透到社会经济活动的全过程之中，直接作用于人们的生产生活，无论

是社会生产力的发展还是人的生活质量的提高，无论是商品附加值的增加还是城市竞争力的增强，都与文化含量的扩大密切相关。我们要牢固树立大文化的观念，进一步丰富文化建设的内涵，拓展文化发展的空间，提升文化产品的品位，构建充满活力的文化发展新格局。

二要树立现代化的发展观。市第九次党代会明确提出，新世纪初，苏州的经济社会发展要再上一个新台阶，基本实现现代化。在省第十次党代会上，省委殷切期望苏州牢固树立率先意识，始终走在发展前列。人是经济社会发展的主体，而建设文化强市的首要任务就是提高人的思想道德素质和科学文化素质。因此，我们要牢固树立以人为本的理念，把培养有理想、有道德、有文化、有纪律的公民作为推进文化强市建设的根本任务。要从陶冶性情、涵养情操、开阔眼界、增长知识入手，促进人的全面发展，进一步激发人民群众中蕴藏的创造力。要不断把丰富多彩、健康有益的精神文化食粮奉献给群众，努力满足广大群众精神文化生活的需求。要高度重视文化领域的科技创新，广泛运用现代高新技术特别是信息网络技术，提高文化发展的科技含量。

三要树立国际化的发展观。人类社会发展的进程表明，一个国家要在世界经济政治中占有一席之地，一个民族要自立于世界民族之林，必须实行对外开放。而经济上的对外开放又必然带来文化上的对外开放，两者成为不可或缺的整体。当今世界，经济全球化格局正在形成，这为我们利用国际国内两个市场、两种资源提供了新的机遇。特别是我国加入 WTO 后，文化产业不仅成为经济发展的重要增长点，而且必将成为对外开放的一个崭新领域。我们要充分发挥苏州文化底蕴深厚、文化产品丰富和对外开放走在全国全省前列的双重优势，以更加积极的姿态和海纳百川的胸襟，放眼世界，广采博取，加强同国内、国际的文化交流与合作，积极慎重地开放文化市场。要在大力弘扬优秀民族文化的同时，积极引进有益的外国文化成果。一方面，要努力吸引国内外优秀的文化艺术产品到苏州来展示，出色的文化艺术专业人才到苏州来汇集，先进的文化科技成果到苏州来交易，富有活力的文化企业到苏州来发展，并有选择地吸引外资参与文化产业的投资建设，创造出具有苏州鲜明个性的社会主义文化。另一方面，要大力输出文化产品和文化服务，不断把苏州的优秀文化推向世界，让世界了解苏州、认识苏州，积极促进全球文化多样性的发展。

四要树立产业化的发展观。这里所说的产业化并不是不加区别地一律把文化推向市场，作为产业来发展。但是文化不能拒绝市场，只有善于运用市场，将文化作为一种产业加以培育和发展，才能激活文化自身蕴涵的创造力和竞争力。在计划经济体制下，我们习惯于把文化看作非生产性行业，认为它不直接创造物质财富，在文化事业发展上长期采用了政府大包大揽的做法，这既削弱了文化发展的活力，又造成了文化供需之间的矛盾。从当前世界产业发展趋势看，文化已经成为一项充满生机、具有广阔前景的朝阳产业。在欧美发达国家，文化消费占总消费的比例已超过 30%。要清醒地认识到，经济发展的高潮必将带来文化发展的高潮，人民群众日益增长的文化需求必将促进文化消费的快速增长，发展文化产业是扩大消费、拉动经济增长的重要力量。为此，我们要积极引入市场机制，努力做大、做强文化产业，以文化产业的大发展带动文化事业的大繁荣。特别要把大文化与大旅游有机结合起来，以挖掘文化资源的丰富旅游内涵，以旅游业发展拉动消费需求。

二 要统筹兼顾，协调推进文化强市的快速建设

一要坚持专业文化与群众文化共同繁荣。专业文化和群众文化相辅相成，相互促进，共同繁荣，是社会主义文化建设的基本要求。要发挥专业文化的优势，加大政府对文化产品生产和哲学社会科学研究的投入，多出优秀作品和优秀人才，打出苏州的文化品牌。同时，要广泛开展群众性文化活动，全面活跃群众文化生活，努力提高城乡居民的生活质量和全社会的文明程度。经过改革开放 20 多年的努力，我市人均国内生产总值已超过 3200 美元，是全国平均水平的 3.8 倍。在人民群众的物质生活得到普遍改善的同时，必须高度重视并不断满足群众的文化需求。群众文化工作既要适应广大群众的要求，又要提高群众的欣赏趣味；既要满足群众休闲娱乐和调节情绪的需要，也要满足群众陶冶情操和提高境界的需要。要坚持"二为"方向和"双百"

方针，按照"以科学的理论武装人，以正确的舆论引导人，以崇高的精神塑造人，以优秀的作品鼓舞人"的要求，鼓励和组织作家、艺术家深入群众，深入生活，创作一批展示时代风貌、体现苏州特色、能够产生重大影响的精品力作。继续保持昆曲、评弹、滑稽戏、舞蹈、美术书法、民间艺术等文化艺术门类，以及新闻、出版、发行业在全省、全国的领先地位。精心组织优秀作品的宣传展示，建立健全营销体系，努力扩大受众面。认真总结近年来我市举办重大文化节庆活动的成功经验，继续办好昆剧节、评弹节等活动，以鲜明的地方特色和高雅的文化品位打出品牌，增强苏州文化在海内外的影响力。强化中心城市的文化辐射功能，形成以城带乡、协调发展的新格局。高标准、高质量地建成一批文化标志性工程，发挥示范、导向、辐射作用。完善文化馆、文化站、文化室三级公共文化活动网络，搞好居民小区文化设施的配套建设，增加免费或低收费的公益性活动项目，为居民提供良好的文化服务。鼓励有条件的部门和单位向市民开放文化活动场所，逐步实现社会文化资源的共享。充分发挥图书馆、博物馆、文化馆、档案馆和各类群众文化活动中心的作用，面向社会，服务群众，丰富人们的文化生活。广泛开展社区文化、村镇文化、企业文化、校园文化活动，大力发展特色文化，巩固提高业余文艺团队建设成果。

二要坚持优秀传统文化与现代文明相互融合。文化是一个城市的灵魂，优秀传统文化是现代文化建设的根基。苏州在2500多年的历史长河中创造了灿烂的吴地文化，这是苏州的一大特色，是我们的宝贵财富。我们必须延续文脉，大力弘扬，深入挖掘其丰富内涵，全面保护文物古迹、历史遗存，特别是世界文化遗产，使之在苏州改革开放和现代化建设中创造出更大的社会和经济价值。要充分利用信息技术和现代传媒，大力宣传科学理论，传播先进文化，倡导健康向上的生活方式，抵制腐朽没落文化的侵袭，营造具有时代精神、符合苏州现代化建设要求的文化氛围。积极推进文化信息化建设，尽快建立以苏州图书馆文化资源数据库为基础的信息网络，实现文化资讯上网运行。加快广播电视和印刷、出版业的数字化建设步伐，促进文化娱乐业装备的升级换代。

伏羲古琴馆

三要坚持一手抓繁荣、一手抓管理。丰富群众文化生活必须繁荣文化市场。各地各有关部门要采取有效措施，大力培育和开拓文化市场，在国家政策允许的范围内，逐步扩大市场准入，鼓励多元投资，兴办文化产业。同时，要加强依法管理，以管理保障文化的繁荣。要在文化市场管理、文化资源开发、文化产业发展和文物保护等方面，加强立法工作，以形成有利于文化发展的法制环境。要依据世贸规则，抓紧研究制定保护和扶持民族文化发展的法规、政策，修订和制定查禁有害文化产品和文化服务的法规、政策。综合运用经济、法律、行政手段，加强对文化产品生产、传播的管理，坚决禁止制造和传播文化垃圾，抵制不良文化。深入持久地开展"扫黄打非"，做到集中专项整治与强化日常管理相结合。整顿文化市场，加强知识产权保护，逐步把文化市场管理纳入经常化、规范化、法制化的轨道。

三 要深化改革，增强文化发展的动力和活力

解放和发展文化生产力，关键在于不断深化文化体制改革。我们要按照发展社会主义市场经济、加强精神文明建设的要求，勇于创新、勇于开拓，加快建立充满活力的文化管理新体制和文化运行新机制。

一要切实转变政府职能。要结合党政机构改革，推进政府职能从办文化向管文化，从管微观向管宏观，从着眼于"小文化"向发展"大文化"，从就文化抓文化向文化经济一体化转变。各级政府和有关部门要从大局出发，加快政企分开、政事分开和管办分离，切实做好宏观调控、规划指导、政策导向和条件保障等工作，真正履行好文化管理的职能。文化市场的发展，使政府文化管理部门不能只管自己下属的文化单位，而应该面向社会，逐步建立起与社会主义市场经济相适应的、统一管理全市文化事业和文化产业的大文化管理体制，通过保障市场的规范、正常、良性运转，动员社会力量办文化，促进文化繁荣发展。要抓紧清除分割、封锁市场和垄断市场的行政性壁垒，为各类文化经营主体营造公开、公平、公正的市场环境。要制定行业规章，确立行业规范，充分发挥行业协会在加强行业自律、保障行业权益等方面的积极作用。

二要深化文化事业单位内部改革。目前，在文化企事业单位中一定程度上仍然存在着体制僵化、机制不灵活的问题，影响了干部职工积极性、主动性和创造性的发挥，制约了文化事业和文化产业的发展。因此，深化文化企事业单位内部改革，已成为摆在我们面前的一项紧迫任务。文化企业要按照建立现代企业制度的要求，积极实行规范化的公司制改造，建立法人治理结构，转换经营机制，增强发展活力，使文化单位真正成为文化市场的主体。文艺演出院团要逐步实行签约制、剧目制作人制、演出经纪人制，探索建立剧团、剧场与中介机构相结合的演出中心。所有文化事业单位都要推行全员聘用制，将身份管理改为岗位管理，以岗设人，量化指标，严格考核，真正形成人员能进能出、职务能上能下、待遇能升能降的用人新机制。要实行工效挂钩、多劳多得、优劳优酬，破除"大锅饭"，打破"铁饭碗"。

三要建立多元化的文化投融资体制。政府有责任通过财政的、政策的支持，为广大人民群众提供公益性文化产品和文化服务。特别是随着人民群众对文化生活的需求越来越广泛，随着社会经济发展水平的不断提高，政府应加大文化投入力度，并对公益性文化设施建设和群众性文化活动给予重点保障。文化建设关系全社会的利益，需要各行各业积极参与。要改革文化经费投入机制，使文化经费从主要用于"养人"转向主要用于扶持事业、产业发展。要通过采取按项目拨款或以奖代拨的办法，建立健全经费使用的激励约束机制。哲学社会科学研究要推行项目基金制和课题招标制，重大文化精品生产也要实行招标制或以奖代拨。要改变文化建设由政府单一拨款的状况，在国家法律、法规和政策允许的范围内，鼓励社会力量参与文化设施建设和文化产业的经营管理，逐步扩大利用外资和民间资本的领域。各级文化部门和文化单位要学会经营文化，盘活资产存量，开展资本运作，吸收社会资本共同发展文化产业。同时还要鼓励企业、社会团体和个人捐赠兴办公益性文化事业。

四要整合重组文化资源。我市文化资源十分丰富，但由于部门分割、条块分割，尚未形成整体优势，削弱了文化的影响力和竞争力。面对日趋激烈的市场竞争，特别是"入世"所带来的严峻挑战，必须加大文化资源整合力度，走规模化、集约化经营之路，发挥资源的重组效应和整体效应。要按照"有所为，有所不为"的原则，对文化系统国有资产进行战略性调整，使国有资产在文化发展的关键领域，特别是在重要的公益性文化项目和报纸、出版、广播电视等意识形态方面，保持质量和数量上的优势，增强国有资产的控制力。要发挥市场在资源配置中的基础性作用，打破地区、行业、部门和所有制界限，推进资产重组，实现优势互补，提高文化产业的经营效益。

四　要集中力量，狠抓关键措施的落实到位

一要切实加强领导。各级党委、政府要坚持经济与社会协调发展的方针，把文化建设与经济发展的目标任务一起规划、一起部署、一起实施、一起检查、一起考核。各级领导干部特别是主要负责同志要认真学习、领会和掌握党的文化工作的方针政策，学习有关业务知识，提高驾驭文化工作的能力，努力成为领导文化工作的行家里手。要认真研究并及时解决文化强市建设中遇到的重点、难点问题，为文化发展创造良好条件。要健全目标管理责任制，层层落实任务，加强检查督促，狠抓措施到位，确保取得实效。

二要形成发展合力。建设文化强市是各部门、各单位的共同责任。文化部门要充分发挥职能作用，积极当好党委、政府的参谋和助手，具体抓好文化发展的规划、指导和协调、管理工作。党委、政府各部门都要积极为文化强市建设出谋划策，主动提供优质服务。工会、共青团、妇联等人民团体以及行业协会，要发挥各自优势，建立文化阵地，组织开展各具特色的文化活动。要把建设文化强市与创建文明城市、文明社区、文明乡镇、文明行业、文明家庭等精神文明建设活动结合起来，动员社会各方面力量共同推进全市文化的繁荣发展。新闻单位和大众传媒要坚持正确的舆论导向，弘扬主旋律，提倡多样化，大力普及科学文化知识，鞭挞社会丑恶现象，在全社会营造加快文化强市建设的浓厚氛围。

　　三要确保政策到位。2000年年底和2001年5月，国务院、省政府先后出台了文化经济政策。据此，我市结合实际也制定了有关加快文化强市建设的经济政策，已在这次会议上征求了大家的意见，会后将做进一步的修改完善并尽快下发。各地各有关部门要认真贯彻执行国家和省、市的文化经济政策，制定具体的实施细则，确保各项政策落到实处。要通过政策的导向和扶持，保证公益性文化单位的经费到位，促进文化产业的快速成长，增强地方传统艺术的发展活力。文化专项资金要用在刀刃上，重点投入到文化实事项目建设和文化精品生产上，使有限的资金发挥最大的效益。

　　四要培养文化人才。拥有一批优秀文化人才是文化强市的重要标志之一，也是占领新的文化制高点的关键所在。各级领导和老艺术家要当好"伯乐"，善于发现和培育青年人才，对有发展潜力的要不拘一格，大胆选拔，从思想上、业务上、生活上给予关心，为他们的成长提供良好条件。老一辈艺术家要搞好传帮带，让艺术生命在青年人身上延续。要提倡"五湖四海"，在积极鼓励本地文化人才施展才华的同时，采取更加灵活、优惠的政策，建立更加便捷的通道，吸引海内外优秀文化人才来苏州大显身手。要建立与市场经济体制相适应的文化人才管理机制和激励机制，建设文化人才培养体系，构筑面向现代化、面向世界、面向未来的文化人才新高地。要高度重视培养造就文化产业领域的经营管理人才，特别是能将文化资源和经济资源有机整合的文化企业家。要引进一批既熟悉文化工作又善于经营管理的人员，充实到文化部门和文化企事业单位中去。中国已加入WTO，面对的是一个更加开放的国际文化市场，竞争将更趋激烈。我们必须增强文化从业人员的危机意识和竞争意识，并从文化创造具有劳动人格化的特点出发，充分肯定文化劳动的价值，建立鼓励出成果、出效益的用人制度和分配制度，形成有效的竞争激励机制，进一步发挥文化工作者的潜能和创造力。

　　文化是凝聚和激励人民的重要力量，是一个地区的基本特性，是城市综合竞争力的有机组成部分，是经济和社会发展的战略性资源，文化强市建设事关我市改革开放和现代化建设全局。我们要肩负起历史赋予的重任，以超越自我的勇气，开创全市文化发展的新局面，为率先基本实现现代化作出新的、更大的贡献！

(2001 年 11 月 28 日)

古琴艺术传扬

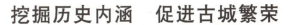

挖掘历史内涵　促进古城繁荣

　　全市人民关注的苏州市环古城风貌保护工程，今天正式开工了。

　　实施环古城风貌保护工程，是贯彻国务院对苏州城市总体规划批复精神、落实省委省政府对苏州实现率先发展的要求，是全面保护古城风貌，加快把苏州建设成为"最适宜人居和创业城市"的一项重要举措。市委市政府把这项工程列为苏州市"十五"期间中心城市建设的重点工程之一。市委、市人大、市政府、市政协高度重视这项工程，已先后多次专题听取汇报，进行审议。强调要以环古城风貌保护工程为契机，在全面保护古城风貌的前提下，加快古城内外居民居住和生活条件的改善，为苏州人民造福。根据工程总体规划，计划用3年左右时间，围绕环古城河，实施以交通疏导、绿化环境、防洪水利、旅游观光等为主要功能的一系列配套建设。主要项目有道路桥梁、河道驳岸、防洪设施、绿地景点、管线灯光、旅游设施等的建设和文物古迹保护、市容街景整治、土地开发利用、民居改善改造等。科学规划、精心建设好上述工程，对于保护古城风貌、改善居住条件、美化城市环境、增强城市功能、促进经济社会发展具有十分重要的作用。

　　环古城风貌保护工程是一项重大的系统工程，涉及范围广、建设任务重、工作要求高。希望各区、各部门、各单位齐心协力，真抓实干，以高度的责任感，积极投入到工程建设中去，既按照职责分工，认真扎实地做好各自承担的工作，又密切配合，互相支持，搞好衔接，保证工程建设整体协调地向前推进，要加强对工程建设的规划管理、建设管理、质量管理和资金管理，认真执行建设程序、规划条例、招

　　本文为杨卫泽在环古城风貌保护工程开工典礼上的致词。

投标法和监理、审计、廉政等有关规定，确保工程建设健康发展。各有关管理部门要确立重点工程就是工作重点的思想，从加强管理和主动服务两个方面采取实实在在的措施，快速高效地处理好有关问题和矛盾，为工程建设创造良好环境，提供有力保障。各建设责任部门和具体施工单位要精心计划，周密安排，咬定目标，一着不让，确保工程建设紧张有序地进行。工程建设全过程必须坚定不移地贯彻"百年大计、质量第一"的方针，牢固树立精品意识，在每一个项目、每一个阶段、每一个环节都把保证质量的工作抓狠、抓深、抓实，按照"精、细、秀、美"的要求，一丝不苟，精雕细琢，精益求精，把环古城风貌保护工程建成优质工程、精品工程。

在工程建设中，部分民居和单位需要拆迁，道路交通和市容环境等会受到一定影响，各区、各有关部门要严格执行拆迁法规和政策，切实保障群众利益；要加强管理，文明施工，把工程建设带来的不便和影响减少到最低程度；要深入细致地做好群众工作，切实解决群众关心的实际问题，使广大群众拥护和支持工程建设。同时，要结合环古城风貌保护工程，在全面保护的前提下，加快改善古城居民的生活居住条件，使工程建设真正造福于苏州人民，服务于苏州经济社会发展。

实施环古城风貌保护工程将凸显苏州东方水城的新形象，是加快苏州中心城市建设和发展的需要，是时代和人民赋予我们的使命和责任。希望各区、各部门、各单位和广大工程建设者在市委的领导下，振奋精神，团结拼搏，群策群力，圆满完成建设任务，交上一份满意的答卷。

（2002 年 5 月 24 日）

身体力行，探索古城保护振兴之路

今天，苏州山塘历史文化保护区保护性修复工程正式拉开了序幕，标志着苏州古城保护振兴计划进入了探索实践的新阶段。

一 切实增强全面保护振兴苏州古城的历史责任感

改革开放以来，苏州的经济建设和城市面貌发生了深刻变化，然而，始建于公元前514年，距今已有2500年历史的苏州古城，由于多种因素，这些年来保护性建设相对滞后，历史人文、水乡风貌、民俗风情、旅游资源优势得不到充分保护利用，而且与苏州城市整体发展水平显得愈来愈不相适应，与"苏州是国家历史文化名城和重要的风景旅游城市，是长江三角洲重要的中心城市之一"的美誉很不和谐。因此，不失时机地将古城保护振兴这个重大的历史性课题摆上重要议事日程，凝聚各方面的智慧和力量，科学决策，精心组织，加快实施，不仅势在必行，而且迫在眉睫。

首先，全面保护振兴古城，是实现苏州城市总体规划的必然要求。苏州于1982年被列入首批国家历史文化名城保护名单，2000年国务院在关于苏州城市总体规划的批复中又指出："全面保护古城风貌，逐步把苏州市建设成为经济繁荣、社会文明、布局合理、环境优美、具有江南水乡特色和丰厚历史传统的现代城市。"这既为苏州的城市发展明确了功能定位，又为古城保护振兴指明了方向。遵循上述要求，苏州积极开发建设新城区，构建了"古城居中，组团式发展"的中心城市新格局，这不仅凸显了古城的战略地位，为古城保护赢得战略性的发

本文为杨卫泽在山塘历史文化保护区保护性修护试验段工程启动仪式上的讲话稿。

七里山塘　吴门烟水

展空间，也为古城的功能发挥创造了有利条件。现在，我们启动山塘历史文化保护区保护性修复工程，是"一城二线三片"（即古城，山塘线、上塘线，虎丘片、留园片、寒山寺片）保护范围内的重要组成部分，就是为了增强古城功能，充分挖掘历史文化街区价值和内涵，促进古城繁荣，早日实现苏州城市总体规划的重大举措。

其次，全面保护振兴古城，是改善居住条件、造福人民的一项重要的实事工程。几年来，市委、市政府一直把改善人民生活，为民办实事作为工作重点，每年都制订实事项目，公之于众，接受群众的监督，做到件件落实，事事兑现，取信于民。我们实施古城振兴工程主要出发点之一，就是要不断满足市民日益增长的物质文化生活需求，富民强市，率先基本实现现代化。由于种种原因，苏州古城区及多数历史文化街区内还有相当数量的居民，至今还居住在没有厨卫设施的破旧危房内，烧饭用煤炉，吃水用吊桶，洗澡用浴桶，方便用马桶，还没能享受到改革开放带来的丰硕成果，这与我们现代文明城市的发展进度极不协调。就山塘历史各街区而言，存在的矛盾和困难相当多，状况更为糟糕：水环境污染严重，基础设施落后，危旧房屋较多。对此，人民群众反响强烈、呼声很高，越来越渴望享受优美、健康、舒适的人居环境，迫切要求得到党和政府的关心和帮助，早日改善他们的居住条件和生活设施。毫无疑问，这是我们义不容辞的职责，是身体力行"三个代表"重要思想最直接的体现。

第三，全面保护振兴古城，是弘扬优秀历史文化、繁荣苏州的一项重大的战略性工程。市委、市政府选择山塘历史街区先行试验，就是直面现实而棘手的重大课题，是明智之举、大胆尝试，待取得成功经验后，再在其他历史街区稳步推开。山塘历史街区，全长约 3600 米，从唐代白居易出任苏州刺史，募工疏塘筑堤至今，已有 1170 余年的悠久历史，拥有众多的文物古迹、丰富的历史遗存和典型的江南水乡风貌，具有很高的知名度。街区内全国重点文物保护单位和省、市文物保护单位有 12 处，控制保护古建筑 14 处，古牌坊 9 处，未列入保护及已损古迹 55 处。直至近代，这些古建筑由于年久失修、自然侵蚀和人为破坏，急需抢救修缮，已经刻不容缓。如果任其自然发展，在

山塘街小桥流水和错落有致的河埠、水阁、过街楼一起构成了苏州
水巷静谧幽深的独特景观

不久的将来就会荡然无存，那么我们势必成为历史的罪人。为此，我们必须树立高度负责的科学态度，既要对历史负责，又要对未来负责，充分认识到古城保护振兴的重大历史意义，把这项功在当代、利在千秋的战略性工程做得尽善尽美。

二　工程建设的总体要求和主要任务

为了切实保护历史遗存，积极整合旅游资源，大力提升文化品位，不断改善居住条件，促进这一地区的进一步繁荣，市委、市政府决定从现在开始启动实施山塘历史文化保护区保护性修复试验段工程建设。总的要求是：贯彻"总体规划、分步实施，试验先行、慎重建设，保护风貌、修旧如旧，以保促旅、保旅互动"的方针，有计划地抢救、修复、保护山塘地区的历史遗存和人文景观，全面保护整体风貌和特色，改善道路交通等基础设施，进一步提高环境质量，积极探索古城保护、更新和改善的有效途径，努力使山塘地区形成展示苏州古城文化积淀、反映苏州古城特色的综合形象，实现社会效益、经济效益和环境效益的有机统一。在实施保护性修复的全过程中，都要坚持以苏州古城风貌为特色，以传统城市人居文化为内涵，保持居民生活、语言和习俗具有延续性。对古建筑等宝贵历史文化遗产要进行重点保护，对富有特色的建筑物进行合理保留，对较为典型的台门街坊逐步进行改造，对街景、河道进行特色改造，对居民生活水平进行普遍改善。在修缮中，要强调"修旧如旧、风貌协调"，门窗及细部按原样用旧材，立面维修用旧青砖，墙面涂刷用纸筋灰，河坎踏道用旧古料等等。

这次先行实施保护性修复试验段的规划范围：东起通贵桥下塘，西至新民桥，南以众安弄、前小邾弄西端部分道路为界，北到山塘街进深15～45米范围以内，用地总面积为2.7公顷。该段位于山塘街东入口（从通贵桥至新民桥），全长180米左右，约占整个山塘街的1/16；总建筑面积为3.15万平方米，绝大部分为居住用房。

保护性修复试验段工程建设有七项主要任务：

一是修缮古建筑和民居。严格按照"修旧如旧、整故如故"的要求，修缮玉涵堂、岭南会馆门厅等古建筑；整治、修缮玉涵堂周边部

大小普济桥

　　山塘河西段，两桥成直角折尺型，分
别为三个圆孔和三个方孔，一高一低，一
拱一平，掩映成趣，顾盼生姿，又称为普
济双桥

分民居，保持老宅外观风貌。探索运用新的工程技术和方法，部分民居采用轻钢龙骨架等新型材料做内套，并安装现代厨卫设施。

二是拆除违法建筑及不符合历史街区风貌的建筑。拆除后的空地，作为移建部分古建筑和配建绿地。挖掘民俗文化，恢复皮影戏等民间艺术演出场所。

三是进行外立面整治。对不符合历史街区风貌的建筑外立面，按照规划要求进行彻底整治。同时，要积极收集古旧建筑构件，用于恢复古建筑。对使用的新材料采用"做旧"手法，使新旧材料混为一体。招牌、路灯、雨篷、店铺门窗等进行仿古处理，空调室外机、夜间泛光灯、轮廓灯等作隐蔽设计处理，力求与整体风貌相协调。

四是改造试验段内的管线设施。重点是实现电线、电信、有线电视、供水管、雨水管、污水管等管线入地。

五是道路桥梁维修扩建。按照新的设计标准，修建渡僧桥和山塘桥，将新民桥旅游停车场纳入广济路拓宽延伸工程中一并组织实施。

六是在试验段以外要同步配套实施山塘河污水截留治理工程，整修山塘河沿线驳岸，疏浚山塘河河道；整治山塘河临河建筑外立面，拆除部分有碍整体风貌的建筑。

七是要认真做好规划区内国有土地的收回、划拨和转换工作，积极制订好旅游发展整体方案，精心设计保护区绿化和街头小品，增加绿化量。

三　保护区保护性修复试验段工程的建设要求

山塘历史文化保护区保护性修复试验段工程，是市委、市政府积极探索历史文化保护区保护性修复新路子，全面保护古城风貌的重大举措。建设好这项工程是广大市民的迫切愿望，为社会各方面所关注。各级部门一定要统一思想认识，全力支持配合，形成工作合力。工程实施单位要牢固树立精品意识，精心组织，精心施工，努力打造"精细秀美"的精品工程。重点要做好以下六项工作：

（一）加强领导，明确责任

市委、市政府已成立了苏州市山塘历史文化保护区保护性修复领导小组及办公室，以切实加强对各项工作的领导和市各有关部门的沟通与协调。要明确分工、各司其职，以对历史、对人民负责的态度做好每一项工作。金阊区人民政府为该试验段工程的实施主体，已组建的山塘历史文化保护区发展有限责任公司为开发主体，建设施工和监理单位采取招投标的方式确定。今天向市政府递交工作责任状的部门（单位）要服从统一协调指挥，严格做到令行禁止；所有责任单位都要实行一把手责任制，实行工作责任追究制，确保所承担的任务按计划、按要求完成。各部门（单位）要用足用好政策，有关审批手续既要按规定程序办理，又要做到特事特办、急事急办。总之，要切实加强领导，落实责任，确保保护性修复试验工程如期顺利完成。

（二）科学规划，保持风貌

保护性修复试验段工程实施的好坏，修复的质量和效果如何，在很大程度上取决于规划工作。市规划等部门要高度重视并切实搞好规划工作，把保护风貌、改善基础设施状况、提高居民生活条件与发展旅游业有机地结合起来进行总体规划。试验段的道路交通、地下管网、古宅民居修复、旅游发展等各方面的规划，一定要科学、超前和慎重。要注重保护体现传统文化内涵的丰富物质要素与非物质要素，保护文

物古迹和控制保护古建筑本身和周边的建筑环境。保持传统街巷格局不变，街巷尺度、走向、形态、名称等基本不变。保持水系格局不变，保护原有的河道景观。严格控制建筑高度和容积率，提高绿地率。研究制定符合古城环境的建筑主导色彩，鼓励使用地方性的传统建材。研究制定广告、招牌的管理办法及技术规定，保护古城视觉环境。

（三）深入细致，做好动迁

山塘历史文化保护区保护性修复试验段工程动迁工作，将按照我市《城市房屋拆迁管理条例》进行。实施动迁工作人员要认真学习和掌握政策，防止工作上的简单化和作风上的粗暴行为。要妥善做好拆迁补偿安置工作，保障动迁单位和群众的合法权益。对一些特殊问题和困难，既要实事求是地宣传政策，求得大家的理解和支持，又要做好细致工作，积极帮助基层单位和群众解决实际困难。市各有关部门和单位有责任按照规划要求，协助实施单位共同做好本单位及下属单位的动迁安置工作，确保保护性修复工程按期顺利实施。

（四）精心施工，确保质量

山塘历史文化保护区保护性修复工程任务重、要求高。所有参与建设的部门和单位都要科学安排，认真制定施工方案，加强现场管理

山塘街远景

措施，周密安排封闭作业时间，尽量减少因工程施工给企业经营、群众生活带来的不便和压力。要始终坚持"百年大计、质量第一"的方针，落实各项责任制，建立健全质量监督验收制度，把优化工程质量的各项措施落到实处，确保保护性修复工程成为社会各界普遍满意的精品工程、名品工程。

（五）拓宽渠道，多元投资

山塘历史文化保护区保护性修复工程资金，由山塘历史文化保护区发展有限责任公司负责筹措，积极吸引各方投资。试验段工程主要资金来源包括：（1）市、区两级政府的资金投入（含城市建设等资金）；（2）按比例分得的辖区内的土地拍卖净收益；（3）旅游开发收入；（4）部分房屋、开发所得的利润（租金）分成部分；（5）银行贷款；（6）吸引国内外其他资金。要努力推广山塘街已烧毁的古建筑"许宅"由"民资"投入进行复建的经验，有计划地推出已损坏或消失的古建筑、古遗迹地块对外招商，吸引多元资金投入修复重建。

（六）各方配合，形成合力

各级各部门和单位，要齐心协力、密切配合，切实担负起各自的职责，加大工作力度，共同把山塘历史文化保护区保护性修复试验段工程做好。承担建设任务的各部门和单位，要按照"谁主管、谁负责"的原则，切实做好试验段内的基础设施工程建设，包括道路桥梁维修、管网改选、污水截流、河道整治、驳岸整修、管线入地等。市政府已与各责任单位签订了工程目标责任状，在组织实施中，要强化工作责任制，逐级进行责任考核，以保证工程建设各项任务的圆满完成。新闻媒体要采取多种形式，大力宣传保护性修复工作的重大意义，引导广大市民积极参与，共同为山塘历史文化保护区保护性修复工作献计献策。

现在任务已经下达，要求已经明确。我们要全力以赴，扎实工作，积极慎重地实施好保护性修复工程，努力把山塘历史街区恢复成具有苏州古城文化保护区鲜明特征的先行试验区，为促进苏州社会经济的繁荣进步和可持续发展，作出我们应有的贡献！

（2002 年 6 月 18 日）

苏州：2500 年的经典品牌

　　2002 年"苏州印象城市品牌广告展"是 2000 年首届"苏州印象主题海报展"的延续。与上一届活动相比，此届广告展无论在主题上还是在内容上，都有了突破性的进展。从组委会目前已收到的 2000 余幅作品来看，创作者大多站在"跨越苏州 2500 年历史"的高度，用一幅幅简洁明了的平面海报作品，展现了苏州城市的古韵今风。

　　这项活动不仅会极大地提升苏州在国内外城市中的知名度和影响力，而且"苏州印象"这项活动本身也必将成为一个人所共知的品牌，在国内外广告业界赢得一席之地。

一　苏州的传统品牌

　　苏州古城历史悠久。周敬王六年，即公元前 514 年，吴王阖闾命伍子胥建城，伍子胥相土尝水、象天法地，最终选择了诸位脚下的这方水土施工营造阖闾大城，周围四十七华里，规模宏大，蔚为壮观。建城至今 2500 多年，城址未曾移易，这在世界上也是罕见的。据史料记载，当时的阖闾大城有"陆门八，以象天之八风；水门八，以法地之八聪"。如今，虽然有的城门已湮没在历史的长河里，但绝大多数作为地名一直沿用至今，成了古城悠久历史的见证。在盘门景区内，不仅有纪念苏州首任"规划局长"伍子胥的"伍相祠"，更有保存完好的水陆城门，那里的每一块砖石、每一棵古树都记录着历史的沧桑，叙说着苏州建城以来 2500 年的遥远故事。几年前，我们在广泛征询市民和社会各界意见的基础上，已经把盘门的水陆城门设计成了苏州市

　　本文为杨卫泽在苏州城市品牌高级论坛上的演讲稿。

拙政园

的市徽，并将其介绍给世界各地的朋友。

苏州北枕长江，西抱太湖，四周湖荡密布、河流纵横。城内河道、小巷同样如经如纬，构成水陆并行、河街相邻的城市建筑格局，自古即有"水城"的雅号。唐代诗人杜牧诗云："君如姑苏见，人家尽枕河"，刻画了苏州作为一个水城的独特风貌。在南宋绍定二年（公元1229年）所刻的《平江图》上，苏州城内街巷河道以棋盘式布局，井然有序，排列整齐。迄今虽已有700多年，但宋时旧制直到今天仍被完好地保存着。当年，来自意大利水城威尼斯的大旅行家马可·波罗，在他的游记中描述了苏州这个东方水城的美丽与繁华，将苏州誉为"东方威尼斯"。小桥流水和小巷构成了苏州城独有的情调和意境，是一首永远也读不完的诗。

说起苏州，许多人首先想到的或许是苏州的古典园林，"江南园林甲天下，苏州园林甲江南"。苏州最早的园林，是封建帝王的宫苑，木渎灵岩山上的"馆娃宫"遗址，就是春秋时期吴王为爱妃西施所建的"冬宫"。最早见于记载的私家园林，是东晋的顾辟疆园。到宋代，苏州造园的风气已盛，著名的沧浪亭、网师园等都是宋代所建。明清时期是苏州私家园林建设的鼎盛期，与沧浪亭、网师园一起被列入世界文化遗产名录的拙政园、留园、环秀山庄、艺圃、耦园、退思园等都是当时的代表作品。这些古典园林具有典型的江南风格，自然幽雅、清淡秀美，在有限的空间里，以山池、亭阁、花木参差点缀，虚实相间，创造出"咫尺山林"的艺术境界。千百年来，苏州园林已成为苏州城最具个性的品牌，赢得了全世界人民的喜爱，每年慕名而来的中外游客以百万计。

介绍苏州，不能不介绍的还有苏州的昆曲、评弹，还有苏州的刺绣、木刻，还有苏州的文学、书画等等，林林总总、不胜枚举。这里我给诸位讲个故事。清代康熙初年某日，京城翰林院里一帮文人聚在一起聊天，聊着聊着，话题转到了各自家乡最有名的物产上，这个说"我们家乡出产象牙犀角"，那个说"我们家乡出产上等木材"，唯独苏州籍翰林汪琬一言不发。于是翰林们逗笑道："苏州莫非徒有虚名？"面对讥笑，江琬十分平静地说："渔米之乡，人间天堂，出名的东西不

怡园汉瓶、秋叶、葫芦形空窗层叠

多，只是两样而已。"众人忙问："两样什么东西，快说来听听?"汪琬一字一顿、慢吞吞地说："一是梨园弟子，一是状元也。"翰林们听罢，一个个面面相觑，悄悄地走开了。这个故事并非我的杜撰。苏州历史上不但出了100名文武状元，还养育了以孙武、范仲淹、沈括、唐寅、顾炎武、蒯祥等为代表的一大批政治家、思想家、军事家、科学家、艺术家。这些名人同样是苏州城得以名扬天下的金字招牌，是苏州城不可多得的财富。

二　苏州城市新品牌

众所周知，在人类文明的历史长河中，比苏州更古老的城市不在少数，但随着沧桑变迁，大多已被历史所淹没。而勤劳智慧的苏州人民，在继承弘扬古城、园林及传统艺术等品牌的基础上，正在打造更具魅力的城市新品牌。

我国著名学者余秋雨先生曾经说过："经济建设是一座城市走向现代化的基本动力。"苏州的实践证明了这一论述：现代经济的快速发展，为苏州现代化建设提供了强大动力。

在过去的20多年里，苏州的丝绸、纺织、刺绣等传统产业虽然也在推陈出新，但地位早已被迅速崛起的电子信息、生物医药、机电一体化等新兴产业所取代。2001年4月，美国《新闻周刊》还将苏州评为全球九大"新兴科技城市"之一。

苏州城市已演化成为"古城居中、东园西区、五区组团"式发展的崭新格局。全市面积8488平方公里，其中市区面积已扩大到1650平方公里。

特别值得一提的是，苏州工业园区是中国和新加坡两国政府间最大的合作项目。8年来，在中新两国政府的共同努力下，苏州工业园区不仅是中国大陆发展速度最快、最具竞争力的开发区之一，而且进入了"亚洲十佳工业区"之列。以苏州工业园区为代表的苏州新城区，不仅做大了苏州的城市规模，还塑造了苏州城市的新品牌，成为中国大陆对外开放的窗口和缩影。

游览过苏州园林的朋友一定对园林中一扇扇造型各异的窗户记忆

犹新。苏州古代的造园家们十分重视窗的设计，追求移步换景的效果，游人透过这一扇扇巧夺天工的窗户，可以窥视苏州的秀山碧水、田野丘垄、古木奇石、亭台水榭、恬静小巷和深深庭院。今天，当我们再次置身于苏州园林，透过那一扇扇窗户，已经可以看到这样的画面：充满文化积淀的"传统苏州"与迅速成长中的"现代苏州"相互映衬、相互融合、相得益彰。

今日苏州，就像一副精美的双面绣。苏州绣娘以灵巧勤劳的双手，在同一块丝绸面料的两侧绣出了两幅看似不同却又紧密联系的秀丽画面。

三　共创苏州美好未来

我们正处在世界经济发展的重要历史时刻，经济全球化的浪潮汹涌澎湃，科技进步日新月异。特别是我国刚刚加入世界贸易组织，将面对更为激烈的国际竞争。对于苏州这样一个外向型经济起步较早、外向度比较高的城市来说，如何制订切实可行的发展战略，抓住机遇，迎接挑战，努力营造和保持苏州的竞争优势，是摆在我们面前一项十分紧迫而又重大的课题。因而，在这样一个大背景下，举办本届以"苏州印象"为题的城市品牌广告展，并邀请如此众多顶级的专家学者为苏州城市品牌的运作献计献策，无疑是一件十分有意义的事。

沧浪亭花型漏窗

其实对于广告，苏州人早就深谙个中奥妙，单是一句"上有天堂，下有苏杭"的民谚，就如一则脍炙人口的广告语，将苏州的名声传遍了五湖四海，更让苏州人享尽了实惠。苏州人还有一句民谚，叫作"酒香不怕巷子深"，一般对它的解释是：只要酒酿得好，香气四溢，哪怕藏在小巷深处，也不怕没人来买。对此，我倒另有一番解释。苏州古城内多的是小街小巷，多少年来，从来都是挑着骆驼担的小贩们用他们的风灯、竹梆和声声叫卖，撩动了小巷深处居民的食欲，将好酒的香气溢满了深深小巷，所以完整的表述应该是："酒香不怕巷子深，全凭小贩勤吆喝"。这恐怕算得上苏州人善于利用广告，制造轰动效应的一个经典例子吧。

有一位学者曾经说过："人生的意义在于为世人留下点什么。"古代苏州人民创造阖闾古城、古典园林，并赢得了"上有天堂，下有苏杭"的美誉。我们现在的目标是用 5 至 10 年的时间，努力把苏州建设成为"国际新兴科技城市、法治城市、文化强市、最适宜人居和创业的城市、国家园林城市和健康城市"。

围绕这一目标，我们还有许多工作要做。为此，我们提出了"经营城市"的理念，而打造城市传世的经典品牌是其主要内核和目标取向之一。比如，苏州工业化步伐比较快，但是城市化进程相对滞后，我们将在保护好苏州古城的前提下，规划、建设好传统文化与现代文明交汇融合、古典氛围与现代气息和谐统一的中心城市，把苏州古城的品牌提升到一个新的层次；水是苏州的灵魂，我们准备通过几年的努力，实施对太湖、金鸡湖和市区水环境的综合整治，重现"东方水城"的靓丽风景线；苏州历来是中国著名的旅游城市，但丰富的旅游资源并未得到充分的开发利用，特别是苏州虽拥有太湖水面的 4/5，但多年来我们只注重利用"苏州园林"这个传统的品牌，而忽视了"苏州太湖"这个潜在的品牌优势，为此，我们正在抓紧制订大旅游发展规划，将苏州的古城、古镇、古典园林和太湖山水串成珠、连成线，使旅游业成为可以为后人永续发展、利用的新的支柱产业；苏州城内、城外年代久远的标志性工程很多，除了盘门水陆城门、瑞光塔外，还有举世闻名的寒山寺、虎丘塔等等，但是年轻的标志性建筑不多，为此，近年来我市先后新建了苏州图书馆、体育中心、园区湖滨大道等标志性建筑。目前，我们正在抓紧筹备苏州博物馆的建设，努力把它建成苏州城新的标志性建筑。

要把苏州这个城市做大、做强、做优、做美，市长是第一责任人；要把苏州这个品牌做大、做强、做优、做美，市长是"第一广告主"。作为苏州市的市长，我真诚地希望各位专家、学者对苏州城市品牌的经营、对苏州未来的发展，给予一如既往的关心与支持。

苏州历史悠久，文化积淀深厚，可供发掘的品牌资源数不胜数。我相信，通过本届"苏州印象城市品牌广告展"，借助全世界广告人、设计师敏锐、独到的眼光，一定会发现并采掘出更多的宝藏，让世界了解苏州、让苏州走向世界；通过这样一个有意义的活动，一定能激

发全体市民热爱家乡、建设苏州的激情，创造出一个又一个跨越 2500 年的奇迹。

苏州，是 580 万苏州市民的苏州；

苏州，是 13 亿中国人的苏州；

苏州，是全世界所有关心、爱护、支持她建设的人们共有的苏州！

我们曾经感念并惠泽于她 2500 年城市文明放射的光芒与荣耀，我们也必将谱写这个城市历史上最辉煌的一页。

（2002 年 6 月 28 日）

耦园

彰显"东方威尼斯"的古城风貌

　　明天就将跨入新年的门槛。在这个时刻，我们在这里召开环古城风貌保护工程完成阶段性目标动员大会，进一步动员全市力量，齐心协力，团结奋战，明确目标，落实责任，以时不我待、只争朝夕的紧迫感，克服重重困难，千方百计，全力以赴加快环古城风貌保护工程建设步伐，确保明年6月底完成阶段性目标，以苏州东方水城的秀美风貌迎接第27届世界遗产大会在我市召开。

一　高度统一思想，务必提高建设紧迫感

　　环古城风貌保护工程是市第九次党代会确定的"十五"期间中心城市重点建设的十大工程之一，是一项集城市交通、城市防洪、生态绿化、景观、旅游等功能为一体的综合性工程。建设好这项工程，意义十分重大，尤其是从当前来看，它的重要性、紧迫性体现在：

　　一是迎接明年世界遗产大会在我市召开的急需。苏州是我国已被批准列入世界文化遗产单体项目最多的一个城市。世界文化遗产不仅是我们苏州人和中国人的，也是全人类的。我们应站在这一高度来保护好苏州古城历史风貌，建设好环古城风貌保护工程，向全世界展示我们苏州的悠久历史文化和东方水城的风貌特色。同时，建设好这个工程，也是为争取整个古城申报世界遗产创造条件。

　　二是做强、做大、做优、做美苏州中心城市，加快城市化进程的急需。市委九届三次全委会已明确，加快城市化是明年的重点工作。建设好环古城风貌保护工程，必将有利于凸显古城、水城特色；有利

　　本文为杨卫泽在环古城风貌保护工程完成阶段性目标动员会上的讲话稿。

于增强苏州中心城市的综合实力和竞争力，发挥苏州区域性中心城市的地位和作用；有利于充分发挥和利用环古城旅游资源，开发水上黄金旅游线，有力地促进我市城市旅游的发展。

三是改善提高人民生活质量的急需。环古城河两侧地势低洼、建筑破旧、困难群体居多，环古城风貌保护工程的建设与改善老百姓居住条件相结合，改善城市生态和城市面貌，为老百姓创造优美的人居环境，有利于提高人民群众的生活质量。

四是我市创建国家园林城市工作的急需。我们要通过建设环城绿化景观带，为古城打造一条光彩夺目的绿色项链，把古老的苏州城打扮得更加美丽，为实现苏州市区创建国家园林城市的目标奠定基础。

五是缓解交通拥堵状况和提高防洪保安能力的急需。搞好环古城风貌保护工程，有利于改善城市交通基础设施，分流穿越古城区的交通，减轻古城区的交通压力。同时，将提高城市防洪标准，增强防洪保安能力，从而更好地保护苏州这座历史文化名城。

总之，环古城风貌保护工程是一项功在当代、利在千秋的实事。历史的责任落在了我们身上，责无旁贷，时不我待。

二 坚定必胜信心，务必确保阶段性目标

2002年5月24日，环古城风貌保护工程奠基，揭开了工程建设的帷幕。目前，规划设计、征地拆迁、工程施工全面铺开，工程进入了决战、决胜的关键阶段。为了更好呈现苏州东方水城的秀美风貌，迎接第27届世界遗产大会在我市召开，到明年6月底前环古城风貌保护工程干将路以南段要基本完成下列阶段性目标：一是环古城南线，要全面完成南门路（解放桥至觅渡桥）道路工程；完成新市桥至觅渡桥道路两侧和该段护城河内侧的绿化、景观建设及市容环境整治。二是环古城东线、北线和西线，完成道路贯通；完成人民桥、觅渡桥、娄门桥等桥梁的改建及相门桥、姑胥桥等节点的改造；基本建成规划展示馆和伍子胥纪念馆，并开工建设演艺馆项目；完成沿线相关的绿化建设、桥梁装饰及环境整治。

要完成上述目标，任务非常繁重，工作非常复杂，时间非常紧迫。

老阊门城楼夜景，
原是一片低矮破旧的房子

我们一定要坚定信心，咬定目标，战胜一切艰难险阻，决不退步，以雷厉风行、攻坚克难的作风去奋力拼搏，不达目的决不罢休。各项工作要倒排计划，挂图作战，以日保旬，以旬保月，以月保季，一着不让。这项工程能否圆满完成和完成得好不好，绝不存在什么技术问题、经济问题，因为规划设计已历时一年半，多次论证，反复深化，已通过审查审批；施工工程量也不能算大，也不存在特别大的技术难题。当前的制约因素主要是行政问题，也就是行政的组织、行政的效率问题。所以，这项工程能否圆满完成和完成得好不好，是对我们各级、各部门领导干部的一次严峻考验，是对我们领导同志的思想作风、工作能力和领导水平的一次检验。我相信，大家是一定能够经受住这场考验的。当前一两个月时间是完成目标任务的关键时间，必须抓得很紧，抓得很实。要争分夺秒，只争朝夕，把一天当作两天来干。要环环紧扣，步步紧逼，科学计划，合理安排，采取交叉作业和立体施工办法争抢时间。

三　大力协同奋战，务必明确落实责任制

环古城风貌保护工程这项造福全市人民和子孙后代的民心工程，是各部门、各区和有关单位自己的工程，必须当作自己的事情、自己应尽的职责和义务认真办好。不能认为是上面要我去办的事，更不允许借此机会提出任何不合理的条件而给工程的实施设置障碍。各部门、各区和有关单位都要实行"一把手"负责制，建立专门班子，层层分解、落实任务，责任到人，立下军令状，对完不成任务或工作未达到要求的，将严肃追究责任人的责任。为切实加强对这项工程的统一、集中、高效的领导指挥，决定成立环古城风貌保护工程建设指挥部。

各部门、各区和各有关单位都要围绕工程建设目标任务，积极主动地开展工作。所有与工程有关的审批工作，必须一路绿灯，有关程序一个不少，速度要大大加快，手续要大大简化，效率要大大提高。按急事急办、特事特办的要求，能超前进行的工作，要千方百计提前进行，能同时进行的工作，决不等待。牵涉几个部门的事，要密切配合，主动服务，绝不允许相互推诿、扯皮、敷衍等现象发生。如果发

觅渡桥夜景，原是破烂的外贸仓库和栅棚区

现哪个环节上出现因人为的原因而延误工程的情况，要严肃追究有关人员的责任。工程指挥部要认真做好协调工作，检查督促工程进展，及时发现和解决发生的矛盾和问题，重大问题及时报领导小组研究决策。对市政府和领导小组决定的事，各部门、各区和各有关单位必须坚决执行，绝不允许拖延不办的情况发生。

按照"谁家的孩子谁家抱"的原则，环古城风貌保护工程涉及需拆迁的水利、防洪、环保、市政公用、绿化、交通、供电、人防、广告等设施，各主管部门和各区及有关单位应从大局出发，义无反顾地服从组织指挥，并在规定时间内负责组织有关的拆迁工作，拆迁费用各自解决。需要复建的，复建费用由主管部门和各区及有关单位自行承担。

环古城道路以内工程涉及部分拆迁的工业企业，按照"退二进三"的精神，实施一次性搬迁；环古城道路以外涉及部分拆迁的工业企业，结合道路规划尽可能实施一次性搬迁。各控股（集团）公司和主管局，要切实负起责任，与被拆迁企业及有关部门一起做好拆迁安置工作，按期完成拆迁任务并确保稳定。

四　精心设计施工，务必做到精细秀美

时间再紧，任务再重，质量工作一点不能含糊，设计施工的质量要求一点不能放松，质量标准一点不能降低。时间越紧、任务越重，越是要狠抓设计施工质量，越是要把质量放在首位。要咬定确保建成质量优良、精细秀美的优质精品工程目标，严字当头，精益求精，一丝不苟抓好设计施工质量。要建立严格的质量责任制，层层把关，时时监督。要推行工程监理制，当好工程质量的"卫士"，实行24小时旁站监理。要严格工程质量监督，加强政府质量管理。工程设计施工要体现古城、水城风貌，充分运用古典建筑、古典园林手法，做到精雕细刻，绝不允许粗制滥造，偷工减料。对工程设计和施工质量要下铁的决心，用铁的纪律，绝不姑息迁就。一旦发现设计施工质量问题，一律推倒重来或整改到位，一律将设计施工队伍清除出场，一律对设计施工质量责任人、责任单位严处重罚。要在环古城风貌保护工程中

开展"质量创优、创精品"活动，积极推行优质、优价、优监、优酬、优选最好的规划力量、设计单位、监理人员、施工队伍，确保坚持规划方案，严格设计标准，严守监理准则，执行施工规范。

五　加大宣传力度，务必调动全社会积极性

环古城风貌保护工程是关系到全市人民的大事，是关系到保护和弘扬老祖宗留给我们的宝贵遗产一代一代传下去的大事，是历史赋予全市人民的共同责任。各新闻单位要大力宣传环古城风貌保护工程建设的重要意义，及时报道工程进展情况，让全市人民都关心和了解这项工程，以取得他们的配合和支持。对工程实施过程中发生的各种矛盾，尤其是拆迁工作、交通管理等方面的问题，各级、各部门和各单位要做耐心细致的工作，积极稳妥地化解矛盾，安定民心，以保证工程的顺利实施。工程建设必然要涉及千家万户，一定要依法办事，依照规划办事，依照政策办事，应该补偿给市民的钱一分钱不能少、一分钱不得截留。要切实帮助市民解决过渡性安置和交通等问题，加快定销商品房建设，让拆迁户早日搬上新居。要在工程建设全过程深入开展"为苏州城市建设立新功"劳动竞赛，激发广大工程建设者的工作热情。市监察局要把环古城风貌保护工程作为监察重中之重，重点是工程执法监察和行政效能监察，加强对工程招投标和质量的执法监督，加强对行政机关在本工程审批、服务和组织等方面效能建设状况的监督，为工程建设保驾护航，促进其健康优质高产地推进。

我们团结一致，齐心协力，奋战 6 个月，圆满完成既定的目标任务，向全市人民交出一份满意的答卷！

(2002 年 12 月 31 日)

办好"世遗会"，留给世界美好的印象

今天，我们在这里召开第 27 届世界遗产大会会务指挥部成员会议暨新闻发布会，目的是要进一步提高对做好第 27 届世界遗产大会筹备工作重要性的认识，号召全市上下立即行动起来，全力以赴开展迎接第 27 届世界遗产大会召开的各项活动，确保大会圆满成功，顺利完成国家和省政府交给我市的任务，力争把第 27 届世界遗产大会办成历届最好的会议。总之，可以用两句话来概括：承办这次会议意义重大，责任重大。

一 承办"世遗大会"意义重大

联合国教科文组织的《保护世界文化和自然遗产公约》目前有 175 个缔约国，是全世界加入国家最多的国际组织，每年召开一次的世界遗产委员会会议，是教科文组织举行的政府间国际会议，至今已召开 26 届，越来越受到世界各国的重视。我国是一个历史悠久、自然和文化景观丰富的国家，中国政府于 1985 年加入《世界遗产公约》，经过 18 年的努力，我国已有 28 处文化遗存和自然景观列入《世界遗产名录》，在全球排名第 3 位，是名副其实的世界遗产大国。10 年前，我国政府就申请承办世界遗产大会，直到 2001 年在芬兰举办的第 25 届世界遗产大会上确定第 27 届世界遗产大会在中国召开，可谓十年磨一剑，百年一遇，千载难逢。从国家角度讲，承办第 27 届世遗大会，不仅是承担一次国际义务，促进文化和自然遗产保护力度，促进世界和平，更是一次向世界展示中国历史文化和自然景观风采、向世界学习

本文为杨卫泽在第 27 届世界遗产大会会务指挥部成员会议暨新闻发布会上的讲话稿。

和交流的极好机会。从苏州市来讲，承办这次会议，有利于进一步提升苏州的国际形象，使苏州具有更高的国际地位；有利于进一步提高苏州世界遗产的保护水平，使全民具有更高的保护理念和意识；有利于进一步促进古城历史文化的保护和发展，为苏州的持续发展提供源泉；有利于进一步促进苏州社会、经济、文化全面进步。可以说，承办好"世遗大会"的意义十分重大。

二 承办"世遗大会"责任重大

日前，国务院已批准 27 届世遗大会在苏州召开。这次会议是中国政府迄今为止承办的最高级别的联合国教科文组织的国际会议，是中国教育科学文化界的一件大事。会议定在我市召开，是中央政府对我市的高度重视，是我市政治生活中的一件大事。

我市从 2001 年 10 月开始申请承办第 27 届世遗大会。经过努力，于 2002 年 6 月，派出了代表团参加匈牙利布达佩斯的第 26 届会议，陈述我市承办会议的有关情况，积极开展申办工作，获得与会代表一致同意。同年 7 月，世界遗产中心主任巴达兰来苏州实地考察，进一步明确苏州为第 27 届会议会址，我市申办工作取得成功。第 27 届世遗大会将有近 100 个国家、500 名代表到会，会期 7 天，是苏州历年承办的规格最高、时间最长的全球性政府间国际会议，申办成功，是一个来之不易的成果。这是国务院、国家有关部门、联合国教科文世界遗产中心和其他国际组织对我市过去历史文化保护工作的肯定，也是对今后保护工作和各方面工作的一次全面检验。长期以来，我市在世界遗产保护和历史文化名城保护方面做了很多有益的、艰苦的探索，做了大量工作，作出了很大贡献，这些工作为申办"世遗大会"创造了有利条件。

第 27 届世遗大会在我市召开，对我市经济、社会、城市建设和历史文化保护，是一次机遇，更是一次新的挑战。大会期间，近 100 个国家的数百名国际专家云集苏州，他们会带着不同的眼光看待苏州：历史文化名城是否名副其实？世界遗产保护管理是否符合联合国教科文组织的要求？社会、经济、文化发展水平如何？承办国际会议的水平如何？因此，大会承办的成功与否，不仅关系到中国政府的国际形象，更直接关系到苏州的国际形象，关系到苏州的世界遗产和历史文化名城保护与发展能否经得起考验。因此，全市上下一定要高度重视，全力以赴，把"世遗大会"作为上半年工作的重中之重要来抓，精心组织，精心筹备，确保大会圆满成功，达到预期效果。

三　几点要求

第一，按国际标准，认真做好各项筹备工作和会务工作。我们要把承办"世遗大会"放在国际大环境中看，随着全球化进程的加快，尊重人类的历史，保护文化和自然生态，维护世界文化的多样性，已经成为 21 世纪发展的主题之一，越来越受到世界各国的重视。北京的奥运、上海的世博，都是在这个大主题下进行的。我市承办的世界遗产大会，更是这个主题中最直接的内容，它的世界性表现得更为突出。因此，我们要以国际会议的一流水平作为标准，精心组织，认真筹备，扎实工作，把第 27 届世界遗产大会办成历届最好的会议。要抓住四个环节：一是筹备工作环节，要"细致又细致"。大到主会场，小到订书钉，大到团体活动，小到每一个代表的日常所需，每一项工作方案、每一个工作步骤都要周密细致，不允许有半点马虎和掉以轻心。不要以为我们承办过几次国际会议，就能"包打天下"了。过去承办的国际会议，都是地区性的国际会议，世界遗产大会是我市有史以来承办的第一次全球性国际会议，无论是会议的层次、规模、时间，还是广泛而深远的影响，都是空前的，与以往的任何国际会议都有很大的不同，一定要把它作为一项系统工程来抓，科学、扎实地工作。二是会务服务环节，要"优质再优质"。要按国际标准搞好会务各项服务，所有涉外接待单位一定要真正达到星级标准才能允许为大会服务。城市公共服务设施、设备也要有一个"星级"标准，如公交、出租、餐馆、厕所等。三是会场设备环节，要"确保再确保"。所有会议设备一定要按照国家有关部门的意见，符合要求，安装到位，并确保其先进性、完好性，从会议注册报到开始，到会议结束、代表离苏，始终保持良好的状态，确保万无一失。四是环境整治环节，要"优美再优美"。重点要抓好古城环境整治、世界遗产地和古迹环境整治、环古城风光带及水上旅游线环境整治、道路交通整治，把一个优美的苏州展现在世界面前。

第二，精心组织与大会相配合的系列活动。"世遗大会"是一次全面展示中国历史文化和自然生态保护的极好机会，我们要抓住这个机遇，精心组织与大会相配套的系列活动。首先，根据世界遗产中心的意见，我市要承办"亚太地区世界遗产展"、"世界遗产·中国论坛"两项主题活动，这是教科文组织世界遗产中心首次在中国举办的一个国际性展览和论坛，我们一定要精心组织好，特别是要认真组织人员起草好国际文件《世界遗产与青少年教育——苏州行动纲领》和苏州的两篇论文。同时，还要精心策划和组织好系列活动，既有苏州的经典之作，如昆曲、评弹、干将与莫邪，又有中国的优秀作品，如"同一首歌"、"流动的紫禁城"服饰表演、纳西古乐、藏族歌舞。另外，还要有世界的传统节目，如日本的能剧和狂言、印度的卡提亚达姆梵剧等。借"世遗大会"的契机，我们还应考虑把世界遗产大会的影响延伸下去，力争举办"世界遗产节"，把苏州历史文化保护、建设、发展提高到一个新的水平。

第三，在全市掀起宣传教育高潮，形成浓郁的世界遗产大会氛围。一是要利用各种新闻媒体，进行全方位的宣传报道，既要报道大会本身的情况，也要报道与世界遗产相关的内容和知识，还要宣传中国世界文化和自然遗产保护状况和苏州在世界遗产、历史文化保护方面的成就，以及人类文化和自然生态对人类社会发展的影响、意义和作用，对中国社会发展的影响。二是要在全市开展世界遗产知识普及教育和外语会话训练，特别是加强青少年的教育，世界遗产的保护重任在青少年，提高他们对世界遗产的认识极为重要，苏州在这方面已经走在前面，举办过两届世界遗产国际青少年夏令营，使用联合国教科文组织指定的教材，在国内领先一步。要把这个好经验普及到全市，在搞好普及教育的同时，教育局选择一两个学校作为重点，使苏州的青少年世界遗产教育与国际接轨，在大会期间组织国际人士参观考察。三是要认真做好志愿者和会务工作人员培训，提高志愿者和会务人员的综合素质。四是广泛开展群众性的教育，提高广大群众的世界遗产知识、文明意识和外语水平，进一步增强对自己家乡、祖国的荣誉感和自豪感。

第 27 届世界遗产大会在苏州召开，是一次历史的机遇、历史的选择。通过大会，要让世界进一步了解苏州，使苏州进一步走向世界、走上国际舞台。我们要抓住这个机遇，把世界遗产保护、管理、发展、利用的文章做足、做大、做强，为苏州的全面发展，为人类的文明进步，不断作出新的贡献！

（2003 年 2 月 18 日）

规划展示馆，世遗会会址，原是万年桥边破旧居民群

东方水城是苏州持续发展的后劲

苏州是中国的历史文化名城和重要的风景旅游城市。它紧邻上海，位于中国经济最为发达的长江三角洲的中心地带。全市面积 8488 平方公里，人口 584 万人。

苏州滨江近海，北枕中国的黄金水道长江，西临中国的第三大淡水湖太湖，全市水域面积占总面积的 42.5%。太湖水不深而辽阔，面积达 2388 平方公里，其中 85% 左右在苏州境内；周遭山不高而清秀，层峦叠嶂，翠峰如簇。软水温山不仅荟萃了旖旎的自然风光，也孕育了灿烂的古老文明，早在 1 万年以前，我们的先民就已经在这片肥沃的土地上繁衍生息。悠久的历史累积起丰厚的文化遗存，与湖光山色交相辉映、融为一体。

苏州古城始建于公元前 514 年，距今已有 2500 余年的历史。这座城市临水而建、理水而筑，虽历经沧桑，几度兴衰，至今仍坐落在当时的原址上。城周，一匝护城河框定古城千年不变的轮廓；城内，纵横交错的河道、枕河而筑的民居，形成了"河街相邻、水陆并行"的双棋盘格局和"小桥、流水、人家"的独特风貌。

苏州也是一座园林之城，现有保存完好的古典园林 60 余座，其中 9 座被联合国教科文组织列为世界文化遗产。苏州园林融"亭台楼阁、山水古木、诗书琴画"于一体，既是对自然山水的艺术浓缩，也是对历史文化的深切感悟，使人"不出城郭而获山水之怡，身居闹市而有林泉之致"，集中体现了中国造园艺术的精华。20 多年来，苏州园林艺术作为中华民族文化精粹的代表，先后走进美国、加拿大、日本、新加坡等数十个国家和地区。在世界文明的浩繁卷帙中，苏州古典园林占有重要的一页。

苏州古城周边还星罗棋布地散落着诸多千年古镇。这些古镇大都抱湖环水，如颗颗明珠镶嵌于一片潋滟的湖光水色之中。古朴的街市，悠长的小巷，蜿蜒流淌的小河，清澈明静的水光桥影，以及"轿从门前进，船在家中过"的水乡风情，吸引着越来越多的中外宾客。

水是生命之源，水也是苏州的灵魂。烟波浩渺的太湖滋养了一代又一代生生不息的苏州人，也赋予了苏州人钟灵雅致、秀外慧中的性格特征。苏州古城、水乡古镇、古典园林正是历代苏州人留下的一行行足迹，打下的一个个烙印，是人与自然合二为一的产物，是历史与文化的结晶。这里，每一座小桥、每一条小巷都蕴涵着一段历史，讲述着一则动人的故事。这一宝贵的财富，不仅属于苏州，也不仅属于中国，而是属于整个人类。对于苏州这座历经千年而保存完好的巨大"历史博物馆"，我们正在全面加以保护，并取得了明显的成效。正因如此，2003 年 6 月，第 27 届世界遗产大会将在苏州召开。

我赞成这样的看法：经济发展从来都是与文化交融在一起的，没有深厚的文化底蕴，便很难有持续发展的后劲。苏州正是在文化的承继与创新中实现了经济的持续快速发展。中国实行改革开放以来的 20 多年时间里，苏州国内生产总值以年均接近 15% 的速度增长，目前已经成为长江三角洲地区一座以现代经济为支撑的重要中心城市。2002 年，全市国内生产总值在中国大陆城市中居第 5 位，人均国内生产总值是中国大陆平均水平的 4.5 倍。

苏州传统的纺织、丝绸产业仍在继续创新和发展，而电子信息产业已成为第一大产业，生物医药、精密机械、新材料等高新技术产业也在加快成长。现在，新兴主导产业所创造的产值已占全部工业的 45% 以上。

今天的苏州还是一座高度开放的城市，已成为国际商家投资中国大陆的首选城市之一。这里共聚集着 10500 多家外国和中国港澳台投资企业，累计实际利用外资和港澳台资金接近 300 亿美元，居中国大陆城市第 2 位。尤其令人瞩目的是，著名跨国公司对苏州的投资逐年增长，美国《财富》杂志评选出的世界 500 强企业中已有 86 家投资苏州。

　　水赋予苏州人聪颖灵气，水使苏州人能够海纳百川。苏州千年的河巷、千年的流水，从历史的深处流淌出来，一直流到了21世纪的今天，而且还将永不停息地流向未来，流向大江大河，流向五湖四海。

　　　　　　　　　　　　　　　　　　　　（2003年4月）

太湖风光

留旧接新　古今贯通

自 2002 年 10 月开始，在对平江历史街区就方案论证、拆迁和设计方案进行了有益的探索，又于山塘工程之后，开始探索古城保护新思路、新方法，这是积极的、负责任的态度。

整个平江历史街区情况比较复杂，涉及面也较宽，需要有一定时间的探索、研究、论证，包括统一思想。

作为平江历史街区的边缘，平江风貌保护与环境整治工程是试验前的试验，就像科学实验中的试验段，要有一定的把握，才可能转化为生产力，而事实上，可能也不完全有把握。平江历史街区是复杂地段，是试验前的试验。

平江路工程总体上，允许试验，鼓励成功，宽容失误，有责我负。许多东西不好碰，比山塘更难、更复杂，山塘不是历史上的山塘，而平江却是历史上的平江；山塘有深厚底蕴，有许多脍炙人口的故事，而平江则不是太多，说句老实话，我走山塘不如平江多，平江可做文章的东西不多，水要恢复。

平江历史街区在特殊的位置、特殊的区域、特殊的格局采取特殊的方式进行研究，进行有益的探索，成功的探索。目前仅限规划红线范围，其他区域下次再研究。

第一，总体上，赞成平江路为特色休闲街，要搞好商业策划和招商引资。

第二，关于工作方针，即传统格局，古朴神韵，留旧接新，古今贯通。要营造现代氛围，要科学规划，民主监督，依法办事，鼓励成

本文为杨卫泽在平江路风貌保护与环境整治工程领导小组会议上的讲话稿。

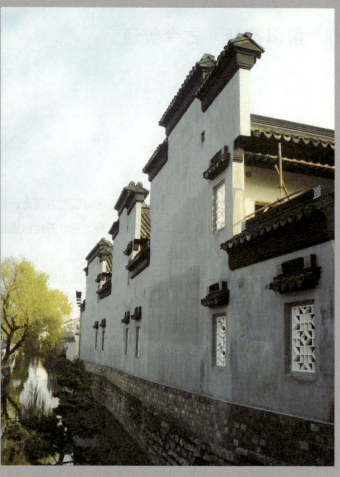

平江历史街区现有风貌

功，宽容失败，有责我负。

第三，原则同意董氏义庄方案，希望更多地保留历史沧桑，同时适当移些旧构件、旧建筑，在这里展示文化底蕴。

第四，时间安排上，2003年年底前董氏义庄基本完成后进行总结、评判，看如何完善董氏义庄方案，是否在其他地方推广或作调整。

第五，平江区提出的"政府文件、消防审批、统一扎口"，主要是下一步历史的街区问题，抓紧对平江历史街区规划设计，明年世遗会前研究，会后实施，总体取得阶段性成果，到时邀请世遗会专家研究整个平江历史街区。

目前，平江路风貌保护与环境整治工程，希望各有关部门支持平江区，并进一步提出修改完善意见，把最灵魂的东西体现出来，把平江历史街区有价值的东西保护下来，对功能开发进行探索。关于历史街区规划设计，我考虑要围绕戏曲、会所、家居式旅馆、水上旅游体现双棋盘格局，考虑文艺团体相对集中于此，要将河道恢复，并与外面相联系，水上可以贯通，双棋盘格局、小桥流水人家、枕河人家，唯独平江这个地方，小桥流水其他地方不能体现，这是最有价值的东西。对城市规划要求较高，抓住水城的双棋盘、小桥流水、枕河人家、幽深的街巷。

希望做平江路的同时，规划局与平江区要做平江历史街区的规划，做好了对城市有很大影响，可以在会议期间邀请专家论证，多个方案比较，城市规划和建设及格局上，体现最大的价值、有形的东西，要把这篇文章做好。

平江路南入口碑亭

（2003年8月9日）

117

平江街巷中的青年旅舍

一座历史文化名城的创新与崛起

苏州是中国的历史文化名城和重要的风景旅游城市，素有鱼米之乡、丝绸之府、工艺之都、园林之城的美称，自古被誉为"人间天堂"。

一 悠久灿烂的历史文化

苏州滨江近海，北枕中国的黄金水道长江，西临中国的第三大淡水湖太湖。太湖的软水温山不仅荟萃了旖旎的自然风光，也孕育了灿烂的古老文明，早在1万年以前，我们的先民就已经在这片肥沃的土地上繁衍生息。悠久的历史累积起丰厚的文化遗存，与湖光山色交相辉映、融为一体。

苏州古城始建于公元前514年，距今已有2500余年的历史。这座城市临水而建、理水而筑，虽历经沧桑，几度兴衰，至今仍坐落在当时的原址上。城周，一匝护城河框定古城千年不变的轮廓；城内，纵横交错的河道、枕河而筑的民居，形成了"河街相邻、水陆并行"的双棋盘格局和"小桥、流水、人家"的独特风貌。苏州古城周边还星罗棋布地散落着周庄、同里、甪直等千年古镇。这些古镇大都抱湖环水，街市古朴，小巷悠长，充满江南水乡风情。

砖雕门楼

苏州又以园林著称于世，现有保存完好的古典园林60余座，其中拙政园、留园、网师园等9座园林被联合国教科文组织列为世界文化遗产。苏州园林融"亭台楼阁、山水古木、诗书琴画"于一体，既是对自然山水的艺术浓缩，也是对历史文化的深切感悟，集中体现了中国造园艺术的精华。20多年来，苏州园林艺术作为中华民族文化精粹的代表，先后走进美国、加拿大、日本、新加坡等数十个国家和地区，也吸引着越来越多的中外宾客前来观光旅游。

苏州古城、水乡古镇、古典园林正是历代苏州人留下的一行行足迹，打下的一个个烙印，是人与自然合二为一的产物，是历史与文化的结晶。对于苏州这座历经千年而保存完好的巨大"历史博物馆"，我们正在全面加以保护，并取得了明显的成效。正因如此，2004 年 6 月，第 28 届世界遗产大会将在苏州召开。

二 迅速成长的现代经济

在人类文明的历史长河中，像苏州这样有着悠久历史的城市不在少数，但随着沧桑变迁，大多已被历史所湮没，而勤劳智慧的苏州人民，在继承和弘扬古代文明的基础上，正在努力创造更具魅力的现代文明，使千年古城重新焕发蓬勃生机与活力。

中国改革开放 20 多年来，苏州经济取得前所未有的发展，年均增长率保持在 15% 左右。2002 年，全市完成国内生产总值 2080 亿元，仅次于上海、北京、广州、深圳等特大城市，在中国大陆城市中居第 5 位；人均国内生产总值超过 4300 美元，是中国大陆平均水平的 4.5 倍。苏州已经发展成为长江三角洲地区一座以现代经济为支撑的重要中心城市。

今天的苏州还是一座高度开放的城市，成为国际商家投资中国大陆的首选城市之一，这里共聚集着 10500 多家外国和港澳台投资企业。目前，累计实际利用外资超过 320 亿美元，居中国大陆城市第 2 位。尤其令人瞩目的是，著名跨国公司对苏州的投资逐年增长，美国《财富》杂志评选出的世界 500 强企业中已有 88 家投资苏州。

苏州的进出口总额位居中国大陆城市前列，2002 年实现进出口总额 364 亿美元，其中出口 185 亿美元，均列中国大陆城市第 4 位。高新技术产品出口 86 亿美元，占全市出口总额的比重超过 46%。

开发区在苏州经济中具有举足轻重的地位。全市拥有苏州工业园区、苏州国家高新技术产业开发区、昆山经济技术开发区、张家港保税区、太湖国家旅游度假区等 5 个国家级开发和 11 个省级开发区。开发区利用外资已占全市的 2/3 以上，世界著名跨国公司在苏州兴办

的大项目主要集中在开发区内。

苏州传统的纺织、丝绸产业仍在继续创新和发展，而电子信息产业已成为第一大产业，生物医药、精密机械、新材料等高新技术产业也在加快成长。现在，新兴主导产业所创造的产值已占全部工业的45%以上。美国《新闻周刊》曾将苏州列为"全球九大新兴科技城市"之一。

今天的苏州以占全国0.09%的土地，0.45%的人口，创造了占中国大陆2%的国内生产总值、2.1%的财政收入、6%的外贸总额，外商直接投资占全国的近1/10。

三　独具优势的发展环境

苏州之所以发展这么快，能够为国际投资者所青睐，除得益于中国改革开放的政策外，很重要的原因在于她有着独具吸引力的发展环境。

苏州地处长江黄金水道和西太平洋海岸的交汇处，位于经济十分活跃的长江三角洲中心地带，是中国现代产业链和高密度城市连绵区的重要节点，紧邻上海，区位优越，极易接受和传递大都市的辐射。

逐步完善的基础设施，为经济发展提供了有力的支撑。苏州已建成以高速公路和高等级公路为主体的交通主骨架；沿长江具有三个港区的苏州港是国家一类口岸，年吞吐量已达到5000万吨；基本建成高速率、大容量的光纤信息传输通道，网络功能正在向智能化、宽带化方向发展。

门类齐全的加工配套企业，为制造业的各个领域提供了优良的产品配套服务。现有各种类型的加工生产企业3万多家，仅次于上海。近年来，通过引进技术，迅速提升加工企业的技术装备和加工生产能力，一大批企业通过了ISO系列认证。

苏州各级政府已建立起透明、高效、廉洁的亲商服务体系，我们的服务跟踪于企业的批准建立和建设、生产、销售全过程。同时，依法采取行之有效的措施，致力于维护市场公平与社会稳定，努力保障投资者和劳动者的合法权益。

丰富的人力资源为经济发展注入了最为活跃的因素。通过优先发展教育事业，苏州已在中国大陆率先普及高中阶段教育，新成长劳动力平均受教育年限超过 13 年，18～22 周岁青年人接受高等教育的比例超过 40%。中高等职业教育形成了面向市场、较为完善的体系。苏州的劳动力具有素质高、稳定性强的特点。

经过多年努力，全市的环境质量有了显著提高，大气、噪声、排污等各项环保指标一直居于全国大中城市前列，苏州是中国的环境保护模范城市、国家卫生城市和优秀旅游城市。

四　面向未来的目标选择

人类已经跨入 21 世纪。当前，经济全球化势不可挡，科学技术日新月异，在中国经济强劲增长的大背景下，苏州既面临着前所未有的发展机遇，又面临着一系列新的挑战。

我们的发展目标是：21 世纪初的 10 年内，在中国大陆率先全面建成高水平小康社会、率先基本实现现代化，把苏州建成一座国际新兴科技城市、法治城市、文化强市、最适宜人居和创业的城市、国家园林城市和健康城市，实现经济繁荣、科教发达、生活富裕、环境优美、法制健全和社会文明，使古老的苏州真正成为 21 世纪人间新"天堂"。

（2003 年 9 月 11 日）

保护文化遗产　建设文化强市

在漫长的历史进程中留存下来的众多历史文物和革命文物，是一部物化了的史册。党和政府历来高度重视文物工作，始终强调要大力发展文物事业。党的十六大对文物事业发展也提出了新的更高的要求，指出要"扶持对重要文化遗产和优秀民间艺术的保护工作"；十六届三中全会明确提出要"坚持以人为本，树立全面、协调、可持续的发展观，促进经济社会和人的全面发展"。

一　提高认识，切实增强做好文物　工作的责任感和使命感

苏州是一座有着 2500 多年历史的文化名城，文物古迹遍布全市，文物密度仅次于北京、西安。改革开放以来，我市在加快经济发展的同时，文物工作也取得了显著成绩：基础工作在全省处于领先水平，文物完好率超过 80%，文物维修工程优秀率达到 90%；吴文化考古成果累累，发掘清理了各类文化遗址、墓葬 100 余处，出土文物数千件；一批文化遗产得到有效保护，9 座古典园林被列入《世界文化遗产名录》，昆曲和中国古琴先后被列为"人类口述和非物质遗产代表作"，苏州、常熟被命名为国家历史文化名城，周庄、同里、甪直 3 座古镇获首批全国历史文化名镇殊荣，9 座古镇成为省级历史文化名镇；文物法制建设不断加强，颁布实施了《苏州市文物保护管理办法》、《苏州市古建筑保护条例》、《苏州市历史文化名城名镇保护办法》等地方性

平江路南段水系与围墙

本文为杨卫泽在苏州市文物工作会议上的讲话稿。

平江水景

法规、规章；博物馆事业快速发展，全市馆藏文物已达 5 万余件（套），其中珍贵文物 2 万余件（套）。这些成绩的取得，是全市上下共同努力、方方面面关心支持的结果。

在充分肯定成绩的同时，也应该清醒地看到，我市文物保护工作仍存在着一些薄弱环节，主要是对文物资源重经济价值、轻历史价值和艺术价值的现象还不同程度地存在；在城市化和工业化建设过程中由于人为因素造成文物、古建筑损坏的事件仍有发生；文物保护投入尚显不足；全社会文物保护的法制观念还有待增强，等等。对此，我们必须从实践"三个代表"重要思想和实现"两个率先"目标的高度，进一步统一思想，提高认识，充分认清加强文物工作的重要意义。

首先，加强文物工作是传承优秀文化和民族精神的具体体现。5000 多年来，中华民族形成了以爱国主义为核心的团结统一、爱好和平、勤劳勇敢、自强不息的伟大民族精神，这种精神在丰富多彩的历史文物中得到了生动体现。加强对文物的保护、利用和管理，对于传承中华民族的优秀传统文化，发展当代中国的先进文化；对于弘扬和培育民族精神，增强民族自尊心和自豪感，增强中华民族的凝聚力和创造力；对于加强同世界各国的文化交流，扩大中华文明的国际影响，都能发挥独特的重要作用。特别需要强调的是，许多历史文物是国家对文物所在的地域、水域、海域拥有主权的铁证。做好对我国境内地下、内水、领海中文物的考古发掘和科学研究，对于反对民族分裂，巩固民族团结，捍卫国家主权和领土完整，具有十分重大的意义。

其次，加强文物工作是打造文化苏州的必然要求。文化是一个城市的名片，一个城市的灵魂。综观世界各地，几乎所有的知名城市都以各具特色的文化享誉全球。作为一座历史悠久的文化名城，苏州众多的文物古迹印证了丰富的文化底蕴，构成了深厚的文化根基。加强文物工作，充分发挥文物见证历史、弘扬传统的独特功能，能够帮助我们更加准确地把握苏州传统文化的内涵和精髓，古为今用，推陈出新，培育和创造出具有鲜明苏州地方特色的当代先进文化，不断加快打造"文化苏州"、建设文化强市的步伐。

第三，加强文物工作是促进经济社会协调发展的迫切需要。文化

胡厢使桥

水乡民俗婚庆

应该作为苏州的第一品牌。无论是过去、现在还是将来，没有文化的
传承就没有苏州的全面发展，未来城市的竞争很大程度上就是文化的
竞争。因此，全面保护和利用苏州物化的和非物化的历史文化遗产，
对于增强市民凝聚力，优化人文环境和投资环境，提高城市综合竞争
力，实现全面、协调、可持续发展都将起到重要的作用。苏州之所以
能够成为吸引外资的热土，开放型经济发展始终走在全国的前列，应
该说，文物保护工作也功不可没。同时，文物保护也能给我们带来不
可估量的经济价值。苏州作为著名的风景旅游城市，旅游业已成为全
市重要的支柱产业之一。2002 年，全市接待境外旅游者 89.1 万人次、
国内旅游者 2010 万人次，分别比上年增长 14.5% 和 20.2%；实现旅游
总收入 198 亿元，旅游外汇收入 2.8 亿美元，分别增长 15.6% 和
18.7%。苏州旅游业的发展，很大程度上得益于众多的文物古迹。正
是由于多年来我们在文物保护方面做了大量工作，使很多文物古迹得
以保存并延续至今，成为十分丰富的人文旅游资源。

　　第四，加强文物工作是满足人民群众精神文化需求的重要途径。
随着经济的发展，人民群众的生活水平不断提高，对精神文化的需求
也更为迫切。欣赏历史文物，游览名胜古迹，已经成为人们的一种追
求。严格保护好文物、合理利用好文物，不但能使广大人民群众充分
领略中国传统文化的魅力，增强艺术鉴赏力，提高科学文化素质，而
且能够帮助人们陶冶情操，丰富精神生活，不断提高思想道德水准。
特别是对青少年一代，文物具有更大的吸引力和感召力，是进行爱国
主义教育的生动教材。因此，我们必须本着对历史负责、对人民负责、
对子孙后代负责的精神，进一步发挥文物在社会主义现代化建设中的
作用，为广大人民群众提供强大的精神力量。

平江路监控中心

二　明确目标，正确处理文物工作中的几个关系

　　我市当前和今后一个时期文物工作的总体指导思想是：把文物工
作作为文化工作的重中之重，坚持"保护为主、抢救第一、合理利用、
加强管理"的方针，切实加强物质文化遗产和非物质文化遗产的抢救、
保护和利用、管理，使其延年益寿、古为今用、传之后世、永续利用，

为打造"文化苏州"、建设文化强市奠定基础。文物工作的目标是在继续保持国内先进的基础上，力争 2007 年达到国内领先水平，2010 年达到国际先进水平。为此，必须正确处理好文物保护过程中的"四个重要关系"。

（一）正确处理文物保护与合理利用的关系

新修订的《文物保护法》明确了新时期文物工作的方针。其中，"保护为主"是文物工作的根本任务，也是文物工作安身立命的基石。它要求我们无论在什么情况下，都必须把文物本体及其原生环境的保护和保存放在首要位置。但文物保护不是僵化的，并不等于把文物封闭起来，而是要在确保文物安全和永久保护的前提下，积极发挥文物在经济和社会发展中的作用，对其进行"合理利用"。在这方面，上海等地把一些原先破损严重的文保单位加以整修利用，使之重新焕发青春的思路，很有创意，值得我们学习借鉴。我市况公祠、曹沧洲故居保护整修的做法，也要认真总结、予以推广。大量事实证明，在确保文物安全的前提下对其进行合理利用，不仅不会妨碍文物的保护，而且有利于促进文物的保护。尤其是一些历史建筑，不加以利用就很难实行保护。当然，我们也必须以科学的态度，合理地利用文物。既不能只讲保护、不讲利用，也不能急功近利、竭泽而渔，搞破坏性的开发。就我市而言，当前的工作重点一方面要大力保护历史文化遗存，包括物化的古镇、古村落、古建筑、古构件、古巷、古井、古牌楼等和非物化的昆曲、评弹、民俗、民间技艺等；另一方面要借鉴山塘街保护的成功经验，把许多散落在民间或埋在地下的文物搜集起来、挖掘出来，加以整理归类，实施保护利用。

（二）正确处理文物保护与城市建设的关系

当前，随着我市城市化进程的日益加快，各项基础设施建设的力度也不断加大。如何正确处理文物保护与城市建设的关系，已成为摆在我们面前的一个亟待解决的问题。文物保护与城市建设，看似一对矛盾，但从本质上讲，它们之间是相辅相成、相得益彰的辩证统一关系。文物保护工作做得好，就能有力地提升城市的形象和价值，而城市建设也离不开原有城市的历史根基。各级政府和有关部门都必须把切实保护、修复和合理利用文物纳入城镇建设总体规划，本着既有利于文物保护，也有利于城市建设的原则，在保护好文物的前提下加快城市建设的步伐。特别需要引起我们注意的是，建设项目凡涉及文物保护的，建设单位一定要事先征得文物部门的同意。要加强对建设施工单位的文物宣传和教育，强化施工管理，坚决避免因施工人员的无知造成文物破坏。文物部门也要在城市建设项目立项前，按照国际惯例认真开展相关区域的文物考古调查、勘探，配合建设单位共同做好文物抢救和保护工作。要加强对城乡建设的规划和管理，进一步改善文物古迹的周边环境，保护好历史文化名城、名镇和历史文化街区、古村落。

（三）正确处理文物保护与发展旅游的关系

文物是不可再生的宝贵资源，对于发展一个地区的旅游事业有着举足轻重的作用。当前，文物与旅游的结合日益紧密。旅游业在自身得到快速发展的同时，也为文物保护提供了急需的资金。但是，一些地区和旅游单位不按文物保护的规律办事，对文物实行掠夺性开发、超负荷利用，导致越来越多的文物遭受各种隐性破坏甚至是直接的破坏。这种功利主义的做法，必将对文物保护工作造成严重影响，也不利于旅游事业的长远发展。对此，各地各有关部门都必须引起高度重视。要坚决反对以牺牲文物为代价、片面追求经济利益的倾向，坚决克服在这个问题上吃祖宗饭、断子孙路的短视行为，使文物保护与旅游发展相互兼顾、相互协调，实现文物的永久保护和永续利用，促进旅游业的可持续发展。

全晋会馆

（四）正确处理文物保护与改革创新的关系

面对新的形势，文物保护工作必须与时俱进、锐意改革，积极探索一条具有苏州地方特色的创新之路。一是大力推进体制创新。文物保护是一项具有社会公益性质的工作，必须进一步明确政府主管、主导的职责，在法律保障、政策规范、经费投入等方面给予重点扶持。同时，要深化改革，不断增强文物保护工作的活力，引导和促进社会团体、公民个人积极参与这项工作。要通过努力，加快建立起适应社会主义市场经济体制要求，遵循文物工作自身规律，以国家保护为主并鼓励全社会广泛参与，充满生机与活力的文物管理体制和运行机制。二是大力推进技术创新。一方面，文物保护特别是古建筑的维修保护，必须尊重历史原貌，充分运用优秀的传统技术、材料和工艺，严格遵守"不改变文物原状"的原则。另一方面，也不能一味墨守成规，应该充分吸收当今科技发展的最新成果，合理采用新技术、新材料、新工艺保护文物，特别是解决一些疑难问题。要积极推进文物保护的科学研究，依托有关高等院校、科研机构，采用现代信息技术手段提高文物保护的水平。三是大力推进形式创新。文物是历史遗存，保持其历史真实性是第一位的。但陈列、展览、宣传要充分体现发展先进文化的原则和要求，积极改进展览的参观组织和讲解咨询，努力探索新的展示方式和表现手法，力求有所突破。要注重合理运用高新技术，实现思想性与艺术性、科学性与观赏性、教育性与趣味性的完美结合。与此同时，要切实改变过去文物"藏在深闺人未识"的状况，以积极主动的姿态，加强文物的对外宣传与交流，精心策划和组织代表苏州水平的各类文物精品展，走出苏州、走向海内外，打造、打出、打响苏州的文化品牌。

三　统筹协调，全面落实文物工作的各项措施

文物工作涉及方方面面，做好文物工作，任务艰巨，责任重大，意义深远。各地各部门要进一步认清形势，明确职责，落实任务，采取积极有效的措施，努力做到"六个切实、一个形成"，加快推进我市文物事业的健康发展。

（一）切实加强组织领导

文物保护的水平，是一个地区文化素质和文明程度的重要体现。各级党委、政府一定要以高度的政治责任感，把思想统一到新修订的《文物保护法》上来，将发展文物事业放到十分突出的位置，列入重要议事日程，定期研究和解决文物工作遇到的重大问题，义不容辞地承担起保护文物的历史重任。要按照中央和省的要求，认真落实"五纳入"，切实做好文物保护、利用和管理的工作。

（二）切实坚持"五个纳入"

要按照中央和省的要求，切实把文物保护纳入当地经济和社会发

展计划、纳入城乡建设规划、纳入财政预算、纳入体制改革、纳入各级领导责任制。各地要抓紧编制本地区文物事业发展计划，制定各级文物保护单位的保护规划和维修方案，做好相应的保护范围和建设控制地带的规划工作。各职能部门要各司其职，各负其责，形成合力，共同关心支持文物事业发展。公安、财政、国土、建设、规划、房管、环保、旅游、民族宗教、园林和绿化、工商、海关等部门，都要主动加强与文物主管部门联系配合，共同把《文物保护法》贯彻好、执行好，把"五纳入"落实好。要对各地开展"五纳入"工作的情况定期进行检查督促，发现落实不到位特别是出现损害文物事件的，要严肃查处，并追究有关责任人和主要负责人的责任。

（三）切实推进文物法制建设

近年来，我市在文物保护、古建筑保护、历史文化名城名镇保护等方面出台了一系列地方性法规、规章，推动文物工作逐步走上规范化、法制化的轨道，为文物事业的健康发展提供了有力保障。最近，为了进一步加强对历史文化名城名镇和古建筑的保护管理，促进城市可持续发展，真正使历史遗存流传后世，市政府又颁布了《苏州市城市紫线管理办法（试行）》和《苏州市古建筑抢修保护实施细则》。要进一步建立健全符合社会主义市场经济体制和苏州文物工作实际的一系列配套法律法规，切实做到有法可依，依法加强文物工作。各地各部门一定要认真贯彻执行有关文物保护的各项法律、法规、规章，完善执法机制，加大执法力度，依法加强对文物的保护和管理。要建立健全文物、古建筑登记管理制度，重点建设工程的文物部门参与制度，文物保护单位维修的专家论证制度，考古勘探和发掘的申报审批制度，确保文物保护的各项措施落到实处。要采取多种形式，广泛深入开展文物法律、法规的宣传教育活动，普及文物法律知识，增强广大市民的文物法制意识。要加强文物市场管理，严厉打击文物盗窃、贩卖、走私等犯罪活动，坚决纠正和查处各种违法行为。

（四）切实实施"紫线"管理

城市紫线是指城市各类已登记的文物遗存范围控制线，是城市规划强制性内容的重要组成部分。今后，在下列区域将划定城市"紫

礼耕堂

"太平天国忠王府"位于苏州东北街，是目前国内保存规模最大的太平天国建筑，为首批全国重点文物保护单位。总体布局可分为三路建筑：以"门厅"、"轿厅"、"工字殿"以及"后殿"为中路主轴线建筑，"戏厅"、"东楼"等构成东路建筑，"西楼"以及"楠木厅"等构成西路建筑。整个建筑群在布局上协调统一：突出了以中路为主，东西两路为辅关系；连廊和通道的布置，又把整个建筑群的主次关系和疏密关系表现出来。全面展示出"太平天国忠王府"的原貌，叠现其"府第"之气

线"：（1）各级文物保护单位的保护范围和建设控制地带；（2）控制保护建筑的保护范围和风貌协调保护区；（3）古构筑物包括古桥梁、古驳岸、古牌坊、古砖刻门楼、古井和古城墙遗址等的保护范围；（4）历史街区、历史文化名镇以及古镇、古村落的保护范围；（5）已探明的能体现城市发展脉络、文物遗存丰富的地下文物埋藏区。城市紫线的划定，必须报市、县级市人民政府批准；历史文化名城名镇紫线的划定，须报苏州市人民政府批准。历史街区、历史文化名镇以及古镇、古村落保护范围内的各项建设必须符合紫线管理要求，做到维护历史遗存，保留原有功能，改善基础设施，提高环境质量，不得进行成片开发和改造。在城市紫线范围内禁止建设违反有关法律法规、强制性规定以及与文物保护要求不相符合的项目；禁止从事破坏性的拆除、爆破、挖掘、填河等活动；禁止拦河截溪、取土采石、设置垃圾堆场、排放污水、违章搭建、私设广告等其他构成破坏的活动。擅自在城市紫线内进行建设的或擅自改变城市紫线范围内文物遗存情况的，有关部门要根据相应的法律、法规予以处罚。

（五）切实抢修保护好古建筑

市古建筑抢修保护工作领导小组及其办公室要分清轻重缓急，抓紧制订古建筑抢修计划。要根据计划与各责任单位签订保护责任状，下达抢修任务书，并将其列入年度考核目标。古建筑的产权单位和使用单位要切实承担起抢修保护责任，并列入主要负责人的工作职责。要通过政府贴息、实行奖励、减免费用等办法，对责任单位开展古建筑抢修保护工作给予支持。鼓励有条件的单位和个人依法购买或者租用古建筑，在符合有关规定的前提下，使用好、维修好古建筑。

（六）切实提高文物人才队伍素质

要理顺文物管理体制，积极推进机构和人事制度改革，研究制定相关政策，在工作、学习、生活等方面创造良好条件，吸引优秀人才投身文物事业。要加强与高等院校、科研机构的合作，加大文物专业技术人才的培养力度，推行文物从业人员资质认定和持证上岗制度，不断优化人才队伍结构。要保持和发扬艰苦奋斗、淡泊名利、无私奉献的好传统，造就一支具有高度政治觉悟、良好思想品德、过硬业务本领、优良工作作风的文物事业人才队伍，真正担负起新时期文物保护工作的重任。

（七）形成促进文物事业发展的良好社会氛围

文物事业的发展，没有社会各界的广泛理解和积极参与，就不可能取得良好成效。必须充分利用电视、广播、报刊、网络等传媒，确立正确的舆论导向，广泛宣传文物的重要地位和作用，宣传文物保护的先进典型，引导广大群众真正了解、关心、支持和参与文物事业，形成全社会共同推动文物事业发展的新局面。

2004年第28届世界遗产大会将在我市召开，这对我们的文物工作提出了新的更高的要求。我们必须牢牢把握当前面临的历史机遇，坚持以"三个代表"重要思想为指导，从全局的高度出发，振奋精神，与时俱进，开拓创新，扎实工作，全面提高我市文物保护工作水平，为把苏州建设成为传统文化与现代文明交相辉映的人间新天堂作出新的、更大的贡献！

（2003年12月23日）

古城苏州，尽显吴文化遗韵

再现千年古城、东方水城的风采

新的一年又将来临，选在这个时间召开动员大会，目的只有一个，就是部署二期工程建设任务。进一步动员各级各部门各单位同心协力，全力以赴加快工程建设进展，全面完成建设任务，向世界展示苏州，以出色的成绩迎接第28届世界遗产大会在我市召开。

一　充分肯定成绩，认真总结经验

环古城风貌保护一期工程于2002年5月24日正式开工，于2003年7月28日竣工，仅历时一年两个月时间。在环古城风貌保护工程指挥部强有力的组织指挥下，各部门各单位通力合作，大力协同，广大建设者战雨天，抢晴天，抗"非典"，抗严寒高温，放弃休息日、节假日，连续奋战，已顺利完成7座桥梁、立交工程，全线打通、畅通环古城南段、东段、西段公路，新增绿地面积30万平方米，圆满建成既定的景点景观工程，总投入12亿元的一期工程顺利告竣。与此同时，水上旅游公司已组建成立，环城河水上游开通运营。工程建设体现了水城特色，拓展了旅游，同时改善了城市人居环境。风貌保护、城市防洪、生态绿化、景观、旅游等工程阶段性目标顺利实现，工程成效显著，为社会各界广泛关注、认可，极大地增强了各方信心，同时也探索出了许多成功经验，为全面启动二期工程建设奠定了坚实的基础，创造了十分有利的条件。

概括起来，有如下几点需要牢牢坚持：

本文为杨卫泽在加快环古城风貌保护二期工程建设动员会上的讲话稿。

（一）建立一个强有力的指挥协调机构，是工程顺利进行的重要保证

在市委、市政府和工程领导小组的统一领导下，环古城风貌保护工程建设指挥部组织指挥坚强有力，对工程进展中的各种问题及时协调处理，处置得当。从部门抽调的20多名负责人和工作人员，尽心尽力，敬职敬业，难能可贵。各区和市各有关方面齐心协力，心往一处想，劲往一处使，牢固确立精品意识，精益求精，积极承担完成各自工作，形成了合力攻坚克难的良好态势，体现了广大干部职工过硬的政治素质和应有的责任感，工程建设成绩有目共睹，来之不易。

（二）环环相扣，充分做好工程前期准备工作是保证工程顺利开工和按时完成的重要条件

环古城风貌保护工程项目多、时间紧，规划设计、施工设计、拆迁调查、立项报批、资金方案等前期工作量庞大，且多有交叉，唯有环环相扣，交叉立体推动，方能快速有效推进工程建设。

（三）实行部门和单位责任制是加强协同作战、确保工程胜利完成的有效措施

环古城风貌保护工程是个综合性工程，指挥部将一期工程建设任务细化分解至35个有关的区和市各有关部门、单位，并同市政府签订了责任书，将任务和责任落到实处，监察部门积极介入行政督查，方方面面密切配合，形成了共同奋战的良好局面。

（四）严格施工队伍的组织管理和对工程全过程监理是保证工程优质推进的重要条件

通过监理，对工程质量、进度、安全生产、文明施工实行全过程指导、检查和监督，向指挥部负责。同时，在各项目间开展劳动竞赛，实行考核评比奖罚制度，形成业主、施工、监理的良性互动，调动了各方积极性，确保了一期工程如期完成，也未发生重大质量、安全事故。

（五）广泛发动市民积极参与工程建设，集思广益，是建好工程的一个好办法

在市各新闻单位支持配合下，经宣传解释，公示有关方案，广大

市民不仅了解工程，理解工程，而且建言献策，积极参与支持建设好这一为民造福的重要工程，收到良好效果。

二 统一思想，增强责任感紧迫感

环古城风貌保护工程是市委、市政府确定的中心城市建设的"双十大"工程（保护历史文化名城十大工程和提升城市现代化水平十大工程）之一，这是一项集城市交通、城市防洪、生态绿化、景观、旅游等功能于一体的系统性、综合性很强的重点工程，对于中心城市的建设和发展具有重大而深远的意义。在环古城风貌保护一期工程完工的基础上，必须充分认识加快二期工程建设的重要性和紧迫性，全面启动，全面发动，真抓实干，确保完成各项建设任务。

（一）加快二期工程建设，全面完成环古城风貌保护工程，是强化苏州中心城市功能的重大举措

我市经济和社会发展正处于一个新的阶段，城市化加快发展，特别是近两年来，市委已决定加快城市化发展，把推进城市化战略实施作为全市的一项重点工作。当前，在全市城市化加快发展的进程中，一个突出的问题就是中心城市偏弱，地位不协调，其实质就是中心城市应有的功能不强，导致城市中心难以发挥应有的辐射和示范带动作用。建设环古城风貌保护工程，把环古城周边建成历史画卷、文化长廊、绿色项链和黄金游域，必将有利于发扬城市特色，充分挖掘利用历史文化内涵，凸显古城、水城风貌，实现保旅互动、文旅互动，有力地促进我市城市旅游的发展，促进百业兴旺，增强苏州中心城市的综合实力和竞争力，提升功能和品位，发挥苏州区域性中心城市应有的地位和作用。

（二）加快二期工程建设，全面完成环古城风貌保护工程，是迎接世界遗产大会在我市召开的迫切需要

加入《保护世界文化和自然遗产公约》的国家（地区）已有175个，是全世界加入国家和地区最多的国际组织之一，世界遗产大会轮流在各成员国（地区）举行，可谓百年难遇。我国早在 10 年

修复前南立面　　　　　修复后南立面　　　　　修复前东立面　　　　　修复后东立面

修复前北立面　　　　　修复后北立面　　　　　修复前西侧廊　　　　　修复后西侧廊

修复前中路屋面全景　　修复后中路屋面全景　　修复前中路东侧备弄全景　修复后中路东侧备弄全景

修复前正间屋架　　　　修复后正间屋架　　　　修复前廊　　　　　　　修复后廊

按察使署旧址维修工程

　　按察使署的建筑群仅存主轴线上的门厅，北部的二堂（工字殿）内宅（楼厅）和东面的二路各四进建筑，工字殿与楼厅均为面阔五间硬山式，中以卷棚顶穿廊相连，当时的建筑规制风貌仍依稀可见。东一路建筑为三开间四进，进与进之间有天井相隔，建筑规制清晰，前三进为硬山做法，第四进为楼厅。第一、二进与其之间的天井俯廊构成四合院式，第二、三进及其之间的天井后期改建、搭建较多，规制混乱，破损较严重。东二路附房建筑格局基本与东一路建筑相仿，建筑破损更为严重。

　　规模：建筑面积 2508.3平方米，占地面积 4163.8平方米

　　工程动工及竣工时间：2004年2月18日至2004年6月20日

前，就申请承办世界遗产大会，直到 2001 年在芬兰第 25 届世界遗产大会上才确定第 27 届世界遗产大会在我国召开，在匈牙利第 26 届世界遗产大会上才确定在苏州举行。由于"非典"影响，第 27 届世界遗产大会改在联合国教科文组织巴黎总部召开。在这次会上，南非、英国、黎巴嫩等国家积极申办第 28 届世界遗产大会，经我国政府积极争取，联合国教科文组织决定第 28 届世界遗产大会在我市召开。这是建国 50 年以来我国政府承办规模最大的一次教科文组织会议，也是我国经历"非典"之后承办的第一个大规模、高层次的国际会议（据预测将有 100 多个国家、600 多名代表参加会议，300 多名国内代表及记者列席采访会议，会议期间还将举办"世界遗产展"活动）。这是一次文化意义上的"奥运会"、"世博会"，也是一项重要的政治任务，其重要性非同一般。党和国家领导人、省委和省政府负责人先后关心并召开会议研究工作方案，要求将本次大会办成"历届最好、令人难忘"的盛会。这是党中央、国务院、省委、省政府及相关国际组织对我市工作的充分肯定和信任，迎接和承办好大会成为我市政治、社会生活中一件大事。苏州是我国已被批准列入世界文化遗产单体项目最多的一个城市。世界文化遗产不仅是我们苏州人和中国人的，也是全人类的文化遗产。我们应站在这一高度来保护好苏州历史文化名城风貌，加快建设好环古城风貌保护工程，向全世界展示我们苏州的悠久历史、深厚的文化积淀和东方古城、东方水城的风貌特色。同时，建设好这个工程，也可为苏州水城、古城、古镇申报世界遗产创造更有利的条件。

（三）加快二期工程建设，全面完成环古城风貌保护工程，是缓解交通拥挤和提高防洪保安能力的重大举措

搞好环古城风貌保护工程不仅可形成紧绕古城的沿河环路，还可改造加密沿河环路的辐射支线，有利于改善城市交通基础设施，完善城市核心区路网；也便于向环古城周边多投放公交线路，推动公共交通优先战略的实施，分流穿越古城区的交通，减轻古城区不堪重负的交通压力。同时，提高了城市防洪标准，增强了防洪保安能力，从而可更好地保护苏州这座千年名城。

（四）加快二期工程建设，全面完成环古城风貌保护工程，是巩固国家园林城市创建成果和改善人居环境质量的有效手段

环古城风貌保护一期工程绿化为市区通过国家园林城市创建考评发挥了重要作用。全面建设好环古城风貌保护工程，建成环城绿化景观带，既增加绿化量、改善生态，为古城打造一条光彩夺目的绿色项链，把古老的苏州城打扮得更加秀美漂亮，又可更多、更好地满足广大市民对公共绿地和开敞空间的需求，便利市民和游客休闲、游憩。同时，环古城河两侧地势低洼、建筑破旧、困难群体较多，环古城风貌保护工程的建设与改善老百姓居住条件相结合，改善城市风貌，有利于为老百姓创造优美的人居环境，提高人民群众的生活质量。

总之，全面启动并加快二期建设，打造千年古城、东方水城的秀美风貌，为古城、水城增姿添彩，强力提升中心城市功能地位，是历史的责任，我们责无旁贷，义无反顾。

三　咬定目标，务求必胜

党和国家领导人、省委和省政府领导多次视察环古城风貌保护一期工程，对环古城风貌保护工程给予了充分肯定并对二期建设寄予了很高的期望。城市规划专家、文化学者、广大市民和中外游客也予以了好评。觅渡揽月、黄金水道、人民桥改造、绿化景观等众多工程子项目在市民投票评选中位列前茅，一期工程的成效和示范作用充分显现，进一步增强了我们加快建设二期工程的信心和决心。今天这个动员会就是个标志，标志着二期工程建设进入了战役总攻、决战冲刺的关键阶段。二期工程总体目标是：完整地建成环古城风貌保护工程水上旅游、陆路交通、绿色生态三大系统，真正达到保护古城风貌、改善生态环境、提高生活质量、缓解交通压力、促进旅游、推动结构调整、增强中心城市竞争力、提升城市品位和功能的综合目的。具体要在五个方面下功夫：

（一）抓好路桥管线和停车场设施工程建设

在一期打通环路基础上，完成既定跨河桥梁的改造整修工程和道路（交通节电）改造工程、桥梁装饰工程及相关的管线迁移工程，环

古城风貌保护工程规划范围内管线要全面入地；参照示范段建设阊胥路地下人行通道，同步配套建成 6 个停车设施（换乘中心）工程。有条件的，要充分利用地下空间，鼓励建设多层式停车设施。

（二）抓好文化旅游节点工程建设

重点是建设好阖闾纪念园、白居易纪念园、演出中心、阊门部分城墙、蔚门遗址纪念地、沧浪区少年宫等工程。按世界遗产大会主会场要求，高质量完成规划展示馆装饰工程。

（三）抓好环城河两侧绿化景观及夜景观灯光工程建设

充分运用传统园艺和古典建筑手法，突出节点、亮点绿化，全面完成干将路以北环城河绿化景观建设。结合路桥、绿化、街景整治工程，全面搞好环城河两侧夜景观建设，夜景观灯光工程要体现苏州城市特色，体现文化、古典、淡雅风格。

（四）抓好街景立面整治和配套设施建设工程建设

总的要求是做到五维空间景观风貌协调，满足城市景观和文化旅游功能需求。西段，综合整治阊胥路（新市桥一渡僧桥）两侧街景立面，特别是要搞好第 28 届世界遗产大会主会场规划展示馆周边环境综合整治。综合整治北段，平四路、平齐路南侧街景和东汇路北侧街景立面、东段完成古城河西侧及莫邪路东侧立面整治。整治好南段立面。对环城河两侧各段，与风貌不协调的保留建筑都要进行改造整治；沿河路段要拆旧见绿、见缝插绿，确保工程整体效果，发挥应有的经济、文化、环境等综合效益。以文化旅游需要为主线，增建配套设施，并结合环城河街景立面整治，注意调整优化保留设施、保留建筑的使用功能，该拆除的要坚决拆除。同时，整治宝带桥周边环境，更好的促进宝带桥的保护。

（五）抓好专业化管理和旅游项目策划开发工作

三分建设，七分管理，可见管理之重要。必须超前考虑工程建成后的管理措施，尽快出台相应的管理办法，使管理同步到位。要做好旅游规划策划，积极通过环古城河点线放射以及水上、陆上旅游衔接，切实搞好环古城河水上旅游和旅游线及旅游产品的开发工作。认真学习桂林等地的经验和做法，加强对环古城河水上旅游线的导游培训和宣传策划，做足文化旅游文章。

二期任务繁重、时间紧迫，对工作艰巨性须有充分的思想准备，务必要坚定信心，咬定目标，雷厉风行，勇挑重担，打一场苦仗、硬仗，攻坚克难，义无返顾地在一期基础上乘胜前进，全面完成二期工程建设的各项任务，确保出功能、出效益、出形象。

四 抓住关键，务必全速推进

要完成上述目标任务，必须高度重视解决好两个关键问题，即工作效能问题和拆迁问题。

先讲工作效能问题。目前，规划已经论证确定，工程建设也不存在较大的技术问题、经济问题，自今日起，奋战180天，能否圆满完成二期，一个重要方面就是要看行政组织和行政效率如何。因此，这是对我们各级各部门领导干部思想作风、工作能力和领导水平的又一次考验和检验。相信大家一定会经得住这一考验、检验，一定会不辜负市委、市政府和全市人民的期望和重托的，一定会奋力拼搏、不完成任务绝不罢休的。现在，所剩时间不多，必须争分夺秒，环环紧扣，步步紧逼，各项工作要倒排计划，挂图作战，以日保旬、以旬保月、以月保季，一着不让，科学统筹，交叉作业，立体施工，拼抢时间，确保进展。

另一个重要方面是要抓紧解决拆迁问题。拆迁顺利是保障工程建设加快推进的关键之关键。要善于克服面广量大，难度大、矛盾多的困难，严格坚持做到依法办事，把二期工程拆迁作为工程全部工作的一个重中之重，排定计划，积极稳妥、扎实推进，确保拆迁进展满足工程建设进展的需要。坚持具体问题具体分析的实事求是工作态度，做细工作，妥善处理好拆迁补偿问题。对配合工程拆迁的住房和单位实行物质奖励政策，鼓励单位和住户支持拆迁工作。对无理取闹，妨碍工程顺利推进的单位和个人，要依法予以处理，要切实加快定销商品房建设，定销商品房可通过价格杠杆调节引导居民认购入住，要认真规划设计好、建设好定销商品房，推行物业管理，努力使定销商品房小区成为各方面的示范。

环古城道路以内涉及部分拆迁的工业企业，按照"退二进三"的精神，实施一次性搬迁；环古城道路以外涉及部分拆迁的工业企业，结合道路规划尽可能实施一次性搬迁。各控股（集团）公司和主管局，要切实负起责任，与被拆迁企业及有关部门共同做好拆迁安置工作，按期完成拆迁任务并确保稳定。

五 大力协同奋战，务必落实责任制

环古城风貌保护这项造福全市人民和子孙后代的民心工程，是各部门、各区自己的工程，必须当作自己的事情、自己应尽的职责和义务认真办好。不能认为是上面要我去办的事，更不允许借机提出任何不合理的条件而给工程的实施设置障碍。各部门、各区和有关单位要在一期基础上，继续实行"一把手"负责制，建立专门班子，层层分解落实任务，责任到人，立下军令状，对完不成任务或工作未达要求的，将严肃追究责任人的责任。为保障二期工程的统一、集中、高效的领导和指挥，环古城风貌保护工程建设指挥部组织架构不变，全力以赴搞好组织指挥、协调推动工作。

各区、各部门和各有关单位都要围绕工程建设的目标任务，积极主动开展工作，所有与二期工程有关的审批工作，必须一路绿灯，有关程序一个不少，速度和效率要大大提高。按急事急办、特事特办的要求，能超前进行的工作要千方百计提前进行，能同时进行的工作，决不等待。涉及几个部门的事，要密切配合，主动服务，绝不允许相互推诿、扯皮、敷衍。如果发现哪个环节上出现因人为的原因而延误工程的情况，要严肃追究有关人员的责任。工程指挥部要认真做好协调工作，检查督促工程进展，及时发现和解决矛盾和问题，重大问题及时报领导小组研究决策。对市政府和领导小组决定的事，各部门各区和各有关部门必须坚决执行，绝不允许拖延不办。

二期工程继续延用一期工程政策。按照"谁家的孩子谁家抱"的原则，二期工程涉及需要拆迁的水利、防洪、环保、市政公用、绿化、交通、供电、人防、广告等设施，各主管部门和各区及有关单位应从大局出发，义无返顾地服从组织指挥，并在规定时间内负责组织有关的拆迁工作，拆迁费用各自解决，需要复建的，复建费用由有关部门和各区及有关单位自行承担。

六　精心设计施工，确保质量进度两不误

工程时间再紧，任务再重，质量工作一点不能含糊，设计施工的质量要求一点不能放松，质量标准一点不能降低。时间越紧、任务越重，越是要狠抓设计施工质量，越是要把质量放在首位。否则其他一切努力都无从谈起。要充分发扬一期追求精品的精神，咬定建成质量优良、精细秀美的优质精品工程目标，严字当头，精益求精，一丝不苟抓好设计施工质量。要严格工程质量监督，加强政府质量管理，全面落实质量责任制和工程监理制。政府要层层把关，时时监督，当好工程质量卫士，实行不间断的旁站监理。工程设计施工要充分体现苏州传统风貌特色，充分运用古典建筑、古典园林手法，务必做到精雕细刻，精细秀美，不允许粗制滥造，偷工减料。对工程设计和施工质量要下铁的决心，用铁的纪律，决不姑息迁就。一旦发现设计施工质量问题，一律推倒重来或整改到位，一律将相关设计施工队伍清除出场，一律要对设计施工质量责任人、责任单位严处重罚。要继续在环古城风貌保护二期工程中开展"质量创优、创精品"活动，推行优质优价，优监优酬，优选最好的规划力量和设计单位、监理人员、施工队伍，确保坚持规划方案，严格设计标准，严守监理准则，执行施工规范，优质、高效地推进工程建设。

七　加大宣传力度，务必调动全社会积极性

环古城风貌保护工程是关系到全市人民的大事，是关系到保护和弘扬老祖宗留给我们的宝贵遗产，代代相传下去的大事，是历史赋予全市人民共同的责任。各新闻单位要继续宣传环古城风貌保护工程，及时报道工程进展情况，让全市人民都关心和了解这项工程，以取得配合和支持。对工程实施中发生的各种矛盾，尤其是拆迁、交通管理等方面的问题，各级各部门和各单位要做耐心细致的工作，积极稳妥地化解矛盾，安定民心，以保证工程的顺利实施。工程建设涉及面大，

一定要依法办事，依照规划办事，依照政策办事，应该补偿给市民的钱一分不能少、一分钱不得截留。要切实帮助市民解决过渡性安置和交通等困难，加快定销商品房建设，让拆迁户早日搬上新居。要在工程建设全过程继续开展"为苏州城市建设立新功"劳动竞赛，激发广大工程建设者的工作热情。市监察局要把环古城风貌保护工程作为当前一段时期监察工作的重中之重，积极为工程建设保驾护航。

环古城风貌保护二期工程要在明年世界遗产大会前全面完成。让我们团结一致，齐心协力，弘扬一期连续作战精神，对城市、古城负责，对历史负责，对子孙负责，勇挑重担，精心组织，再战 180 天，拼抢时间，抢抓进度，确保质量，确保精品，不折不扣地如期完成好二期建设任务，交出一份经得起世人评说，经得起时间、历史检验的满意答卷。

（2003 年 12 月 24 日）

忠王府一隅

以良好的国际形象迎接"世遗会"召开

今天，市委、市政府召开迎接第 28 届世界遗产委员会会议和创建全国文明城市动员大会，号召全市上下牢牢抓住最后倒计时 100 天时间，全力以赴做好迎接第 28 届"世遗会"召开的各项工作，认真开展创建全国文明城市活动，以国际水平、苏州特色、文明形象办成"历届最好、令人难忘、载入史册"的会议。

世界遗产委员会会议是一次政府间国际会议，是世界遗产委员会的例会，每年召开一次，分别在各缔约国举行。10 年前，我国政府就申请承办"世遗会"，直到 2001 年在芬兰举办的第 25 届"世遗会"上确定第 27 届"世遗会"在中国召开。由于"非典"原因，第 27 届会议与苏州擦肩而过。此后，在国家有关部门的大力支持下，我市又经过艰苦努力，终于在 2003 年 6 月的巴黎会议上再次成功申办第 28 届"世遗会"，可谓十年磨一剑，百年一遇，千载难逢。

由于第 28 届"世遗会"是我国在经历"非典"以后承办的一次规模大、层次高的国际会议，也是新中国成立 50 多年来，我国政府承办的规模最大的一次联合国教科文组织会议。会议的成功召开不仅可以全面展示我国改革开放和遗产保护的成果，而且也是一次全面展示江苏和苏州的极好机会。

从明天起，距第 28 届"世遗会"的召开还有 100 天，一切筹备工作都已进入倒计时状态。我们要在国家筹备工作领导小组、江苏省协调小组的直接领导和具体指导下，服从统一协调，服从统一指挥，根据 3 月 12 日世界遗产委员会巴黎通气会的要求，高标准、严要求、一

本文为杨卫泽在迎接第 28 届世界遗产委员会会议和创建全国文明城市动员大会上的讲话稿。

丝不苟，精益求精，进一步做好会务筹备工作，确保安全上万无一失，接待上热情周到，会议和活动安排上严格规范，文化遗产的保护上经得起检验。

一是加强与联合国世界遗产中心、国家有关部委以及省委、省政府的沟通联系，确保上级指示精神及时落到实处。指挥部要明确专人负责，加强上情下达，及时反馈信息。全体工作人员要强化倒计时100天的意识，积极紧张地开展工作。要坚持每周例会制度，及时分析情况，把各种问题想在前面，把各种困难解决在会前。要根据巴黎通气会的精神，再一次调整完善会务筹备工作计划，接受4月份联合国教科文组织官员来苏州检查。

二是严格按照设计标准和4月底完工、5月份调试运行的工作进程，确保主会场装修工作如期完成。在满足会议所需主会场、新闻中心、接待区三大功能区的基础上，特别要注重同声传译、灯光、通风和空调等设施的安装调试，确保会场达到国际会议的标准。

三是扎实做好会议接待工作。

（1）抓紧落实在上海浦东、虹桥机场设立接待站，以及开设两机场至苏州往返班车的前期工作，确保各国代表顺利到达和返程。

（2）做好各国代表下榻宾馆的预定工作，加强对全市宾馆和饭店的行业管理，确保承担会议接待任务的宾馆具有良好的、符合国际要求的综合服务水平。

（3）做好会议注册和代表证的使用管理工作，保证代表在会议期间凭证参加各项活动。

（4）做好会议期间代表往返宾馆、会场的交通保障工作，开设定时大巴，满足代表的交通需求。

（5）加紧进行志愿者培训工作，做到所有志愿者都通过培训考核后上岗服务。

（6）认真做好安全保卫工作，特别是对我国国家领导人和各国贵宾在会议期间的安全保卫工作。要提高警惕，严防"法轮功"分子和恐怖分子的破坏活动。

（7）做好医疗卫生和保健工作，防止各类疾病的发生。

四是做好会议的配套活动安排。

（1）及早做好会议期间国家、世界遗产委员会，江苏省政府，苏州市政府4次宴请的准备工作。

（2）安排好代表在苏期间的参观游览、购物等活动，同时做好代表前往国内各地旅游的服务。

（3）组织好系列文艺活动，抓紧排练大型舞剧《干将与莫邪》等献演节目，向各界来宾全面展示苏州优秀的传统文化和文化遗产的保护成果。

（4）配合国家有关部门做好"世界遗产展"的布展工作。

五是加快推进城市基础设施和生态环境在建项目的建设步伐，确保5月底前完工，为会议的顺利召开提供洁净优美、文明有序的城市环境。

六是以"保护传统历史文化，促进人类和平发展"为宗旨，明确宣传重点，对内宣传普及世界遗产知识，对外大力宣传苏州悠久的历史文化和文化遗产保护的成就，继续与境内外主要媒体联手，加强宣传，树立"文化苏州"、"历史文化名城"、"东方水城"的国际形象。

七是有效维护第28届世遗会的知识产权和无形资产。要按照国际惯例和通行做法，聘请法律顾问，运用法律手段，有效维护会议的良好形象和承办单位的合法权益。

八是做好扩大会议成果的两件事。

（1）对于苏州水系、古城古镇申报世界遗产工作已作了专题研究，明确了目标要求，要按照《世界遗产公约》标准，利用世遗会在我市召开的有利时机，积极做好申报工作。

（2）抓紧做好"世界遗产国际研究教育中心"项目的前期准备工作，争取在会议期间举行开工仪式。

一 牢牢抓住五个环节，一丝不苟做好各项筹备工作

一是筹备工作环节，要周密细致。大到主会场，小到订书钉，大到团体活动，小到每一位代表的日常所需。每一项工作方案、每一个工作步骤都要周密细致，不允许有半点马虎和掉以轻心，不要以为我

们承办过几次国际会议，就能"包打天下"了。过去承办的国际会议，都是地区性的国际会议，世遗会是我市有史以来承办的第一次全球性国际会议，无论是会议的层次、规模、时间，还是广泛而深远的影响，都是空前的，与以往的任何国际会议都有很大的不同，一定要把它作为一项系统工程来抓，科学地、扎实地开展工作。

二是会议服务环节，要优质高效。要按国际标准搞好会务各项服务，从机场接站开始，到乘车、开会、旅游、购物，都必须全面体现我市优良的服务水平。所有涉外接待单位一定要真正达到星级标准才能允许为大会服务；城市公共服务设施、设备也有一个"星级"标准，包括公交、出租、餐馆、厕所等。

三是会场设备环节，要先进完好。所有会议设备一定要按国家有关部门的意见，符合要求，安装到位，并确保其先进性、完好性，从会议注册报到开始，到会议结束，始终保持良好状态。

四是安全保卫环节，要万无一失。这次会议规模大、规格高、人员层次高低参差、国际矛盾和斗争错综复杂，都给我们的安全保卫工作带来不少新的问题和困难。我们一定要迎难而上，高度重视，严密组织，调动各方面的积极因素，完善各项预警措施，严防各种突发事件，确保会议期间安全无事故。

五是环境整治环节，要洁净优美。重点抓好古城环境整治、世界遗产地和文物古迹内部及周边环境整治、主会场周边坏境整治、环古城风光带及水上旅游线环境整治、道路交通整治，把一个优美的苏州展现在世界面前。

二　积极开展"当好东道主，迎接世遗会，争创文明城"活动

承办好第 28 届"世遗会"，不仅要有一流的设施、一流的环境、一流的服务，还要有一流的城市文明形象和市民素质。因此，我们要抓住世遗会召开的有利时机，积极开展创建全国文明城市活动，以良好的精神风貌展示苏州的城市形象。当前重点抓好以下几项工作：

一是扎实开展"五会四不"和文明礼仪宣教实践活动。"五会四不"是指：会走路、会骑车、会行车、会乘车、会停车，不随地吐痰、不乱扔东西、不损坏公物、不践踏花草树木。要通过各种形式，在全市开展宣传教育，造成声势，形成"以讲文明为荣，不讲文明可耻"的社会氛围。

二是大力实施文明交通工程，开展以遵章守纪、拒闯红灯、快慢分开、各行其道、重点地区分类管理、站头港湾有序行进为内容的整治活动。

三是严格做好市容、卫生管理和依法监督工作。要进一步加大城市环境卫生的保洁、监管力度。要以学校、医院、闹市区、车站码头、旅游景点、农贸市场为重点，坚决取缔各类无证饮食摊点及流动商贩。要及时协调解决群众反响强烈的"三废"和噪音等环境问题。

四是提高行业窗口服务水平。全市各行各业的窗口单位要以创建文明示范窗口为标准，以优质服务为内容，切实做到窗口形象美，服务技能高，服务质量好。特别是旅游、园林、环卫、公共交通（公交车、出租车、三轮车）、车站、码头等与人民群众、海外人士密切联系的行业，更要在规范服务、保障安全上下功夫，不断提升苏州的城市形象。

第28届"世遗会"在我市召开，是历史的机遇，历史的选择，有利于世界进一步了解苏州，有利于苏州进一步走向世界。我们要抓住这个机遇，集中力量，全力以赴，精心组织，认真细致地做好各项筹备工作，为苏州的改革开放和三个文明协调发展作出新的贡献！

（2004年3月19日）

"世遗会"：苏州的荣幸与自豪

联合国教科文组织第 28 届世界遗产委员会会议选定在苏州召开，充分体现了联合国教科文组织、各缔约国和我国中央政府、江苏省政府对我市的信任与厚爱。苏州为能承办这样的国际盛会感到十分荣幸和无比自豪。

近两年来，我们始终以极大的热情和高度的责任感，全力以赴开展会议筹备工作，努力提供一流的会场设施、一流的城市环境、一流的文明形象，为把这次会议办成令人难忘的国际盛会作出积极的贡献。

苏州物质遗产和非物质遗产丰富，已有 9 座古典园林列入《世界遗产名录》，昆曲和古琴艺术也列入人类口述和非物质遗产代表作。这是中华民族文化的精粹，是不可再生的宝贵资源，遵照相关的国际公约，我们无论是过去、现在还是将来，都会竭尽全力予以维护、继承和传播。

苏州是中国的历史文化名城和重要的风景旅游城市。苏州建城已有 2500 余年的历史，虽历经沧桑，但城址未变，至今仍保持着双棋盘格局和独特风貌。生于斯、长于斯的苏州人民深深体会到，古城是苏州最为独特、不可替代的资源，是人类共同的财富。古城是源，经济是流，只有保护好古城这一源泉，经济之流才会永不枯竭，苏州才能实现可持续发展。正因为如此，苏州市政府和全市人民正不遗余力地保护好这座水乡古城，并积极开展申报世界文化遗产工作，使弥足珍贵的历史遗存传之后世、永续利用。

6 月 28 日是载入史册、值得纪念的日子。苏州市已将今后每年的这一天定为"世界遗产日"，以增强全体市民的遗产保护意识，并使保护遗产成为每一个苏州人的自觉行动。

（2004 年 6 月 28 日）

本文为杨卫泽在第 28 届世界遗产委员会会议开幕式上的致词。

    贝聿铭先生所设计的苏州博物馆新馆位于历史保护街区，紧靠世界文化遗产拙政园和全国重点文物保护单位太平天国忠王府。占地面积约10750平方米。

    博物馆新馆的设计结合了传统的苏州建筑风格，把博物馆置于院落之间，使建筑物与其周围环境相协调。新博物馆庭院在造景设计上摆脱了传统的风景园林设计思路，为每个花园寻求新的导向和主题，把传统园林风景设计的精髓不断挖掘提炼并展现出未来中国园林建筑发展的方向

文化事业、文化企业是文化强市建设的两翼

市委、市政府今天在这里召开全市文化工作会议，主要任务是：深入贯彻党的十六大、十六届三中全会精神，牢固树立和落实科学发展观，按照胡锦涛总书记关于发展先进文化的要求，认真总结全市文化工作，明确"十五"计划后两年和"十一五"时期文化建设的目标任务和关键措施，打造"文化苏州"品牌，加快文化强市建设，实现文化事业和文化产业全面、协调、可持续发展。

一　充分肯定我市文化工作取得的成绩

2001 年全市文化工作会议召开以来，各级各部门认真贯彻实施《苏州市 2001～2010 年文化强市建设规划纲要》，以打造"文化苏州"为己任，以改革创新为动力，全面保护、继承和弘扬民族优秀文化，大力活跃群众文化，不断开拓现代科技文化，文化工作各个方面都取得了可喜的成绩。

（一）文化设施建设步伐明显加快

由世界建筑大师贝聿铭亲自担纲设计的苏州博物馆新馆开工兴建，中国苏州评弹博物馆竣工开馆，作为吴门书画馆（琴棋书画馆）馆址的张氏义庄和亲仁堂两处控保建筑移建工程如期建成。基层公益性文化设施建设取得新进展，各市（县）区一批图书馆、少年宫、博物馆已建成投用或正在加快建设，全市文化馆、图书馆、城乡文化（文广）站总面积超过 52 万平方米，比"九五"初期增长 122%。市区公益性

本文为杨卫泽在苏州市文化工作会议上的讲话稿。

白色粉墙成为苏州博物馆新馆的主色调，以此把该建筑与苏州传统的城市肌理融合在一起，而那些到处可见的千篇一律的灰色小青瓦坡顶和窗框将被灰色的花岗岩所取代，以追求更好的统一色彩和纹理。博物馆屋顶设计的灵感来源于苏州传统的坡顶景观——飞檐翘角与细致入微的建筑细部。然而，新的屋顶已被重新诠释，并演变成一种新的几何效果。玻璃屋顶将与石屋顶相互映衬，使自然光进入活动区域和博物馆的展区，为参观者提供导向并令参观者感到心旷神怡。玻璃屋顶和石屋顶的构造系统也源于传统的屋面系统，过去的木梁和木椽构架系统将被现代的开放式钢结构、木作和涂料组成的顶棚系统所取代。金属遮阳片和怀旧的木作构架将在玻璃屋顶之下被广泛使用，以便控制和过滤进入展区的太阳光线基层文化设施建设发展引导资金稳步增加，各区、街道三年投入资金910万元，总额达1200万元。各市（县）、区涌现出一大批特色文化村镇、特色文化艺术馆，共建成33个"特色文化乡镇"，其中7个为国家级"民间艺术之乡"，12个为省级"特色文化之乡"。

（二）历史文化名城、名镇和文物保护进一步加强

古城古建筑保护纳入城市规划强制性内容，继《苏州市古建筑保护条例》、《苏州市历史文化名城名镇保护办法》出台之后，市政府制定实施了《苏州市城市紫线管理办法（试行）》、《苏州市古建筑抢修保护实施细则》以及《关于进一步加强历史文化名城名镇和文物保护工作的意见》。我市成立了文物局，对文物依法保护、依法管理的力度不断加大，积极探索国家保护和社会保护相结合的新路子，加强重点文物古建筑维修和环境整治工作，分期、分批对49处古建筑实施抢修保护，全市文物完好率达80%，保护工作走在全省前列。周庄、同里、甪直被列入首批"中国十大历史文化名镇"，并获得联合国教科文组织颁发的"2003年亚太地区文化遗产保护杰出成就奖"。山塘街历史文化街区保护性修复（试验段）工程如期完成，平江区历史文化街区整治工作加快推进，环古城河风貌保护成效明显，恢复了历史人文景观，增添了新的景点，展现了古韵今风。

（三）民族优秀文化文脉得以延续

成功举办了第二届中国昆剧艺术节、第二届中国苏州评弹艺术节、首届中国昆曲国际研讨会、中国古琴国际交流会等重大活动，昆曲、评弹多次成功赴台湾和海外访问演出。昆曲遗产保护、传承工作扎实推进，中国昆曲博物馆一期工程如期竣工，昆曲保护走出了引进境外资金运作进而推向国际演出市场的新路子。吴文化研究和民族民间艺术普查、抢救、整理工作全面展开，苏州被文化部、财政部等确定为"中国民族民间文化保护工程综合性试点"城市，"从苏州文化迈向文化苏州"研究列入文化部2003年"全国艺术科学规划课题"，常熟市在2004年国际民间艺术节组织理事会亚太分会会议上被授予"古琴之乡"奖牌，吴江芦墟山歌、太仓江南丝竹等成功走向社会。

（四）文化精品工程成果丰硕

舞剧《干将与莫邪》、青春喜剧《青春跑道》分别荣获中宣部第

9 届精神文明建设"五个一工程"优秀作品奖和入选作品奖，累计演出 3000 余场次的儿童剧《一二三，起步走》被文化部列入"国家舞台艺术精品工程提名剧目"，另有一批作品赢得省级奖项。电视系列片《苏州水》、《江南》获得 2002 年度全国"星光奖"评比一等奖，与香港凤凰卫视联合拍摄了大型电视专题片《走进世界遗产》，播出后反响较好。省第十五届运动会开幕式暨《这方水土》大型文艺晚会尽显吴地风情、人文精神和时代风采。苏州作为中国粉画的引入和发祥地，成功承办了中国首届粉画展，本地参展作品取得优异成绩。

（五）文化体制、机制不断创新

生产经营性事业单位和文化企业产权制度改革取得突破，长期束缚文化生产力发展的体制性障碍被打破，企业真正成为市场经营的主体。公益性文化事业单位机制改革和产业化运作初见成效，文艺院团探索实行"一团一策"改革，加强与社会各方面的横向联合，成功走向了市场。文化建设社会化投入格局逐步形成，民资、外资等社会资本开始进入文化产业和传统文化保护开发领域，由社会资本支持的苏州工业园区科技文化艺术中心、首家大型管弦乐团"阳光青少年乐团"和昆山锦溪镇民间博物馆群等项目顺利运作。吴中区胥口镇被中国美术家协会和文化部文化产业司命名为"文化（美术）产业示范基地"，成为全国首批 2 个文化产业示范基地之一。

（六）文化市场健康有序

坚持一手抓繁荣，一手抓管理，培育文化市场，放宽市场准入，鼓励多元投入，兴办文化产业，形成了门类齐全、健康活跃的文化市场体系，促进了市场繁荣。加大对网吧等市场的整治力度，坚决取缔黑网吧，净化、规范网络文化经营活动，在全省率先建立网吧监控平台，严厉查处网上传播有害文化信息和网吧违规接纳未成年人等行为，提高了市场管理水平。

此外，我市广播电视事业有了新发展，积极整合广电资源，加快实施数据网建设和多功能开发，全市有线电视用户达到 127.5 万户，比 2001 年底增加 22%，提前两年实现既定目标；5 个县级市全部进入首批省有线电视示范县（市）行列，数字有线电视发展继续走在全国前列。文化人才队伍建设也取得新成绩，文化系统首次尝试跨地区公开招聘管理、策划和研究人才，正式启动双百名拔尖和年轻人才工程，一批德艺双馨的中青年艺术骨干和掌握现代科技知识的技术骨干脱颖而出，勇挑大梁。

在充分肯定成绩的同时，我们也清醒地看到，对照率先建成高水平小康社会、率先基本实现现代化的目标，对照争创首批全国文明城市和全国、全省文化体制改革的要求，我市文化工作还存在一些突出的矛盾和问题。主要是，阻碍文化事业和文化产业发展的因素依然不少，文化体制机制需要进一步创新；公共文化生活空间还比较小，难以满足市民日益增长的精神文化需求；文化产业化程度不够高，广大群众的文化消费占国民经济的比重偏低；物质和非物质文化遗产保护力度仍需加大，濒危历史文化遗产挖掘保护工作任重道远，等等。对此，我们必须高度重视，采取有效措施，切实加以解决。

二 全面落实文化强市建设的要求和任务

文化与经济、政治相互交融，每一个时代的先进文化，总是开拓着人们的视野，激励着人们的斗志，锤炼着人们的品格，激发着人们的创造力，在推动社会进步中展示着越来越突出的地位和作用。党的十六届三中全会提出了树立科学发展观的思想，其核心是强调全面、协调、可持续发展，强调促进经济社会和人的全面发展。科学发展观是从全局的高度提出来的，不仅是经济建设必须长期坚持的指导思想，也是繁荣发展包括文化在内的各项社会事业的行动指南。为此，大力发展文化事业，加快建设文化强市，必须不折不扣地遵循科学发展观的要求，始终做到事关文化的工作一着不让，事关文化发展的措施步步到位，不断满足人们日益增长的文化需求。根据"两个率先"的要求，苏州将于 2005 年建成高水平小康社会、2010 年基本实现现代化。为了在更高平台上实现又快又好发展，目前我市正在研究制定新一轮中长期计划和城市规划。进一步理清文化工作思路，明确文化事业发展的远景定位、奋斗目标和主要任务，也是其中一项不可或缺的重要内容。可以预见，现代化建设实践必将呼唤先进文化的蓬勃发展，先

张氏义庄及亲仁堂整体移建工程

　　移建工程位于苏州拙政园历史文化区，张氏义庄、亲仁堂富有江南水乡民居迷人的风韵，吴文化气息浓厚，历经400余年的沧桑变迁，仍保留明清官宦士绅大型宅第的基本格局，是现今拙政园地区保存较好的古建筑之一。

规模：建筑面积2834平方米

工程动工及竣工时间：2003年12月2日至2004年6月25日

进文化的蓬勃发展也必将推动现代化建设的历史进程。总之，加快文化强市建设步伐，从根本上讲是贯彻落实科学发展观的内在要求，是我市增创新优势、赢得新发展，最终实现好、维护好、发展好最广大人民群众根本利益的迫切需要。

《苏州市2001～2010年文化强市建设规划纲要》提出了建设文化强市的指导思想、基本原则和奋斗目标，为全市文化工作指明了方向。为了早日实现既定宏伟蓝图，我们要认真贯彻落实科学发展观，牢牢把握先进文化的前进方向，遵循社会主义市场经济规律和文化发展规律，以提升城市文明程度、公民文明素质和满足人民群众日益增长的精神文化消费需求为出发点和落脚点，以建立健全布局合理、功能完善的公共文化服务体系为支撑，以整合文化资源、创新文化体制机制为动力，一手抓文化事业，一手抓文化产业，全力打造与城市定位相匹配的"文化苏州"品牌，使苏州的城市特色和文化个性充分彰显，文化发展主要指标、综合实力和竞争力居于全国领先地位，努力形成优秀传统文化与现代文明交相辉映、文化发展与现代化建设互动并进的崭新格局。

各地各部门要立足当前、着眼长远，结合实际、狠抓落实，力争到"十五"期末取得阶段性成果。重点抓好以下工作：

（一）积极保护、继承和弘扬民族民间文化

以苏州被列为"中国民族民间文化保护工程综合性试点"城市为契机，坚持立法保护与政策保障相结合，政府保护与民间保护相结合，财政投入与社会资金相结合，扎实推进民族民间传统文化保护工作。进一步搞好民族民间文化资源普查，明确保护思路和步骤，制定保护规划和具体实施方案，构建凸显苏州独特文化特色的文化区域框架。抓紧制定《苏州市民族民间传统文化保护办法》、《苏州传统工艺美术保护条例》等地方性法规和政府规章，依法开展民族民间文化保护。严格实行分级保护制度，编制保护性开发名录，在文化形态保存完整并具有特殊价值的村落或特定区域，建立文化生态保护区；对口述、表演艺术和民间手艺绝技等采取"活保护"措施，使之得以有效传承。尽快建立保护专项资金，为重大项目的保护、研究、开发，以及征集、收购传统文化珍贵资料和实物等工作提供财力保障。鼓励并扶持发展属于民族民间文化范畴的行业，通过管办分开、产业运作等方式引导行业走自我发展路子，逐步形成保护和展示基地。

（二）加大古城和文物古建筑保护力度

按照世界遗产入选"须有具体针对所申报遗产的保护管理法令和规划"的要求，把《苏州市文物保护管理办法》、《苏州市历史文化名城名镇保护办法》等政府规章上升为地方性法规，逐步完善与国家文物法相配套、与我市文物保护工作实际相适应的地方性法规、规章体系。认真执行《苏州市城市紫线管理办法（试行）》，加大对古典园林及其保护范围和建筑控制地带的保护力度，继续开展周边环境整治，保持历史风貌的真实性和完整性。确立古城旅游、文化的主要功能定位，3 年内完成古城内工业企业搬迁任务，为古城保护和文化发展腾出空间。有计划、有步骤地维修整治一批重点文物古建筑项目，力争到 2005 年全市文物完好率超过 85%，比目前提高 5%。分批抢修古城区内 200 处控制保护古建筑，通过 3～5 年的努力，使控保古建筑保护现状得到根本改善。积极开展古城古建筑保护科研工作，建立合理评估体系，提高保护工作的科技含量。继续探索国家保护与社会保护相结合的新路子，依据法律、法规和政策规定，鼓励单位及个人向国家捐赠文物、资助文物古建筑抢修保护，鼓励有条件的单位和个人购买或租用古建筑、古民居，形成保护主体多层次和保护投入多元化的格局。加强对文物古建筑保护工作的领导，制订古建筑抢修计划，责令古建筑产权单位和使用单位切实承担起抢修及保护责任。抓紧开展古城、古镇申报世界文化遗产工作，认真做好太湖申报世界自然、文化"双遗产"可行性研究。

（三）继续增建文化设施

建成中国苏州评弹博物馆，加快建设苏州博物馆新馆、吴门书画馆、桃花坞木刻年画馆和民俗博物馆扩建工程，以及苏州科技文化艺术中心、演艺中心等工程，启动昆曲博物馆二期工程和苏州群众艺术馆等公益性文化设施建设项目。整合艺术教育宝贵资源，积极争取申建中国昆曲学院，做优、做强艺术教育。下大力气抓好基层文化设施建设，合理布局城镇住宅小区文化设施和文化服务网点，健全文化馆、文化站、文化室三级公共文化活动网络，搞好居民小区文化设施配套建设，增加免费或低费公益性活动项目，为居民提供优质文化服务。探索采用新体制、新机制加强对公益性文化阵地的管理和利用，做好免费向群众、向青少年开放公益性博物馆、文化馆等工作，培育未成年人思想道德建设教育基地，鼓励有条件的部门和单位向市民开放文化活动场所，逐步实现社会文化资源共享。充分发挥公益性基层文化设施建设发展引导资金的示范作用，调动社会办文化的积极性。

（四）大力发展文化产业

依托文化底蕴深厚、文化产品丰富和对外开放走在全省乃至全国前列的双重优势，以海纳百川、厚德载物的胸襟，大胆引入市场机制，大力推行产业运作，积极稳妥地开放文化市场，以文化产业的发展带动文化事业的繁荣。精心编制产业发展规划，着力打造环古城河及金鸡湖畔"文化水廊"，同时抓紧制定文化产业发展指导目录和统计指标体系，调整优化文化产业结构，培育新的经济增长点。加快构筑产业基地，建成以博物馆群为主体的文化旅游基地，以民俗风情和戏曲文化为特色的旅游展示基地，以传统丝绸、工艺和昆曲为代表的仿古旅游基地，民族民间文化保护和产业开发基地，以及现代文化与地方传统文化相互交融的旅游基地，形成相辅相成、竞相发展的产业格局。完善文化市场体系。大力培育演艺、娱乐、网络文化、出版物、艺术品等文化要素市场和各类文化服务中介，在文化产品、资源要素、产业与市场之间建立强有力的纽带关系。扶持发展文化产业集团，重点围绕文化旅游业、新闻出版业和广电业，打造一批企业集团，形成以大型龙头企业为支柱、各类中小企业为补充的文化产业集群，开展集约化、规模化经营，增强产业竞争力。

（五）进一步抓好广电网络化、数字化和文化信息资源共享工程

遵循行政推动与市场运作相结合的原则，稳步整合有线广播电视网络资源，逐步实行统一规划、统一建设、统一管理、统一运营。继续推动有线电视进村入户，提高有线电视入户率，所有行政镇全部建

成"苏州有线电视镇"。积极开展有线广播电视网络规范化管理试点，及时总结推广经验，提升管理、服务水准。加快推进有线电视数字化、有线电视网双向改造和广电装备数字化，促进电影业装备升级换代，市区影院率先实现数字化、星级化。大力实施以苏州图书馆为龙头，各市（县）、区图书馆、文化馆联动的文化资源共享工程，建设大型数字化资源库，增加信息服务点，丰富网上信息，开展网上咨询，打造建设学习型城市的重要平台。

（六）切实加强文化人才队伍建设

拥有高素质的文化人才是文化强市的重要标志，也是发展文化事业和文化产业的必要条件。要牢固树立人才是第一资源的观念，大力培养和引进文化管理、艺术（技术）、企业经营等方面的高层次、高素质人才。采取更加灵活、更加优惠的政策，形成人才柔性流动机制，开辟便捷流通渠道，通过采取项目合作、外聘等方式吸引各地文化艺术人才加盟创业。健全社会化人才服务体系，培育文化艺术人才市场，充实文化艺术人才库，强化人才网络化管理，促使人力资源实现优化配置。确立以业绩为取向的人才观，不断完善文化人才公开选拔任用和监督制度，允许和鼓励拥有特殊才能和自主知识产权的人才占有企业股份、参与利润分配，形成广纳群贤、人尽其才、劳有所值的用人机制，激励文化人才创新创业。在全社会营造尊重知识、崇尚人才的浓郁氛围，做到以事业凝集人、以精神鼓励人、以感情关心人，真正为各类人才施展才华、脱颖而出创造优越条件。

第28届世界遗产委员会会议正在我市举行，这是千载难逢的盛事，是展示苏州历史文化名城独特魅力、进一步提升城市整体形象的大好时机。我们要乘此东风，着力整合各类人文资源，高起点策划、高标准组织特色文化活动。要注重提高艺术活动的文化层次和品位，尊重艺术规律和市场规律，积极探索政府支持与社会化运作相结合的办节思路，重点办好中国苏州国际丝绸节、中国苏州国际旅游节、中国昆剧艺术节、中国评弹艺术节、艺术博览会、民间艺术节等重大文化节庆活动，全力以赴打响具有苏州特色、在海内外享有广泛影响力和辐射力的文化品牌，为建设文化强市增添浓墨重彩。

三 加快推进文化体制、机制改革

深化文化体制机制改革是解放和发展文化生产力,增强文化发展活力,推动文化创新的必由之路。"文化苏州"品牌响不响,文化强市建设成效明显不明显,归根结底取决于改革创新的深度和力度。为此,我们必须着眼发展、着力创新,在革除制约文化发展体制性障碍上探索新路子,在建立促进文化发展机制上采取新举措,在增强文化事业发展活力上取得新突破,逐步建立起政府管理、行业自律,企事业单位依法运营的文化管理体制和运行机制。

(一)大力培育公司化运作的文化企业

我市原有的国办文化一统天下的局面虽已开始打破,但还只能说是刚刚"破题"。下一步,要坚决打破条块分割和行业壁垒,继续放宽文化市场准入,以产权关系为纽带,通过政策扶持、资产重组和多元投资等途径组建文化企业,促进资产、人才、技术等要素合理组合。要遵循"谁投资、谁所有、谁受益"的原则,在国家政策许可的范围内,鼓励个人和社会投资文化企业,允许开展跨地区、跨部门、跨所有制的收购兼并等资产运作,逐步形成多渠道资金筹措机制。要加快文化产业对外开放步伐,积极引进和利用外资参与我市文化建设。要在第一轮文化企业改制取得突破性进展的基础上,认真搞好"回头看",巩固各项改革成果。要按照建立现代企业制度的要求,加大文化企业改革力度,加快实现产权关系明晰化、企业法人制度完善化、有限责任人格化、市场竞争平等化,使企业真正成为面向市场的法人主体和竞争主体。

(二)切实抓好文化事业单位改革

对无收费或基本无收费渠道,主要依靠财政供养,为社会无偿提供公共服务或公共产品的公益类文化事业单位,依据行政类事业单位改革实施意见进行改革。对文艺院团、图书馆、各类博物馆、画院、报社、广电总台等为社会有偿提供公共服务或公共产品的公益类文化事业单位,一律由单位法人与主管部门签订任期合同,落实单位法人代表任期责任制,明确相应的公共服务责任、经济责任和自主管理权利。对必须由政府办的公益性社会文化事业，要充分发挥国有文化的示范导向作用，不断增加投入，引导、带动文化事业健康发展，同时要采取积极有效措施，切实保障低收入群体的基本文化需求。要在国家法律、法规和政策许可的前提下，面向社会推荐公益性文化项目，鼓励各类社会主体通过捐赠、投入等方式，参与兴办公益性文化事业。所有公益性文化事业单位都要实施劳动人事、收入分配和社会保障制度改革，人员使用一律实行聘用制，竞争上岗，以岗定酬，原有工资进档案。对适合放开的文化项目，要鼓励并推动社会化投资、市场化运营、产业化发展，通过市场优化资源配置，凝聚政府、企业、民资和外资力量，共同促进文化事业繁荣。要加快推进社会团体改革，对由政府部门组建或依附在政府部门的社会团体进行集中清理整顿，促进规范管理、有序发展。文化部门要依法加强对行业组织的行政管理和行政监督，使其承担起政府部门委托的行业管理、考核评估、社会服务等职能，形成服务面广、监督有力、自律性强的文化行业管理服务体系。

（三）科学规范政府文化管理职能

合理界定政府部门职责，实现政府文化管理职能从"办文化"向"管文化"、"服务文化"转变，从以行政手段管理为主向以经济手段和法律手段管理为主转变，从以政府投入为主向促成多元投入转变。在深入开展调查研究的基础上，抓紧修编《苏州市文化事业和文化产业发展规划》，以文化事业发展、古城和文物紫线管理等为重点，高标准、高起点、全覆盖地编制近期和中长期文化广电事业发展规划以及重大设施建设规划，进一步明确远景定位和目标任务。着力抓好配合人大立法和政府规章制定工作，围绕民族民间文化、非物质文化遗产保护和文化产业发展等内容，抓紧向人大提请审议制定、修订有关查禁有害文化产品、加强文化服务的地方性法规，选择经过实践检验、比较成熟的行政规章条例，争取上升为地方法规。用足用好国家和省的文化经济政策，针对文化产业中的不同行业，建立完善多渠道投资体制和筹资机制，调整优化文化产业结构和产品结构，促使健康文化产品顺畅进入市场，增强市场竞争力。

　　全面推进文化工作的新目标、新任务已经明确，关键在于狠抓落实。让我们以这次文化工作会议为新的起点，凝心聚力、乘势而上，开拓进取、励精图治，为把我市早日建成社会主义文化强市作出新的、更大的贡献！

（2004 年 7 月 2 日）

寒山寺普明宝塔

昆曲在千年古城中重获新生

苏州是中国"百戏之祖"昆曲的原生地，近年来苏州市大力营造昆曲保护和发展的环境，从艺术传承、观众培养、理论研究、打造品牌、市场开发等多层面、全方位对昆曲遗产进行原生态的保护，使古老的昆曲焕发出新的生机和活力。

一 苏州昆曲的历史和生存状态

昆曲 600 多年前原产于苏州昆山，在明代万历年之前，还只是流行于吴中民间的清曲、小唱，称"昆山腔"。到了嘉靖、隆庆年间（公元 1522 ~ 1572 年），杰出的戏曲音乐家魏良辅与当时的一批著名戏曲家对早期昆山腔在唱曲和伴奏两个方面进一步发展、提高，吸取了海盐腔、弋阳腔等南曲的长处，进行革新创造，使昆山腔的唱腔和伴奏更为委婉、细腻、动听。昆山音乐家、传奇作家梁辰鱼按照昆山腔的艺术特点，创作了第一部昆腔传奇《浣纱记》，轰动一时，此后的中国戏曲舞台上，便竞相采用昆山腔演唱。

昆山腔到了万历年间，便以苏州为中心扩展到长江以南和钱塘江以北各地，并逐渐流布到福建、江西、广东、湖北、湖南、四川、河南、河北各地，万历末年流入北京，从此昆山腔成为明代中叶至清代中叶中国影响最大的声腔剧种。这时的昆曲已是文辞华丽典雅，曲调清逸婉转，舞姿细腻优美，武功卓绝，熔诗、乐、歌、舞、戏于一炉，成为中国戏曲艺术美质的集中代表。鼎盛时期，昆曲曾红透半个中国，对京剧和地方戏曲产生了巨大影响，享有"百戏之祖"、"百戏之师"的美誉。

乾隆年以后，昆曲开始慢慢衰落。衰落的原因主要在于：第一，

士大夫化，曲词深奥，因"曲高"而"和寡"；第二，大量编写宫廷大戏和庆典戏，内容上与百姓生活，与时代气息渐远；第三，艺术发展停滞，地方戏曲的竞争，使作为"雅部"而独占鳌头的昆曲措手不及，它的陈旧与保守已无法与新起而生命力旺盛的"花部"相匹敌，从而逐渐走向衰落。这是昆曲衰落的艺术原因，但实际上，导致昆曲衰落的更深层的原因，是社会的动荡和战乱。到了清代末年，昆曲在舞台上已是奄奄一息，濒于衰亡了。活动地域主要是浙江、江苏、上海等地，今天统称为"南昆"。

南昆的凋零震撼了一批爱好昆曲的知名人士，为了保存昆曲艺术，这些有识之士在上海发起筹款，于1921年在苏州五亩园集资创办了"苏州昆曲传习所"，使昆曲艺术得以薪火传承。1927年，"昆曲传习所"改为"新乐府"，在上海"大世界"等处演出。1937年，抗战爆发，终因处境困难而无法维持。1949年前，除"国风新型苏剧团"及"半付昆班"竭力延续昆曲艺术生命之外，已没有一个职业性表演团体，此时的昆曲艺术已是濒临绝境。

新中国成立后，党和政府十分重视昆曲的传承和保护。1956年10月，成立了江苏省苏州昆剧团，以后苏州昆曲走过了一段10年繁荣、10年面壁、10年复兴、10年困惑的漫长的坎坷道路。到20世纪80年代末、90年代初，随着外来文化的进入，人们的文化观念开始发生变化，演出市场缩小，昆曲跌入不景气的发展低谷。

二 在出人、出戏、多演出的实践中寻找转机

苏州昆曲面临的危机是中国昆曲现状的一个缩影，昆曲究竟应该如何振兴？社会上形成了多种观点，主要集中在继承和创新两大焦点。昆曲究竟应该在创新中继承，还是在继承中创新？苏州提出不搞争论，让所有理论问题在实践中解决。

1996年，苏州昆剧团尝试创作排演了一台昆剧现代戏《都市寻梦》，参加了在北京举行的全国昆剧院团会演，虽然探索结果不够理想，但通过剧目排演，重聚人心，剧团开始逐渐改变涣散局面。1998年起，苏州昆剧团从苏州艺术学校昆曲班引进了一批年轻演员，这批

行当齐全、青春貌美的青年演员形成了苏昆第四代的"小兰花"队伍。

1998 年，苏州举办首届中国（苏州）昆剧艺术节，来自北方昆曲剧院、江苏省昆剧院等全国七大昆曲院团参加了展演，世界各地的昆曲爱好者汇集苏州赶赴这百年不见的昆曲盛会。艺术节期间，恢复了苏州传统的虎丘曲会，海内外曲友云集，千人同声，高唱雅音。虎丘曲会得以再续 200 年前的辉煌。

首届中国（苏州）昆剧艺术节使苏州人因盛会而重新熟悉了昆曲，昆曲的故乡重新出现雅韵缭绕的氛围。从昆曲的复苏悟出一个道理：昆曲的繁荣、保护成功与否取决于四个因素，这就是昆曲本身的价值、政府的能力、艺术家们的努力程度和百姓的接受程度。

三 科学构筑昆曲事业繁荣的框架

2001 年 5 月 18 日，昆曲被联合国教科文组织列为"人类口述和非物质遗产代表作"——昆曲的艺术成就和文化价值已超越民族与国界，成为全人类共同拥有、共同关注的精神财富和文化财富。在联合国教科文组织公布的首批"人类口述和非物质遗产代表作"名单上，昆曲高居榜首，这个位置，既肯定了昆曲杰出的艺术、学术价值，也提醒人们昆曲已属"濒危物种"，它的保护、传承和发展已成为当代重要文化课题。

昆剧是昆曲艺术的载体，是它的表现形式，要重振昆曲，不能将目光仅仅盯在一出戏、一个团，同时还要重视昆曲遗产的研究、普及与宣传，增进人们对昆曲的了解，将昆曲观众重新引回剧场。苏州形成了构建昆曲节（中国昆剧艺术节）、馆（中国昆曲博物馆）、所（苏州昆剧传习所）、院（江苏省苏州昆剧院）、场（一批昆曲演出场所）"五位一体"的保护格局。苏州提出了《昆曲遗产保护工作十年规划》的初步思路，写入《苏州市 2001～2010 年文化强市建设纲要》中，把弘扬优秀传统文化艺术，保护昆曲遗产作为建设文化强市的重要内容予以实施。这一思路的提出和实施，使苏州的昆曲事业发展跳出了昆曲艺术事业等于单一表演团体的局限，将苏州的昆曲事业带出了从舞台到舞台的"围城"，使昆曲艺术走入了一个更为广阔的发展空间。

2001 年底，在抓紧落实第一个"五位一体"的基础上，确立了第二个"五位一体"发展方案：建立中国昆曲研究中心，申办中国昆曲学院，打造昆曲之乡和活跃曲社活动，做优昆曲电视专场，建立昆曲网站和昆曲演出传播、海外交流中介机构。前一个"五位一体"重在硬件建设，而后一个"五位一体"则将昆曲的传承和保护引向艺术人才和观众的培养。昆曲保护的第二个"五位一体"思路从以人为本，创造宽松环境的角度着手，进一步充实丰富了昆曲保护思路，夯实了工作基础。

2001 年，由苏州市政府和苏州大学联合建立的中国昆曲研究中心宣告成立。同年 10 月，苏州昆剧院与古镇周庄联手建立昆曲演出基地，在江南古镇周庄的古戏台上，高雅的昆曲艺术走出了象牙塔，回到了民间。昆曲演出与旅游相结合的这种形式，得到社会认同，双赢合作使苏州昆曲借助旅游市场，实现了演出场次的历史性突破。

2002 年，苏州昆剧传习所在沈德潜故居重建。昆曲艺术表演的培训同时起动。同年，国内首家民间昆剧传习奖——贝晋眉昆剧传习奖在苏州设立。贝晋眉昆剧传习奖以当年苏州昆剧传习所创办人之一贝晋眉先生的名义，由其外孙浦家元先生个人集资设立，用于奖励对在弘扬昆曲艺术、推动昆剧事业发展中作出贡献的团体和个人。2002 年 9 月，苏州昆剧院《钗钏记》、《满床笏》等献演香港。苏州昆曲加快了开辟海内外演出市场的探索和尝试。

2003 年 3 月，昆山市正式被文化部命名为"中国昆曲之乡"。2003 年 11 月，第二届中国昆剧艺术节在苏州举办，参演人员达 500 余人，观众达 1 万人次。第二届中国昆剧艺术节期间举办了首届中国昆曲国际学术研讨会以及虎丘曲会、中国昆曲博物馆授牌、全国昆曲曲社负责人会议暨"贝晋眉昆剧传习奖"颁奖、《昆曲研究系列丛书》和《中国昆曲论坛 2003》首发式等多项活动。中国昆曲博物馆（一期）工程圆满竣工。"昆博"一期工程占地 3604 平方米，建筑面积 2634 平方米，陈列展览面积 2005 平方米，为全国性的昆曲专业博物馆。2003 年，苏州昆剧院又相继开辟了拙政园、民俗博物馆等演出点，巩固、拓展演出阵地。同年，昆曲电影《凤冠情事》献演威尼斯国际电影节，

昆曲《长生殿》剧照

苏州昆剧艺术的魅力和风采，通过银幕向世界展示。

昆曲艺术的普及和振兴得到社会各界的关心支持，各报刊、广播加大了昆曲宣传力度，电视台推出了昆剧电视星期专场，每周日和周一两次播出昆曲大戏、折子戏，现代科技将昆曲送进了千家万户。

两个"五位一体"的实施，使昆曲得到多角度全方位的传承和保护，一系列科学务实的具体措施，确立了昆曲原发地苏州的中国昆曲艺术研究发展基地的地位，使苏州的昆曲事业走上了真正的繁荣兴旺的科学发展道路。

四　昆曲的原生态保护使苏州昆曲成为世界品牌

如果说昆曲保护是一盘棋，那么，在这个生龙活虎的棋盘上，"昆剧"就是全局的眼，所有的棋子都是围绕"昆剧"在运作。著名昆曲专家顾笃璜提出了以"原汁原味"的特色开展昆曲保护的思路。"原汁原味"保护昆曲的思路把握了昆曲作为非物质文化遗产的特性，遵循了遗产保护的完整性、真实性和不可再生性原则。苏州是昆曲的发祥地，苏州昆曲有着深厚的根基，这是其得天独厚的优势。

2001 年 11 月，应台湾方面的邀请，苏州昆剧院带着自己"原汁原味"继承的五台传统大戏《琵琶记》、《白兔记》、《满床笏》、《钗钏记》、《永团圆》和一台精选折子戏，飞越海峡，献演宝岛。苏州是继国内所有昆剧院团之后，最后一个登上宝岛的昆剧院团。令台湾观众意外的是，苏州昆剧院带去的，是几台"原汁原味"的南昆戏，一个名不见经传的地方剧团居然带来了最古老、最正宗的"原始"昆曲，台湾的专家、传媒震撼了。观众认为，这才是正宗的昆曲。

五　苏州昆曲步入新的发展阶段

苏州昆曲在台湾的原生态演出，吸引了几位特别观众的目光。台湾企业家陈启德与苏州昆剧院取得联系，提出愿投巨资与苏州合作打造昆曲经典名剧《长生殿》。《长生殿》是中国昆剧舞台上一部场面恢弘的经典传统剧目，讲述了唐明皇与杨贵妃一段动人的爱情故事，《长生殿》的演员阵容可说是苏州昆剧院的明星版。

几乎与《长生殿》同时，著名美籍作家白先勇相约香港大学知名教授古兆申先生一同来苏商洽重排《牡丹亭》事宜，并于 2003 年正式签署两岸三地合作打造青春版《牡丹亭》的书面协议。与《长生殿》的明星版不同，青春靓丽将成为《牡丹亭》的亮点，演员就选自苏昆的第四代演员"小兰花"。

陈启德与白先勇同时选中苏州打造昆剧有几个共同点：对苏州昆剧院原汁原味传承昆曲由衷赞赏，对苏州昆剧院几代演员的艺术功底和艺术素质以及苏州继承保护昆曲艺术的大环境深表满意。可以说，是原汁原味的传统艺术为苏州昆曲赢得了市场，赢得了机遇。

2004 年 2 月，苏昆的《长生殿》先于青春版《牡丹亭》进入台岛，演员们精湛的表演和豪华的盛大场面，令台湾观众疯狂。原汁原味的传统艺术为苏州昆曲赢得了观众，赢得了市场。4 月，苏州昆剧院的青春版《牡丹亭》再度让台湾的苏州昆曲热升温。两台大戏，以完整的故事情节、典雅的说白唱词和优美的表演，给台湾观众以全面深刻的印象。现代传媒对两台大戏的立体包装，更使苏州昆曲在台湾家喻户晓。原汁原味传承昆曲艺术，让苏州昆曲产生了巨大的社会效益，昆剧已成为文化苏州的一个发展平台，许多青年观众由苏昆的优美引领而走入昆曲艺术的广阔天地。

抓品牌推精品的同时，苏州的昆曲原生态保护和传承捷报频传。《苏州市昆曲遗产保护办法》已开始着手制定；加快昆曲老艺人音像资料的抢救与保存，先后抢救继承昆曲传统折子戏 220 出；苏州昆剧院年演出场次从 101 场次猛增至 1200 场次，中国昆曲博物馆征集保存了各类昆曲文物史料 3000 余件，抢救了一批濒危珍贵史料；中国昆曲研究中心积极开展相关研究工作，出版了《中国昆曲论坛 2003》一书，在学术界产生了巨大反响；重新整理编印了《中国昆曲研究系列丛书》(16 种)，有力地推动了昆曲研究工作的深入开展。

昆曲人才梯队已经形成，队伍结构趋于完善。30 多位昆曲"小兰花"艺术上日渐成熟。其中王芳、杨晓勇、陶红珍、吕福海四位苏昆演员受到联合国教科文组织的表彰。昆曲老专家钱璎、顾笃璜被文化部评为有突出贡献的个人。

中国昆曲学院抓紧筹办。为推动人才培养，院校合作排戏《浣纱记》培养新生代，与专业人才培养工作同时进行的，是一代昆曲幼苗的培育。昆山市玉山镇中心小学、苏州市大儒中心小学等一批中小学办起了"小昆班"，昆曲特色教育让孩子们从少年时代就接触昆曲、了解昆曲、热爱昆曲，并应邀赴日本访问演出。

文化部确定苏州市为举办中国昆剧艺术节的定点城市。在政府的扶持、倡导下，全社会关注、保护昆曲已蔚然成风。联合国教科文组织官员在几次考察中给苏州的昆曲保护工作以高度评价，认为是"为中国作出了表率，是对世界非物质遗产保护的重要贡献"。

（2004 年 9 月）

昆曲《牡丹亭》剧照

传承文明　继往开来

——《唐诗宋词吟苏州》序

苏州历史悠久，风物清嘉，经济繁荣，为历代诗人骚客咏唱不绝。自古以来，吟咏苏州的诗词，如汗牛充栋，其中不少作品，至今传诵不绝。

自春秋吴国建都之后，苏州取得南方文化的中心地位，文风渐盛，文人辈出。自汉代迄今，本籍苏州的，如陆机、张籍、陆龟蒙、范仲淹、范成大、高启、文徵明、唐寅、吴伟业、汪琬、沈德潜、毕沅、郑文焯、吴梅、柳亚子等；游宦流寓苏州的，如韦应物、白居易、刘禹锡、贺铸、苏舜钦、俞樾等，无一不对苏州怀有深厚的感情，挥洒淋漓，尽情吟唱。至于途经苏州的文化名人，更是不可计数，李白、杜甫、苏轼、陆游、汪士慎等等，都为苏州谱写了优美的诗篇和词章。唐代张继偶过苏州，留下《枫桥夜泊》一绝，不但使枫桥和寒山寺名闻遐迩，诗人的名字也因此千古流芳。

诗歌是反映现实的载体。从陆机《吴趋行》起，1700 多年来，有关苏州城市、山水、寺观、园林、风俗等内容的作品，源源不绝流传于世。这一方面证明苏州文化灿烂辉煌，另一方面也"以诗证史"，为研究苏州提供了宝贵的文献资料。历代吟咏苏州的诗词，是一笔丰厚的文化遗产，值得珍视。然而这些诗词数以万计，纂集起来，工程浩大，尚待有志者努力从事。而这本《唐诗宋词吟苏州》可让读者窥一斑而知全貌，从中感受这座历古常新的城市。

苏州当传承文明，继往开来。

（2001 年 7 月）

钟灵毓秀　古韵今风

——《苏州印象城市品牌广告展作品集》序

众所周知，在人类文明的历史长河中，比苏州更古老的城市不在少数，但随着沧桑的变迁，大多被历史所湮没。而勤劳智慧的苏州人民，在弘扬古城、园林及传统艺术等品牌的基础上，正在打造更具魅力的城市新品牌。

游览过苏州园林的朋友一定对园林中的一扇扇造型各异的窗户记忆犹新。苏州古城的造园家们十分重视窗的设计，追求移步换景的效果，游人透过这一扇扇巧夺天工的窗户，可以窥视苏州的秀山碧水、田野丘壑、古木厅石、亭台水榭、恬静小巷和深深庭院。今天，当我们再次置身于苏州园林，透过那一扇扇窗户，已经可以看到这样的画面：充满文化积淀的"传统苏州"，与迅速成长中的"现代苏州"相互映衬、相互融合、相得益彰。

其实对于广告，苏州人早就深谙其奥妙，单是一句"上有天堂，下有苏杭"的民谣，就如一则脍炙人口广告语，将苏州的名声传遍五湖四海，更让苏州人享尽了实惠。

本届"苏州印象城市品牌广告展"，是2000年首届"苏州印象主题海报展"的延续。与上一届活动相比，本届广告展在主题内容上有了突破性的进展。创作者站在"跨越苏州2500年历史"的高度，用一幅幅简洁明了的平面海报作品，展现了苏州城市的古韵今风。

苏州历史悠久，文化积淀深厚，可供发掘的品牌资源数不胜数。我们相信，通过本届"苏州印象城市品牌广告展"，透过一幅幅平面设计的精心力作，一定会发现并采掘出更多的宝藏，让世界了解苏州，让苏州走向世界。同时，也一定能激发全体市民热爱家乡、建设苏州的激情，创造出一个又一个跨越2500年的奇迹。

（2002年6月）

人杰地灵　群星璀璨
愿苏州造就更多的杰出人才

——《苏州历史名人》序

被誉为"人间天堂"的苏州，自古以来人才辈出，群星璀璨。

"先天下之忧而忧，后天下之乐而乐。"这句话是谁说的？是苏州人范仲淹。"天下兴亡，匹夫有责。"这句话又出自谁人之口？是顾炎武，他是苏州昆山人。此外，还有"孔门十哲"之一的言偃，书坛"草圣"张旭，雕塑"天下第一手"杨惠之，大诗人陆龟蒙，南宋"四大家"之一的范成大，著名画家黄公望、沈周、唐寅，天安门"督造"蒯祥，天文学家王锡阐，文学家冯梦龙，一代名医叶桂，两代帝师翁同龢，以及近现代名人柳亚子、陈去病、叶圣陶等，他们都是地道的苏州人。

还有一些人，其籍贯和出生地虽然不在苏州，但他们却和苏州结下了不解之缘。他们中有的在苏州建下了盖世功业：泰伯、仲雍"奔吴"，奠定了春秋吴国的基础；伍子胥"相天法地"，筑造了"阖闾大城"；孙武隐居苏州城西的穹隆山坞，著就世称"兵学圣典"的《孙子兵法》。他们中有的在苏州为官清正廉洁，政绩显著，深得百姓爱戴：白居易在任苏州刺史期间修筑"七里山塘"，苏州人至今还将这一山塘称作"白公堤"；况钟任苏州知府时，刚正不阿、锄奸安良、减轻赋役，史称"为前后守苏者莫能及"。他们中还有的长期客居苏州，在古城内外留下了"屐痕处处"：苏舜钦在流寓苏州期间"买水石筑沧浪亭"；俞樾在苏州筑"曲园"，主讲紫阳书院，学术影响甚大；章太炎晚年生活在苏州，其故居至今仍保存完好……

苏州，因历代名人辈出而孕育了深厚文化底蕴；苏州，也因历代名人辈出而闻名中外；苏州人，更为拥有这些历史名人而备感骄傲。

　　由苏州市社科联和苏州市新闻传播学研究会牵头，组织有关专家，从难以计数的苏州历代名人中筛选出其中的56位，以图片为主，以文字为辅，予以介绍，这是一件非常有意义的事。我相信，无论是苏州市民，还是外地来苏观光旅游的朋友，阅读此书一定会有所收获的。

（2002年9月5日）

苏州平江历史文化街区一隅

苏州：地灵水秀，人文荟萃

——《文化沧浪丛书》序

从《周礼·考工记》可知，我国古代的城市建造是有一定规制的，对城市的不同区域都明确其不同的功能。随着时间的推移，这种功能划分逐渐演化为文化特色，古老的城区便有了自己的文化遗存和文化传统。

沧浪区所处的位置古时曾为"子城"，地位非同一般。先辈们在这里创造了独具魅力的文化形态，既有精美绝伦的沧浪亭、网师园和迄今仅存的盘门、胥门等物质遗产，还有深存于苏州人观念中的居安思危、先忧后乐等精神财富。这些丰厚的人文资源，由于一代又一代人的弘扬与创新，犹如参天大树愈加根深叶茂。文化的繁荣，不仅得益于悠久的历史，更需植根于今天的实践。有鉴于此，《文化沧浪丛书》的编辑出版，不失为一件颇有意义的事情。

有感于斯，记以为序。

（2003 年 12 月）

无锡

WU XI

从素有"句吴古都"、"春申封邑"、"江南名城"之称的无锡，到如今被认为是吴文化发源地、中国民族工商业发祥地、乡镇企业诞生地的无锡，这个城市所经历的"提升"与"飞跃"有目共睹

他站在文化遗产保护的前列

——杨卫泽获首届中国文化遗产保护年度杰出人物奖

　　就在第 3 个中国文化遗产日前夕，作为我国文化遗产保护领域最高奖项的"薪火相传——中国文化遗产保护年度杰出人物"评选活动在北京最终揭晓。2008 年 4 月 12 日，中国文物保护基金会在故宫报告厅举行隆重的颁奖仪式和年度杰出人物事迹报告会，江苏省委常委、无锡市委书记杨卫泽荣膺 2008 年中国文化遗产保护年度十大杰出人物奖。

　　"薪火相传——中国文化遗产保护年度杰出人物"评选活动此次是第一届，活动旨在通过评选，推举各行各业（包括国际友人）中为保护和传承中国优秀的文化遗产作出杰出贡献的人士，挖掘他们的感人事迹，弘扬他们为文化遗产保护而无私奉献的精神，激发社会大众的文保意识和历史责任感，带动更多人参与到这一事业中来。自 2007 年 9 月启动以来，评选活动经过文物行政管理部门、文博单位、媒体和专家的推荐以及投票和专家评审等环节之后，今年 4 月 19 日从全国一百多位符合条件的候选人中评选出了 30 位入围人物，并于日前最终产生了十大年度杰出人物。

　　在这些获奖者中，既有在城乡开发过程中对文保工作高度重视、通过科学决策改变某些重要文化遗产命运的地方领导，也有投入巨资抢救流失文物、奉献国家和社会的收藏捐献大家，有奔走呼吁社会各界关注文化遗产保护的知识分子，也有忍受艰苦与误解、长期坚守的基层文化遗产工作者⋯⋯对于为文保事业作出突出贡献的这些获奖者来说，这是一种至高的荣誉，更是对他们为文保事业所作努力的一种

本文为《无锡日报》新闻稿。

充分肯定。

获奖之后，杨卫泽谈到了对文保事业的体会：一个城市的文化遗产，是这个城市的文化基因，而作为地方的党政领导人，最重要的是守卫好这个城市，其中的重要任务之一，就是要守卫好这个城市的文化遗产。在颁奖之后举行的年度杰出人物事迹报告会上，现场主持人提及中国文化遗产保护无锡论坛，杨卫泽表示，论坛的举行是为了弘扬文化遗产保护的理念、精神，让所有人充分重视，从而使文保事业更广泛、更深入地开展下去。

这几年，无锡把历史文化遗产保护提升到前所未有的高度，各级文物保护单位总量从全省第 9 位跃升至第 3 位，历史街区保护面积从全省第 10 位跃升至第 2 位，无锡还开创了全国工业遗产保护之先河，公布了首批 20 处工业遗产保护名录，而以鸿山遗址保护为代表的一系列工作，更是得到了国家和省文物部门的首肯，被文保专家认定为相关领域的典范。

"我们不应把保护文化遗产看作是一种束缚，我们要通过'申名'自套'枷锁'，在城市建设中理性对待遗存，自觉地保护文物，保留城市的个性和特色。"这是杨卫泽曾多次强调的观点，而无锡各界也在这几年中用实际行动实践着这一观点，在经过艰苦卓绝的努力后，无锡于去年成功跻身国家历史文化名城。

在昨天的颁奖现场，杨卫泽和其他获奖者向全国的文化遗产保护、研究同仁发出了《积极参与抗震救灾、重建家园及灾区化遗产抢救复原的倡议书》，杨卫泽还将此次所得奖金捐献给中国文物保护基金会，并由基金会转交地震灾区代表用于当地文化遗产的抢救和保护工作。

认识自己　再现辉煌

——无锡申报省级历史文化名城 5 年历程回顾

2004 年 3 月，江苏省政府委托省建设厅、文化厅组织专家对无锡申报省级历史文化名城进行专家论证。一位受到邀请的著名文保专家得悉此事不由"为之一笑"，其理由是，一个曾遭文保界非议的城市，还能成为历史文化名城？

然而，当这位专家到无锡实地考察后，却"为之一惊"：无锡居然留下了这么多历史文化遗产，可谓"瘦死的骆驼比马大"。听了无锡申报省级历史文化名城的介绍之后，这位专家最终"为之一喜"。他感叹，无锡为了完成这个城市梦想，已经付出了如此艰辛的努力。这位专家名叫潘谷西，这个以他为主角的"故事"，几乎成为无锡申报省级历史文化名城五年历程的一个生动"缩影"，从中不难感受到这个城市正在因此而发生的惊人之变。

一　从"屡受挫折"到"与自己赛跑"

对于长期以来的无锡文物保护，原无锡市文化局的一位老局长、资深文物专家有过一句经典概括：屡受挫折。与飞速发展的经济相比，文化成了严重的"短腿"。一个十分耐人寻味的例子就是，当无锡几乎"横扫"所有与城市实力相关的奖项与头衔之时，却唯独与"历史文化名城"的称号失之交臂。当国家历史文化名城的数量已经超过 100 个，无锡甚至连省级历史文化名城都未"沾边"。

历史文化名城，不仅仅是一个荣誉，它是一座城市历史印记、荣

本文由《无锡日报》郑慧、陆元钢撰写。

誉和个性的综合体现。不难想象，一座没有辉煌历史的城市，一座没有优秀文化传承的城市，一座不能汲取先人精华的城市，就像现代化河流之上的浮萍，在竞争日趋激烈的国际舞台，又能有多大的地位和作为？尽管只是一个区区"省级"的称号，无锡开始掂量出了其中的深沉价值。

2001 年 4 月 7 日，这是一个在无锡历史上值得记载的日子。这一天，市委、市政府主要领导召开"加强文物保护工作，提高城市文化品位，争创历史文化名城"专题会议。会议明确提出了创建省级和国家级历史文化名城的目标。正是这次会议，使申报省级历史文化名城成为无锡"审时度势"之后迈出的坚实步履。在一份当年的专题会议纪要中明确写道："通过争创历史文化名城，有利于内聚人心，外树形象，进一步增强无锡人民的自豪感、光荣感和责任感；有利于提高无锡的城市地位和综合竞争力，进一步推动经济和社会的全面发展。"

此时，江苏省已经有国家历史文化名城 7 个，省级历史文化名城 5 个。而无锡申报历史文化名城的"家当"只有 1 处全国重点文物保护单位，9 处省级文物保护单位，标准意义上的历史街区数量则为"零"，几乎就是一个"没有年轮"的城市。站在空荡荡的起跑线上，无锡开始了一场艰苦卓绝的与自己较劲的"赛跑"。

二 一场"认识自己"的持久"战役"

客观上讲，历史文化名城是不能创建的，它更多的是需要历史文化遗存的呈现，讲究的是历史文化遗迹的保护率、修复率和利用率。正是如此，许多历史文化遗存遭受破坏的无锡，在"赛跑"的起步阶段就充满了艰难和坎坷。

障碍，首先是来自人们的思想认识，其中最为普遍的，就是将历史文化遗存特别是一些古建筑和历史街区，当作现代城市进程中的"包袱"。要在短期内统一人们的思想，显然是不切实际的，于是，依法加大对历史文化遗存的保护力度，便提到了市委、市政府的重要议事日程。在此背景下，《无锡历史文化保护规划》、《无锡城镇组团文物保护规划》、《无锡市历史街区保护办法》等一批法律、法规相继出台。

文保界人士的腰直了，理壮了，鸿山越国贵族墓、钱钟书故居、阿炳故居、北仓门蚕茧仓库等一大批有价值的历史遗迹在规划图的红线里，在打桩机的轰鸣中得以保留或重生。

障碍，其次来自对申报"资本"的模糊。为了摸清"家底"，建国以来规模最大、历时最长、范围最广的文物普查活动，让众多历史街区和地面文物"浮出水面"，其中尤以近现代工商业史迹、名人宅第、近现代优秀建筑和历史街区占多数。如荣巷近代建筑群、惠山古镇祠堂群等，无锡"殷实的家底"始露端倪。

与此同时，在文物普查、考证和价值评估的基础上，我市先后编制上报了全国、省、市级文物保护单位申报材料，各级文保单位成批增加。目前我市已批准公布的各级文保单位已达342处，其中国保和省保单位总数已从全省第9位升为江苏省省辖市中的第3位，仅次于南京和苏州，成为居全省前列的文物大市。

在5年的征程中，我市各级文物保护单位都及时划定了保护范围和建设控制地带，树立了标志牌、说明牌，建档工作也有序进行，为文物的依法保护和科学管理打下了良好的基础。文物修缮工作也得到了加强，根据"保护为主、抢救第一、合理利用、加强管理"的文物保护工作总方针和"不改变文物原状"的文物修缮原则，无锡先后投巨资修缮了薛福成故居建筑群、二泉书院旧址、钱钟书故居、泰伯墓等一大批文保单位。据不完全统计，2000年以来我市用于保护和修复文物保护单位的资金已达4亿多元。同时，文物部门还充分利用社会力量修缮文保单位，如中国银行旧址、锡金钱丝两业会所、无锡县商会旧址等，"各界参与，形成合力"成为一时风气之先。

这是一场艰苦异常的"赛跑"，而且还是一场持久"战役"，它以5年的时间让这个城市观照自身，从来没有这样清晰地"认识"了自己。

2005年5月，当原国家文物局局长张德勤见到无锡的变化之后不由感叹，一些已经成为国家历史文化名城的城市不知珍惜，甚至恶性开发，若干年后事实上已经丧失了名城的意义。而无锡虽然尚未跻身这个行列，但是它的真诚姿态和扎实努力使其在这个申报的过程中，

薛福成故居建筑群位于无锡崇安区健康路北段西侧，南起学前街，北至前西溪，又称"钦使第"。宅第既有清末时代特征，又有江南地方风格，是江苏省现存最大的近代官僚宅第之一。2001年6月由国务院公布为全国重点文物保护单位

事实上已经"成为"了历史文化名城。

三 让历史遗产成为"城市动力"

张德勤的"预言"在2005年12月31日这一天终于成真，无锡终于将"姗姗来迟"的省级历史文化名城称号"揽入怀中"。就在同一个月，受聘成为无锡市城乡规划建设专家咨询委员会顾问的罗哲文在无锡畅谈"文化兴市"的话题，这位中国古建筑保护专家组组长、中国文物保护首席专家不无真诚地指出，无锡已经具备申报国家历史文化名城的条件，应该"抓紧申报"。同时受聘为该咨询委员会专家的中国历史文化名城研究中心主任阮仪三则认为：把历史遗产作为城市发展的动力并上升到城市战略的高度作全盘的考虑"十分必要"。无独有偶，阮仪三也积极建议无锡尽快申报国家历史文化名城和世界遗产。

与这些权威专家的观点不谋而合的是，无锡市委书记杨卫泽在2005年3月的一份名为《显吴地文化之蕴，扬山水名城之名》的调研报告中明确指出："今年，要建成省级历史文化名城，再用2年左右的时间，建成国家历史文化名城。"如今，省级历史文化名城的称号已经如期"加冕"，它的公布之日，也成为无锡对于国家历史文化名城的"申报之始"，而寻求一种历史文化的个性定位已经成为这个城市的当务之急。

从素有"句吴古都"、"春申封邑"、"江南名城"之称的无锡，到如今被认为是吴文化发源地、中国民族工商业发祥地、乡镇企业发轫地的无锡，这个城市所经历的"提升"与"飞跃"有目共睹。而今后一个时期，无锡文物也将以彰显山水名城为主线，以"三大发源地"为着手点，以民族工商业为重点，以江南水乡、古运河为背景，以名人、名居、名园、名建筑、名古迹等为重要内容，抢救、挖掘、保护、利用一批历史文化资源，形成无锡文物四大品牌系列。

名地系列包括建设阖闾城、彭祖墩遗址公园、鸿山遗址公园等，建立吴文化博物馆，建成民族工商业博物馆，建立乡镇企业博物馆；名镇系列则结合古运河、环太湖整治，充分发挥和利用沿河、沿湖的历史遗存，修复惠山古镇、荡口古镇、玉祁古镇、严家桥古镇、清名

高子止水位于无锡城南水曲巷后的江南中学内。1983年由无锡市人民政府公布为无锡文物保护单位

桥水弄堂，凸显江南历史文化名城的文化底蕴；名居系列则将进一步重视薛福成故居、钱钟书故居、秦邦宪故居等已修复故居的利用，使之成为爱国主义教育基地和"金牌"景区，同时进一步推进阿炳故居、薛暮桥故居、孙冶芳故居、荣德生故居、陆定一故居、顾宪成故居等一批名人故居的修复，加快启动小娄巷历史街区的修复；而名遗系列则对珍贵、濒危并具有历史价值的民族民间文化进行抢救和保护，建立中国泥人博物馆、中国紫砂博物馆、锡剧博物馆，建立非物质文化遗产保护中心，积极开展锡绣、剪纸、竹编竹刻等保护工作。

"我们一直有一个设想，以后漫步在无锡，一个个充满历史底蕴、有丰富内涵的博物馆、纪念馆、名人故居、历史街区和文化遗存会不时呈现于眼帘，使我们这座江南古城充满浓郁的历史人文气息。"一位接受采访的市文化局官员给记者"描绘"了一幅理想的图景，而这样一个设想，应该不会太遥远了。

（2006 年 1 月 19 日）

荣巷历史文化街区鸟瞰

品牌城市寻求发展内力
创新制胜共享改革成果

——无锡成功"申名"纪实

2007年9月21日，对江南历史文化名城无锡来说，是个具有里程碑意义的日子：就在这一天，国务院公布这座历史悠久、人文荟萃、风光秀美的城市，入列国家历史文化名城！这是对城市灿烂历史的认定，更是对无锡名城保护的肯定。

"申名"之路，无锡一走便是八年！悠久的历史和丰富的遗存，清晰展示了文化在城市发展中所起的推动作用。冠名之喜，对无锡而言，不仅是文保的丰收，更是城市的收获。党的十七大从中国特色社会主义事业的全局出发，作出了"兴起文化建设新高潮，推动文化大繁荣大发展"的重大战略决策，为繁荣文化事业指明了方向。在新的历史条件下，回眸无锡"申名"历程，曾经的光荣，催生新的梦想。历史文化名城，不仅定位了城市文化发展的清晰坐标，更是无锡落实科学发展观、实行可持续发展，推动社会主义文化大发展大繁荣的必然路径。

一 流金岁月，源自文化推力

性格决定命运。文化，便是一座城市的性格。具有鲜明地域特色的文化禀赋，是城市个性最生动、最直观的体现，助推着城市的发展。

古往今来，无锡一直是座出众的城市。从地上，到地下，历史遗存布满城市的每一个空间；从物质文化遗产，到非物质文化遗产，丰

本文由《无锡日报》单红撰写。

锡剧《珍珠塔》剧照

　　锡剧产生于清代后期，是江苏的主要剧种之一，在20世纪50年代成为华东地区三大剧种，是吴歌发展的结顶之果实，深受太湖流域及长江下游两岸地区人民的喜爱，被誉为"太湖一支梅"。锡剧艺术是在小生、花旦为主，以及以说唱为主要形式的基础上逐步发展成生、旦、丑行当较为齐全的剧种。锡剧道白吴侬软语、委婉抒情，音乐唱腔具有戏剧情景和细腻动人的人物情感。簧调是锡剧的基本曲调，以后又吸收了兄弟剧种和江南小调的音乐素材，创作和改编引进了大陆板、铃铃调、三角板、迷魂调、高拔子、南方调等数十种曲调，属曲牌连接和板式变化的综合性音乐体制。主要伴奏乐器有板鼓、二胡、琵琶、扬琴等，形成了"彬彬腔"、"梅腔"两大流派为主要代表的艺术风格

富的遗产类型，形成鲜明的无锡文化特质。

从高城墩良渚文化遗址、骆驼墩马家浜遗址、鸿山墓群，到寄畅园、薛福成故居、东林书院、文渊坊、钱钟书故居、二泉书院、阿炳故居，丰富的历史遗存是这座城市文明的见证；栩栩如生的泥人、香糯入耳的锡剧、精妙绝伦的紫砂、巧夺天工的锡绣等民间工艺，展示了吴地非物质文化遗产的艺术魅力。一方水土养一方人，这块钟灵毓秀的土地，在盛产风景、盛产财富的同时，也盛产人杰：泰伯、李绅、顾恺之、王绂、钱钟书、阿炳、薛福成、华蘅芳等无锡名人，用自己高尚的人格、不凡的业绩，在推动国家民族发展的同时，为城市文明的营造作出了不可磨灭的贡献。

国家文物局文保司司长顾玉才曾表示：历史悠久、文化遗产品类丰富、文化特质鲜明的无锡，在中华 5000 年文明发展过程的每一个节点上，都有闪亮的代表作。吴文化、运河文化和工商文化，便是无锡文化的亮点：吴文化孕育千年文明、运河文化源远流长、工商文化打造百年繁华。而这也是无锡在"申名"时得以全票通过专家组论证的原因所在。

回首历史，无锡文化在发展时没有独善其身，而是有力推动了城市政治、经济的发展。来自流金岁月的文化回响，向我们揭示了城市荣耀加身的真正原因——文化，才是一座城市可持续发展的不竭动力。

二　品牌城市，寻求发展内力

"未来城市的发展就是以文化论输赢！"在我市去年 8 月召开的"建设文明无锡，打造文化名城"工作会议上，省委常委、市委书记杨卫泽的一番话，生动阐述了文化之于一座城市发展的影响力。无锡深厚的文化底蕴，不仅是"申名"时的有力说服，更是展示品牌城市万种风情、增强发展内力的必需。

以"申名"为契机，城市加大了文化名城的打造力度，加快了文明无锡的建设进度，随之而来的一系列举措，润物无声，变化喜人。以节庆活动为载体，推动城市文化传播，提升城市知名度和美誉度。2006 年、2007 年吴文化节，在打造品牌节庆活动的同时，

锡剧博物馆

无锡锡剧博物馆2006年12月30日建成，2007年元旦期间正式对市民开放

依托深厚的历史文化底蕴，完成了富有创意的城市推介，丰富了群众的业余生活。东林书院、薛福成故居、顾毓琇故居、阿炳故居、民族工商业博物馆、锡剧博物馆、无锡人杰苑相继落成开放，集革命陈列馆、无锡博物馆和无锡科技馆为一体、"三馆合一"的无锡博物院正式成立，城市文化景观不断增多，文化效应不断放大，市民的文化自信心和文化归属感不断增强，城市魅力指数不断增加。设立惠山泥人保护专项基金、成立锡绣工作室、惠山泥人大师招收学徒、成立无锡文化遗产保护基金会，"非遗"保护力度不断加大。继《太湖鱼米乡》、《阿炳》、《红河谷》之后，无锡又在今年创排了大型民族舞剧《西施》，冲刺国家舞台精品剧目。最可喜的是：由于《阿炳》、《红河谷》的"精品号召力"，无锡引来一批艺术功底深厚、发展空间巨大的年轻演员，舞台精品创作走出了"演出外包"的局面，不仅出戏，更要出人。

8年"申名"，城市文化底蕴通过挖掘、梳理、整合后，再次发力，为城市发展提供了智力支撑：提升文化品位、营造文化氛围、扩大文化影响，城市品牌效应增强，为城市实现"二次腾飞"打开一条通衢。

三 城市转型，作出明智选择

"中华民族伟大复兴必然伴随着中华文化繁荣兴盛。"十七大报告中，胡锦涛同志站在中国社会主义发展的历史高度，对推动社会主义文化大发展大繁荣提出了新的更高要求。这对刚刚跻身国家历史文化名城行列、正在大力打造文化名城的无锡来说，增添了新的动力。

来自决策层的信息清晰而坚定：实现文化的繁荣发展，是城市深入贯彻科学发展观、促进社会和谐等重大战略思想的具体实践，是顺应文化与经济、政治相互交融客观趋势的战略选择。在一个平坦的世界面前，在资源整合与共享的"全球一体化"大背景下，文化已成为核心竞争力，经济增长模式和城市发展模式都步入了"转型时代"。作为融入国家整体发展战略的一种文化发展定位，打造文化名城，无锡别无选择！全面发展、科学发展、和谐发展，将使城市驶上可持续发展的快车道。无锡发力冲刺国家历史名城申报的过程中，决策层的这一理念，得到淋漓尽致的诠释。

跻身国家历史文化名城的无锡，再次迎来发展良机：借力文化，助城市实现"转型"。无锡文化部门成为社会事业改革的先行军，通过"管办分离"，进一步解放文化生产力，通过创新体制、机制来整合资源、激发活力，繁荣文化事业、发展文化产业，让公共文化服务体系建设惠及更多普通百姓。一系列喜人的文化现象在无锡出现：正在建设中的无锡博物院，成为百姓享受改革成果的好去处；西施艺术有限公司的成立，加大了多元资本投入国家允许的文化经营领域的力度；动漫产业，方兴未艾；民营文化企业，异军突起；文化产业在国民经济总量中的比重不断提升。

成功"申名"，对无锡来说，不仅是文化建设的喜事与盛事，更是城市整体发展战略的有机组成部分。名城无锡，正通过文化自身的建设，来服务城市的发展。

行走在中山路上，人们发现：作为城市的标志性路段，"变脸"后的中山路，不仅变美了，也更文气了；众位无锡人杰的画像，以各公交站台的宣传栏为平台，"走"上闹市街头，城市的文化品位因这些细节上的小小改变，得到提升。

中山路上的细微变化，正是"文化立市、文化兴城"理念的生动体现。市委、市政府"建设文明无锡、打造文化名城"的决心，对名城保护认识上的刷新，在文化遗产保护措施上的不断创新，正是无锡成功"申名"的秘诀所在。

四 惠及百姓，共享改革发展成果

声音：十七大报告中，"保障人民基本文化权益"、"让人民共享文化发展成果"的提法，指明了繁荣、发展社会主义文化的根本目标与方向。在十七大期间，以党代表身份作客新华网的省委常委、市委书记杨卫泽也表示："文化的发展不是虚无缥缈的，是看得见，摸得着，让老百姓得实惠的工程。"

回放：10 月 15 日，由无锡革命陈列馆、无锡博物馆和无锡科技馆

"三馆合一"组建的无锡博物院成立。建筑面积达 6.9 万平方米的无锡博物院，将于明年"十一"前建成对外免费开放。作为我市深化社会事业改革、推行"管办分离"的产物，无锡博物院不仅仅是城市的生动读本，更是文化建设惠及百姓的具体体现。

通过发展文化事业、拓展文化产业，为老百姓提供更多更好的文艺作品，丰富他们的业余文化生活，成为无锡文化建设的重要内容之一。提高公共文化服务体系的覆盖面，让更多百姓享受改革发展的成果，成为无锡文化建设的不懈追求。

"申名"过程中，随着民族工商业博物馆、锡剧博物馆、人杰苑、顾毓琇纪念馆、阿炳故居、钱钟书故居、薛福成故居的修复、建成和对外开放，市民接受文化洗礼和熏陶的机会越来越多；随着民营资本不断注入文化产业市场，无锡演艺市场空前繁荣，高档次演出接连不断，市民在家门口便能尽享"文化大餐"；而"文化下乡"活动，也为农民兄弟送去了精神食粮。

"惠及百姓"意识的增强，令文化建设由"务虚"转向"务实"，而这一转变，又增强了群众参与名城保护的意识，反哺城市的文化建设。

五 变中取胜，成功"申名"的秘诀

声音："无锡申报国家历史文化名城，不仅仅是为了一块牌子，而是以此作为载体和着手点，为我们的后人留下一笔丰富的历史财富，让无锡成为一个有文化魅力的城市。"在去年召开的无锡申报国家历史文化名城专家咨询会上，市长毛小平诠释了无锡"申名"的最终目的。

回放：2007 年 6 月 30 日，由建设部、国家文物局组织 9 位专家来到无锡，成为无锡"申名"的"考官"。专家组成员之一的阮仪三告诉记者：多年前，他曾和罗哲文一起到无锡为这座城市"戴帽"，但正处于经济快速发展时期的无锡面对"国家历史文化名城"这个称号，显得犹豫不决。

当高楼林立、车水马龙的现代化城市景象逐渐遮盖了江南人家"小桥流水"的特征，这座千年古城的历史印记变得越来越模糊。8 年中，随着无锡对名城保护的意识、观念不断提升，无锡文化名城建设渐入佳境：名城保护由行政保护向法制保护转变、由文化部门保护向全社会参与保护转变、文化建设由单纯政府财政拨款向社会多元投资转变、对物质与非物质文化遗产由单一保护向保护与利用相结合保护转变、对文物的保护由"点"的保护向一座城市"面"的保护转变，而对文物保护的认识也由物质文化遗产保护向物质与非物质文化遗产保护转变。

无锡努力以一种文化的自觉去看待这座城市，谨记先贤的功德、解读古人的智慧、感悟文化的魅力、赓续历史的文脉。思变，令无锡突破"申名"瓶颈，成功跻身国家历史文化名城行列。

六　自主创新，"申名"的不竭动力

声音：十七大报告中指出："在时代的高起点上推动文化内容形式、体制机制、传播手段创新，解放和发展文化生产力，是繁荣文化的必由之路。"2007 年 6 月，成立一年的无锡市文化遗产局受到国家文物局表彰，局长朱建平表示："无锡寻求各种方法、途径，采取各种措施，进行文化遗产保护，其中，有很多举措都是创新之举"。

回放：2007 年 4 月，无锡文化遗产保护基金会成立。基金会成立当日，便募得 2400 万元。作为全国首个成立文化遗产保护基金会的城市，无锡此举不仅为文化遗产保护注入强大的资金保障，更为重要的是，唤起了全社会的文保意识：上至国务委员，下到普通百姓，各行各业、或公或私，踊跃捐款。

创新无处不在。自申报国家历史文化名城以来，一个又一个文保领域的"全国第一"在无锡接二连三地诞生：如在全国率先成立文化遗产局、中国文化遗产保护论坛永久落户无锡、有关工业遗产与乡土建筑保护的两份纲领性文件先后在无锡出台等等，无锡文保逐渐形成全面保护、积极保护、多元保护的全新格局。此外，2005 年我市文化部门率先实行"管办分离"改革，进一步解放文化生产力，文艺创作以创新出精品，继《太湖鱼米乡》、《阿炳》、《红河谷》之后，又在今年创排了大型民族舞剧《西施》。以"申名"为契机，无锡加大文化

名城建设的目的基本实现。

　　合作无处不在。在"申名"过程中，一摞摞厚厚的材料，凝聚着建设、规划、宣传、文化、统计等多个部门的心血。为确保申报材料经得起专家推敲，也为制定科学、规范的城市建设蓝图，市建设、规划等部门不断跑北京、南京，征求各方意见，请来专家"支招"，完善申报材料。跨部门、跨领域的多方联动、紧密合作，构成名城保护的全新格局。随着这些创新措施的落实推进，国家历史文化名城，成为无锡实至名归的城市荣誉。

　　历史文化名城是动态的、不断发展中的，历史遗存再辉煌，只属于过去，一座古代文化与现代文明交相辉映的城市，才是耐看耐读的，才真正具有名城风范。成功"申名"，使无锡信心倍增。目前，这座城市正以全面推进文化工程建设为着手点，为推动社会主义文化大发展、大繁荣作贡献。

（2007 年 12 月 7 日）

无锡博物院，2008年10月1日落成开放

保护文化遗产是城市领导人的天职

华夏文明是世界上唯一的从未中断的古老文明，这是所有炎黄子孙的骄傲。薪火相传，则是每一个中华儿女义不容辞的责任。每一座城市，都是中华文明的重要载体。一座城市的文化遗产，是这个城市的文化基因。一个城市领导人的天职，是守卫好这个城市，其中重要的任务之一，就是要守卫好这个城市的文化遗产。薪火相传，保护文化遗产是每一位城市领导人都应当铭记在心的重要使命。

一

人类文明是一条长河，城市的历史则更像是一条长链，而我们每一届城市领导人，就好比是链条上的一环，起着承上启下的作用。我在苏州、无锡担任城市领导人期间，每当亲眼目睹经济社会发展和城市化进程带来的巨大变化，都会油然萌生出一种强烈的历史责任感和忧患意识。文化遗产保护工作做不好，就会愧对祖先、愧对子孙。苏州先贤范仲淹有句名言："先天下之忧而忧，后天下之乐而乐。"无锡东林党人也有句名言："风声雨声读书声声声入耳；国事家事天下事事事关心。"在弘扬传统文化和保护文化遗产工作中，我们认真向先贤学习，把一座城市的文化遗产保护放到传承中华文明大局中来考虑，尽量争取做到比别人更多一些忧患，比别人更多一份责任，比别人更多一份努力，尽量争取做出比别人更多一点的成绩。

城市发展是一个不断变化的过程，变化也许是城市发展唯一不变的规律。我国改革开放以来，城市释放出巨大能量，城市发展的速度超过了历史上任何时期。这一巨大推动力使城市发展中传统与现代、历史与现实、继承与保护、经济与文化等矛盾更加突出。文化遗产保

护是城市发展过程中越不过的一道坎，城市发展则是文化遗产保护所面临的不可避免的压力。文化遗产保护不像造大楼建马路，其政绩来得明显，但有功在千秋的战略效应。城市领导人必须确立科学的发展观和正确的政绩观，唯有如此，文化遗产保护才能被放上应有的重要位置。

（一）城市领导人，承担着塑造一座城市个性和特色的责任，要全面认识文化遗产的意义和作用

"罗马不是一天建成的。"每一座城市都是一部独特、真实、连续的人类文化记录簿。城市的文化特性由于不同自然地理环境、历史发展变迁、生产生活方式等的影响而姿态各异，是一座城市区别于其他城市的最天然的标志，也是城市的生命和活力所在。经历几百年、几千年积淀下来的文化遗产，记录着一座城市的历史，见证着一座城市的文化演进历程。一座伟大的令人尊敬的城市一定是特色鲜明、风格独特的城市，而具有悠久历史的古城往往是这种城市特色和风格的集中表现。文化遗产不仅包括城市原有的物质形态，还包括优秀的传统文化艺术、健康的民俗风情以及独特的城市精神。这些是先民创造的宝贵物质财富和精神财富。从某种意义上说，文化遗产既标志着一座城市的知名度和美誉度，也是赢得城市综合竞争优势的重要基础。失去了这些文化遗产，城市就失去了记忆，失去了历史，失去了灵魂。而一座没有记忆和灵魂的城市是一座没有个性的城市、没有生命的城市，必将在历史的长河中消失。为此，哈佛建筑学院院长塞蒂曾于20世纪40年代提出警示："我们的城市能否存在？"

温家宝同志指出，城市现代化建设与城市历史文化传统的继承和保护之间，不是相互隔离，更不是相互对立，而是有机关联、相得益彰的。其实，继承和保护城市的自然遗产和文化遗产，本身就是城市现代化建设的重要内容，也是城市现代文明进步的重要标志。正因为如此，无论是战争年代，还是和平时期，人们总是力图保持、恢复、传扬古城的历史风貌。二战时期，希特勒叫嚣要将华沙从地图上抹去，英勇的华沙人民却将古建筑的构件从废墟中捡起来藏在家中。战后又有人曾预言："华沙不会重现在人间，至少100年内是没希望的。"也

金匮县城隍庙旧址位于无锡市崇安区崇宁路6号东林中学，清雍正四年（公元1726年），无锡析为无锡、金匮二县，始建该城隍庙。2003年由无锡市人民政府公布为无锡市文物保护单位

县学古碑刻位于无锡崇安区学前街睦亲坊巷3号，又名学宫，是无锡古代唯一的官立学校，创建于北宋嘉祐三年（公元1058年）。2006年由江苏省人民政府公布为江苏省文物保护单位

许正是这句话激励了华沙人，战后不久，人们便重建了城市，并充分保留了中世纪古城的风貌，一种伟大的民族精神重新焕发出生机和活力。

当前中国已进入城市化加速期，值此城市的国际化、现代化水平突飞猛进之时，如何保护好城市历史文化遗产、彰显城市历史文化特色、避免出现"千城一面"现象，是很多城市领导面临的共同问题。历史文化资源是一个城市最为珍贵的资源，也是不可再生的资源，更是体现城市个性和特色的资源。充分发掘、利用好历史文化资源，赋予它旺盛的生命力，展现城市本色，让世界了解和欣赏本地文化，是我们这一代城市领导人肩负的历史使命。从苏州、无锡两地的发展实践来看，温总理的讲话是完全正确的，并具有深远的指导意义。苏、锡两地既是历史文化名城，也是江苏省经济社会发展的排头兵，历史传统以及保护文化遗产非但没有成为发展的包袱或障碍，而是成为促进城市现代化的精神动力和彰显现代化城市斑斓色彩的多棱镜。

文化是持久的竞争力和凝聚力，一流的文化塑造一流的城市。进入 21 世纪，高度重视和研究文化，主动交流和创新文化，大力传播和推动文化，正越来越成为世界潮流。国家与国家、地区与地区之间的竞争，在某种程度上越来越表现为文化的竞争。没有深厚的文化底蕴，没有先进文化的引领，没有文化创新的持久推动，在竞争中就要落后，就要被淘汰。我们在实践中深切地体会到，吴地文化是无锡一笔宝贵的文化遗产和精神财富，充分挖掘、利用好吴文化资源，构筑无锡的城市文化品牌，是推进文化无锡建设、全面提升无锡城市综合竞争力的重要举措，是无锡可持续发展的重要条件，也是无锡构建和谐社会的重要基础。为此，我们将在遵循城市发展规律的基础上，结合实际确定城市的发展方向和发展模式，努力做到文化遗产保护和城市发展互动并进，使文化遗产伴随城市发展水平的提高而更加充满魅力。

（二）城市领导人，面对着城市的发展与文化遗产保护的矛盾，要善待和敬畏文化遗产

伴随城市化进程的迅速推进，城市文化危机比以往更加严重。不少城市规划设计手法抄袭趋同，追求大体量的建筑物、大规模的建筑

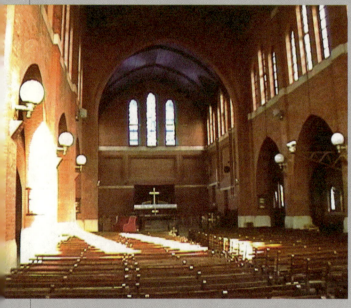

　　圣公会十字堂位于无锡中山路98号。清光绪二十七年
（1901年）。美国圣公会江苏教区牧师麦甘霖和副牧师朱保
华（华人）建无锡圣公会。1916年在原址建成哥特式大教
堂一座，1994年由无锡市人民政府公布为无锡市文物保护
单位

群，导致一座座城市就像克隆出来的兄弟，千城一面的现象日趋严重。在城市中，每一栋建筑都追求形式上的独特和怪异，却很少考虑它与城市文化的血脉关系，更有一些城市盲目追求变大、变新、变洋。在旧城改造中，采取大拆大建的开发方式，致使一片片历史街区被夷为平地，一座座传统民居被无情摧毁，代之而来的是千篇一律的高楼大厦。由于忽视对文化遗产的保护，造成城市文化空间的破坏、历史文脉的割裂、社区邻里的解体，最终导致城市记忆的消失。20 世纪下半叶以来，中国的城市化进程明显加快，苏州、无锡等地仅用 20 多年时间，基本形成了现代城市格局。中国的城市化进程一方面带来了经济发展和生活改善、社会稳定；另一方面也给保护城市文化遗产带来了巨大的挑战，建设性破坏和破坏性建设的威胁同时存在。中国城市化发展的浪潮，是人类社会发展内在规律作用的结果，不可抗拒，也不能阻止，但只要通过正确引导，去其弊，扬其长，就能保证城市化进程的健康发展。在这样的形势面前，每一座城市领导人，都应该对城市文化发展战略做出积极回应，探索城市文化复兴之策。

2007 年 6 月，笔者参加了城市文化国际研讨会，会议通过了《城市文化北京宣言》。会议强调："新世纪的城市文化应该反映生态文明的特征；城市发展要充分反映普通市民的利益追求；文化建设是城市发展的重要内涵；城市规划和建设要强化城市的个性特色；城市文化建设担当着继承传统与开拓创新的重任。"《北京宣言》给每一位城市领导人以启示，在城市建设中要善待文化遗产、敬畏文化遗存。今天，我们重新审视曾经粗暴占用珍贵历史建筑建工厂做仓库、大规模拆除城墙炼钢造砖、全民动员填塞河道等行为，不得不惊讶当时的短视并为此感到沉重。历史的教训也昭示我们：对历史文化遗存应保持敬畏和尊重，在建设城市时要努力为未来留下良好的示范，使文化遗产这一宝贵财富传之后世，这是城市科学发展的客观要求。城市科学发展还必须有创新精神。变化发展既是城市内在的要求，又是多种因素综合的结果，这意味着要在城市形态、文化观念、思想意识等诸多方面接受挑战，而迎接挑战的最好方式就是创新。历史文化名城是各个时代遗存的积累结果，延续着延绵不绝的城市文脉。随着时代进步和城

安阳书院旧址位于无锡市惠山区阳山镇狮子山、牛头山之间。书院坐西向东，始建于清同治三年（1864年），光绪八年（1882年）建成。2006年由江苏省人民政府公布为江苏省文物保护单位

市发展步伐的加快，文化遗产保护也需要围绕城市文脉这一轴心，不断赋予新的内容，不断注入新的内涵。唯其如此，古老的城市才能焕发出新的时代气息，凸显现代文明，文化遗产也将在这一过程中促进城市的科学发展，成为城市文明成果的崭新亮点。

苏州、无锡悠久的历史，丰富的遗存，在促进城市发展过程中曾发挥了不可替代的重要作用。随着经济建设和社会事业的进步，如何保持文化遗产在保护中继承，在继承中创新，以不断满足新的竞争、新的发展的需要，已成为摆在城市领导人面前的一项重大课题。如果说城市发展是一幅壮丽的历史长卷的话，那么每一个时代的城市领导人只能在这幅长卷上添画增彩，而不能撕毁涂鸦。要做到这一点，必须把保护文化遗产作为一项长期而艰巨的工作，不能毕其功于一役，更不能对文物采取大规模推倒重建的做法。1980年，简·雅各布在国际城市会议上批评说："大规模改造计划只能使建筑师们血液澎湃，使政客、地产商们血液澎湃，而广大群众则往往成为牺牲品。"对此，梁思成先生则提出了积极的建议，他形象地以自己的假牙作比喻，说人老了，牙齿掉了，镶牙的时候，因为年纪大了，牙医就选择了黄白色的，而不是雪白，排列不是很齐整的假牙，这就叫整旧如旧。基于各个方面的启发，可以归纳出这样一点，在保护文化遗产时应做到有所不为，只有有所不为才能有所为。

由此出发，在文物保护的方式上，应主张小规模、分阶段，适时的、谨慎渐进的改善，特别是对历史文化名城形态和布局有影响的建设计划更要慎之又慎。这个时代不能解决的，就留给下一代去解决；有些问题一时解决不好的，就等到找到最佳方案时再去解决，决不可盲目草率行事，损害或牺牲下一代人的利益。在文化遗产保护的导向上，既要着眼于整体，保护历史文化名城的物化形态所蕴涵的文化财富以及人文精神，也要保护单体文化遗迹，并统筹考虑与之相适应的景观和周边环境，使之成为传承历史文化的见证和载体。

（三）城市领导人，面临着一座城市发展的挑战和竞争，应当把文化遗产转化成城市竞争力重要的组成部分

人的需求随着社会经济的发展而不断变化，城市发展要满足这些

安阳书院石桥

东林书院旧址位于无锡市解放东路867号，亦名龟山书院。创建于北宋政和元年（公元1111年），为著名学者杨时（公元1053~1135年）长期讲学之所。明万历三十二年（公元1604年），革职归里的吏部文选司郎中顾宪成（公元1550~1612年）及顾允成、高攀龙等人同倡捐资在原址重新修复。2006年由国务院公布为全国重点文物保护单位。

变化就必须不断地改善城市功能，改变城市的物质形态。但是这种改善和改变必须以满足人的物质、精神和心理需求为前提，以促进人与人的理解、保持人与自然的和谐、加强人与环境的协调为目标，也就是说，城市的发展必须走科学发展之路。城市的可持续发展不仅指经济的繁荣，还包括环境的不断改善、文化的持久传承。文化遗产内涵丰富精深，价值弥足珍贵，只要得以充分挖掘和运用，必将对经济社会发展起到积极持久的推动作用。保护好文化遗产，是可持续发展的客观要求，目的就是要将历史文化传之后世、永续利用，为子孙后代创造一个历史文化丰厚、创造力绵延不绝的发展条件。

文化作为"软实力"，是城市竞争力不可替代的重要组成部分。在经济社会发展进程中，过去我们对物质资源的重视和开发远远超过对人文资源的重视和开发，更多地注重城市"硬实力"的打造。一个城市是否具有持久吸引力、是否具有核心竞争力，最终要看它的文化资源、文化氛围、文化发展水平。在知识经济时代，城市的发展，关键在人，而人的思想素质、知识水平和创新能力，取决于城市文化的教育和熏陶。而这一切又都根植于城市历史文化遗产之中。从一定意义上讲，未来的城市发展就是以文化论输赢，没有深厚文化底蕴和先进文化的引领，城市必然会因为缺乏"软实力"在竞争中落后、掉队，而发达的城市文化和较高的市民素质最终必将转化为巨大的创新能力和现实的城市竞争力。无锡 3000 多年发展历程中取得的每一次辉煌，其背后最根本的动力就是文化因素。文化作为人类的生存方式及其知识与意义系统，是伴随整个社会的变迁而发展的。无锡在没有"锡"的条件下，创造了灿烂的农耕文明，靠的就是筚路蓝缕、开拓创业、自强奋斗的吴文化的深厚底蕴。无锡近代在缺少官办资本投入的条件下，创造了近代民族工商业的辉煌，靠的就是务实重工、尚德诚信的工商文化精神。改革开放以来，无锡在缺少政策支持的条件下，创造了"苏南模式"的辉煌，靠的就是"四千四万"的文化精神。重视文化，铸造文化，发展文化，依靠文化，这是无锡异军突起、从一个名不见经传的小县城发展成为国内经济版图中占据重要地位城市的基本经验。"十一五"期间无锡要实现"两个确保"的奋斗目标，探索经济社会新的发展模式，必须坚持发展依靠人、发展为了人，如果缺少了文明和文化的作用，以人为本、科学发展只能是一句空话。只有全面提升全体无锡人的文化意识、文明素质、创新思想和法治观念，才能激发全社会的创造活力，才能为新一轮发展提供强大的精神动力和智力支持。可以这么说，城市的软实力主要体现在文化上，城市的文化遗产是城市文化的基因，没有深厚的文化底蕴引导，城市必然会因为缺乏基础性"软实力"而在竞争中难有作为。

二

一切传统的历史文化，在今天的文化语境中都需要重新阐释和扬弃利用；一切现代的先进文化，都是在对传统文化的继承和创新中不断发展的。每一位城市领导人要珍惜保护好每座城市悠久的历史文化资源，着力打造新时期的先进文化，使传统文化与现代文明在城市的实现发展中交相辉映。

（一）城市领导人要正视文化遗产保护上的差距

过去几年，无锡文化遗产保护有了长足的发展，但我们也清醒地看到，我市的文化遗产保护还明显滞后于经济发展，与无锡的历史人文底蕴和现实城市地位极不相称。我们必须进一步解放思想，正视差距，以正确的态度认识和对待文化遗产保护问题。一是要克服经济效益至上的观念。如果说经济建设是"富口袋"，那么文化遗产保护就是"富脑袋"。精神文化产品既具有一定的经济属性，又具有不同于物质产品的特殊属性，其价值更多地体现在社会效益和公益性上，如果片面强调经济效益，就可能导致文化遗产保护误入歧途、难以为继。我们必须从思想上树立"文化遗产保护也是生产力、保护文化遗产就是抓发展"的观念。二是要克服消极畏难的心理。文化遗产保护不同于经济工作，有其特殊性和规律性，文化遗产保护又是一项宏大的工程，复杂性大，系统性强，抓文化遗产保护对我们各级领导干部的知识素养和文化水平是一个极大的考验。我们必须克服懈怠和畏难情绪，虚心学习优秀历史文化，认真对待历史文化遗存，在决策中体现文化意识，在工作中强化文化创新，努力引导全社会积极投身和参与文化遗产保护，不断开创无锡文化发展的新局面。三是要克服急功近利的思想。保护文化遗产，提升文化"软实力"是一个长期的过程，不太容易在短期内出"显绩"，提高市民文化素质和社会文明程度，是影响一代人乃至几代人的历史任务，不可能一蹴而就、立竿见影。我们要树立科学的文化发展观，本着对我们的城市、对所有无锡人、对子孙后代高度负责的态度，埋头苦干而不急功近利，点滴积累而不追求政绩，扎扎实实地做好文化遗产保护的各项工作，加快建设文明无锡、打造文化名城，全面提升无锡的人文竞争力，再铸无锡文化发展的新辉煌。

全球化的浪潮汹涌而来，文化也无可回避地面临世界范围的大对话、大交流、大竞争、大角逐。应对挑战，唯有充分发掘本土传统文化资源的现代价值，有效吸引外来文化的优秀成果，在创造性的两相融合中形成先进的文化价值体系和强劲的城市人文魅力，在开放的状态下铸就新的文化辉煌。要以民族工商业和乡镇企业发祥地为依托，充分发挥无锡经济发达的优势，全力打造工商名城，弘扬提升工商文化；以吴文化发祥地为依托，发挥无锡历史悠久、人文荟萃的优势，全力打造文化名城，弘扬提升历史文化；以国家级工业设计园区为依托，发挥我市创意设计的先发优势，全力打造设计名城，弘扬提升创意文化；以我市得天独厚的自然资源为依托，发挥我市名湖、名河、名山、名泉、名人、名景闻名中外的优势，全力打造山水名城，弘扬提升生态文化；以丰富的旅游资源为依托，发挥我市休闲服务业的优势，全力打造休闲名城，弘扬提升休闲文化，进而创造具有无锡特色、无锡风格、无锡气派的先进文化。

（二）城市领导人要落实文化遗产保护的责任

保护文化遗产，打造文化名城，事关无锡"十一五"经济社会发展全局。各级城市领导人要在文化遗产保护的实践中，垂先模范，身体力行。

一是城市领导人要把文化遗产保护列入重要议事日程，像重视经济工作一样重视文化遗产保护，像抓经济建设一样抓文化遗产保护，形成党委重视，政府统一领导，文物、规划部门指导监督，市区联动，以区为主的文化遗产保护领导体制和工作机制。

清名桥

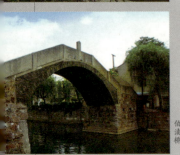

伯渎桥

清名桥沿河历史文化街区

　　清名桥沿河历史街区地区位于无锡南门外京杭大运河与伯渎港交汇处，以古运河为中轴、清名桥为中心，北起跨塘桥，南到南水仙庙，东起王元吉锅厂旧址，西到定胜河沿线。其中包括古运河以西的南长街中段、金钩桥街、定胜桥沿河、贺弄、奚家弄、鸭子滩和张家弄，古运河以东的南下塘、清名桥街、伯渎港沿河、混堂弄、花园弄以及大窑路古窑区。其间大小河流7条，桥梁码头20多座，老街旧弄30余条，文物古迹和近代工商业史迹、优秀民居建筑80余处。大窑路古窑群原有砖窑100多座，现存42座，其中较完整的19座。大部分是倒焰窑，少数为环窑，其数量之多、分布线之长、保存之完整，实属少见

窑业遗址博物馆

二是要落实文化遗产保护的目标责任。要把文化遗产保护作为评价地区发展水平、衡量经济社会发展质量和领导干部工作成绩的重要标准，作为判断领导水平和能力高低的重要依据，建立文化遗产保护目标考核责任制，列入市委、市政府考核体系，与经济工作同步部署、同步实施、同步检查、同步考核，确保文化遗产保护各项工作任务落到实处。各市（县）、区要从文化发展的实际出发，认真抓好文化遗产保护的规划，落实配套措施，明确目标责任。

三是要落实文化遗产的保护项目。各地各部门要全面落实市委、市政府《"建设文明无锡，打造文化名城"项目任务书》、《关于确定"十一五"市文化重点工程的通知》和《关于国家历史文化名城建设的实施意见》中确定的各项目标任务，集中力量抓好一批重点文化遗产保护项目的建设，对承担的目标任务认真制定实施规划，列出年度计划，建立项目责任制，确保所承担的项目按时保质保量完成。要全面落实文化经济政策，健全公共财政体制，改革文化遗产保护投入方式，切实加大财政对文化遗产保护的投入，提高公共文化建设的社会效应。当前，要重点实施主城区"一二三四"文化遗产保护工程，即围绕一条古运河，全面保护沿线的传统民居，凸显沿线的工业遗产；建设鸿山墓群遗址和阖闾城遗址两大公园；构筑泰伯庙、泰伯陵（墓）、泰伯渎三大历史人文景观；保护性修复好荣巷、清名桥、小娄巷和惠山古镇四个标志性街区，充分发挥历史文化遗产在显吴地山水之蕴、扬山水名城之名中的重要作用。

四是要落实文化遗产保护氛围的营造责任。优秀的文化遗产的力量总是"润物细无声"地融入经济、政治、社会之中，文化遗产的保护总是需要一砖一瓦的逐步积累和一代一代的不断传承。城市领导人都要做文化遗产与城市建设融合的促进者，做文化遗产保护的支持者，做文化遗产保护的实践者，引导人民群众和社会各界共同关心支持和参与文化遗产保护，在全社会营造浓厚的文化遗产保护氛围。

（三）城市领导人要注重文化遗产保护的创新

改革求发展。只有坚持深化改革，才能激发文化遗产保护的活力；只有坚持加快发展，才能为文化遗产保护创造条件。无锡作为全省文化体制改革的试点城市，必须以改革破除体制性障碍，以发展促进文化生产力的提升。

一是文化体制改革要着力实现"三个转变"。政府从办文化为主向管文化为主转变。要进一步转变政府职能，积极探索和实践政策调节、市场监管、社会管理和公共服务等职能，全面推行政企分开、政资分开、政事分开，逐步建立党委领导、政府管理、行业自律、企事业单位依法运营的文化管理体制。从以管理直属文化单位为主向管理全社会文化转变。对公益性文化事业，给予财政保障，确保其稳定发展；对公益经营性文化单位，给予财政补贴，扶持鼓励其开拓市场、发展壮大；对经营性文化单位，给予政策引导，提供管理服务，实行完全的市场化运作。从以行政手段管理为主向以经济和法律手段管理为主转变。在市场经济条件下，重视运用法制手段依法保护历史文化遗产，是最有力、最直接、最持久的措施。这几年，我市大力加强历史文化遗产保护的法规制度建设，使全市的历史文化保护工作逐步由过去的政府行政保护为主转向依法保护为主，极大地增强了保护工作的刚性和力度。

二是依托文化遗产资源发展文化产业。文化具有意识形态和商品的双重属性。必须坚持一手抓文化事业，一手抓文化产业，以文化事业滋养文化产业，以文化产业回馈文化事业，实现文化事业与文化产业的良性互动。加快发展文化产业，是我市打造新的服务业亮点，推进经济结构转型升级、提升产业竞争力的重要内容。西方发达国家文化产业占 GDP 的比重已达到 20% 以上，日本娱乐业经营收入超过汽车工业，美国影视业出口值仅次于航天工业，英国文化产业平均发展速度是经济增长的两倍。文化产业不仅在创造新的生活理念，而且在激励新的文化需求。"十一五"期末，我市文化产业增加值占地区生产总值的比重要力争达到 6%，成为服务业新的支柱产业。要大力发展文化创意产业。要依托历史文化遗产，突出我市文化创意产业的比较优势，加快建设国家工业设计园、国际数码娱乐产业中心和太湖数码影视动画创业园，建立文化创意产业风险投资体系，积极推动富有无锡特色的工业设计、动画产业发展，打造出一批在国内甚至在国际上有影响的创意产品和文化品牌。要大力发展文化休闲产业，要适应人们旅游休闲度假消费不断扩大的趋势，把丰富的城市历史文化资源转变成为

文化休闲产业发展的载体，加大资源整合和集聚力度，打造文化休闲产业链，构建文化休闲产业群。要不断完善薛福成故居、东林书院、北仓门生活艺术中心等单位的运行，大力开发名居、名地、名镇、名遗、名胜历史人文旅游，发展民俗、风土人情体验等创意旅游活动，加强休闲旅游设施建设，打造人文旅游休闲新干线。

三是形成全社会参与文化遗产保护的合力。历史文化遗产是全社会的共同财富，保护历史文化遗产也是全社会的共同责任。这几年，无锡十分注重调动社会各方面的积极性，改变了以往由政府文化部门单枪匹马保护文化遗产的被动局面，形成文化遗产保护的合力。如在"中国银行无锡分行旧址"、"锡金钱丝两业公所"两座民国早期建筑的保护中，充分调动房地产开发公司的积极性，本着谁保护、谁修复、谁利用、谁管理的原则，允许其在保护修复的前提下，对文物进行合理利用。阿炳故居则由崇安区城投公司在崇安寺商业街区改造中，投资5000万元修复。北仓门生活艺术中心则由海外归来的郑氏兄妹将建于1938年的省保单位"北仓门蚕丝仓库"，修缮为风貌依旧而内涵现代的文化艺术展示创意中心。通过灵活的办法，形成了文化遗产合理利用的多样化。按照这个思路，我们先后利用社会资金保护修缮了无锡县商会旧址、纸业公所、储业公所等64处历史遗迹，占全市修复总量的50%。为进一步增强全社会的文保意识，2007年成立了无锡市文化遗产基金会，该基金会为非营利性社会组织，具有独立法人资格，已募集资金达2400多万元，捐款者中既有企业单位、市民百姓，也有广大的中小学生，一个政府导向、各方联动、多元投入、有效利用的无锡文化遗产保护的良好机制已初步形成。

在漫长的城市历史长河中，一个城市领导人的任期只是短暂的一瞬间。在短暂的任期内，不应与其他城市比所谓"日新月异"的景观变化，而应追求城市的自然环境、文化艺术和市民素质的和谐结合，体现出城市的文化遗产、现实生产和文化创造的和谐共生。文化遗产既是城市昨天的辉煌，又是今天的财富，更是明天的希望。历史证明，改革开放以来，无锡、苏州等地创造了"苏南模式"，率先建成了全面小康，靠的就是文化。珍视文化遗产，依托文化遗产铸造现代文化，这是无锡、苏州繁荣发展的基本经验。

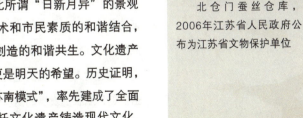

北仓门蚕丝仓库，2006年江苏省人民政府公布为江苏省文物保护单位

（2008年7月31日）

深化文化认识　再铸文化辉煌

　　无锡是一座江南历史文化名城，3000 多年的历史文化绵延不断。过去 5 年，是我市文明创建和文化工作大发展、大丰收的 5 年，是全市上下对文明创建和文化工作认识大统一、大提高的 5 年，也是文明创建和文化工作战线同志们立大志、成大业的 5 年。站在"十一五"的新起点之上，无锡文化建设机遇难得，任重道远。我们要坚持以邓小平理论、"三个代表"重要思想和科学发展观为指导，牢牢把握先进文化的前进方向，进一步解放和发展文化生产力，促进文化事业全面繁荣和文化产业快速发展，不断满足人民群众日益增长的精神文化需求，努力提高广大市民的思想道德素质和科学文化水平，促进人的全面发展和经济社会全面进步，加快建设文明无锡、打造文化名城，全面提升城市的人文竞争力，再铸无锡文化发展的新辉煌。

　　对文化的理解深度，决定了文化建设的高度和层次。文化是人类社会历史发展过程中所创造的物质、精神财富的总和，是推动人类社会文明发展的强大动力。我们每个人都有各自对于文化的不同认识，但是从无锡当前所处发展阶段来看，我们应该用辩证的、历史的、现实的视野重新审视文化，进一步统一对文化发展重要性的认识。从辩证的角度思考，文化作为"软实力"，是城市竞争力不可替代的重要组成部分。在经济社会发展进程中，过去我们对物质资源的重视和开发远远超过对人文资源的重视和开发，更多地注重城市"硬实力"的打造。但是从长远发展的角度看，我们要辩证地认识"硬实力"与"软实力"的关系。一个城市是否具有持久吸引力、是否具有核心竞争力，最终要看它的文化资源、文化氛围、文化发展水平。在知识经济时代，城市的发展，关键在人，而人的思想素质、知识水平和创新能力，取

决于城市文化的教育和熏陶。从一定意义上讲，未来的城市发展就是以文化论输赢，没有深厚文化底蕴和先进文化的引领，城市必然会因为缺乏"软实力"而在竞争中落后、掉队，而发达的城市文化和较高的市民素质最终必将转化为巨大的创新能力和现实的城市竞争力。从历史的角度观察，无锡3000多年发展历程中取得的每一次辉煌，其背后最根本的动力就是文化因素。文化作为人类的生存方式及其知识与意义系统，是伴随整个社会的变迁而发展的。无锡在没有"锡"的条件下，创造了灿烂的农耕文明，靠的就是筚路蓝缕、开拓创业、自强奋斗的吴文化的深厚底蕴；无锡近代在缺少官办资本投入的条件下，创造了近代民族工商业的辉煌，靠的就是务实重工、尚德诚信的工商文化精神；改革开放以来无锡在缺少政策支持的条件下，创造了"苏南模式"的辉煌，靠的就是"四千四万"的文化精神。重视文化，铸造文化，发展文化，依靠文化，这是无锡异军突起、从一个名不见经传的小城发展成为国内经济版图中占据重要地位城市的基本经验。从现实的角度认识，无锡开启"十一五"发展新的征程，必须依靠人文精神所蕴含的价值导向。文化是一种"人化"与"化人"相统一的现象，实质是从文化方面关注人的问题。对于社会变革和发展，文化具有预见、论证、宣传、选择、导向、教育、整合、维系、鉴戒、涵化和完善等功能。"十一五"期间无锡要实现"两个确保"的奋斗目标，探索经济社会新的发展模式，必须坚持发展依靠人、发展为了人，如果缺少了文明和文化的作用，以人为本、科学发展只能是一句空话。只有全面提升全体无锡人的文化意识、文明素质、创新思想和法治观念，才能激发全社会的创造活力，才能为新一轮发展提供强大的精神动力和智力支持。可以这么说，衡量无锡实现现代化的终极标准，不仅仅看一些硬性指标是否达标，根本的要看人的全面发展能不能达到现代文明的水准。因此，建设文明无锡、打造文化名城，是落实科学发展观和建设和谐社会的重要内容，事关全局，意义重大。

　　对文化的思考维度，决定了文化发展的广度和方向。当前，建设文明无锡、打造文化名城，正面临着难得的重大机遇，这个重大机遇，可以从"点"、"线"、"面"三个维度进行思考和把握。从"点"上理

小娄巷历史文化街区鸟瞰

无　锡

深化文化认识　再铸文化辉煌

215

　　无锡县图书馆旧址位于无锡崇安区城中公花园南面，俗称钟楼。1912年，新学界人士侯鸿鉴、丁宝书等拆除三清殿建无锡县图书馆，建筑面积1300平方米。2002年由江苏省人民政府公布为江苏省文物保护单位解，文化正在成为新的经济增长点。"十一五"期间，无锡在巩固和提高全面小康成果基础上向基本实现现代化迈进，这个阶段的一个显著特征，就是城乡居民的文化消费将出现快速上升的态势，不仅需求总量急剧增长，而且对文化产品提出了多样化、多层次的需求。因此，未来几年文化将成为极具发展潜力的朝阳产业，成为我市服务业发展的重要支柱，成为结构调整后新的经济增长点，即将进入新的发展黄金期。从"线"上分析，文化条线的体制改革将为文化发展注入强大的动力和活力。党中央全面推进文化体制改革，出台了一系列政策措施，将为我们解放和发展文化生产力创造良好的外部环境。我市去年大力推进"管办分离"改革，组建文化艺术管理中心，初步破解了关键环节上存在的一些体制机制障碍，完全符合中央文化体制改革的方向和要求，这一先发优势将为我市文化发展提供新的动力和活力。此外，全市上下对文化建设在思想上已经形成了强烈共识，文化已经从单纯的条线工作中走出来，无锡文化正处于大发展的前夜，文化事业大有可为。从"面"上展望，全方位的对外开放将给文化发展带来广阔的空间。随着全面加入世贸组织，我们即将迎来一个全方位开放的国际国内环境，各种文化的交融将呈现前所未有的势头。一方面，文化的多元化、国际化成为大势所趋。我们完全可以在坚持社会主义方向的前提下，充分利用"两个市场、两种资源"，学习引进借鉴国外优秀的文化成果和创新机制，不断提升无锡的文化竞争力。另一方面，文化的民族性、本土性成为时代要求。对文化来说，越是民族的就越是世界的，我们完全可以挖掘无锡最富有人文特质的文化元素，运用国际先进的制作办法和传播方式，加大"走出去"步伐，形成具有国际影响的文化产品、文化企业和文化品牌。

对文化的实践态度，决定了文化打造的力度和成效。对于文化而言，认知决定着态度，态度决定着实践。无锡的文化建设，应该立足自身、放眼世界、海纳百川、张扬个性，建设具有鲜明地域特征和独特历史品格的城市文化，努力做到传承、创新和弘扬。讲传承，就是要大力发掘和继承好吴文化、工商文化的人文精髓，总结探究其丰富的思想内涵，植根历史，体现时代，引领未来，进一步做厚、做强无锡的文化底蕴，使城市的人文精神薪火相传，成为无锡最具城市竞争力的人文内涵。讲创新，就是要坚持以人为本，坚持社会主义先进文化的前进方向，把体制、机制创新作为中心环节，重塑文化主体，完善市场体系，改善公共服务，创造出更多健康的、多样的精神文化产品，满足人们不断增长的文化需求。讲弘扬，就是要结合时代要求，大力弘扬"四尊四创"精神，倡导创新文化、弘扬创新精神、培育创新人才、推动创新事业，进一步释放全社会的思想活力和创新热情。同时要在全社会大力弘扬热爱文化、崇尚文化、积极参与文化建设和文化消费的良好风气，促进全体市民文明道德素质和科学文化素质的不断提高。

过去几年，我市文明创建和文化建设取得了长足的成绩，但也必须看到，我市的文化发展还明显滞后于经济发展，与无锡的历史人文底蕴和现实城市地位极不相称。我们必须从思想上树立"文化也是生产力、抓文化就是抓发展"的观念。要树立科学的文化发展观，本着对我们的城市、对所有无锡人、对子孙后代高度负责的态度，埋头苦干而不急功近利，点滴积累而不追求"政绩"，扎扎实实地做好文明创建和文化建设的各项工作。文明无锡是文化名城的精神投影，文化名城是文明无锡的基础支柱，两者"你中有我，我中有你"，相辅相成，相互促进。坚持文明无锡建设与文化名城建设协调推进，是城市形态与城市精神的统一，是城市历史与城市未来的结合，既承载着城市深刻的文化内涵，又体现着城市和人的精神风貌。建设文明无锡，核心是不断提高社会文明程度和人的素质。要把思想道德建设作为文明无锡建设的首要任务，始终坚持马克思主义在意识形态领域的指导地位，坚持不懈地用邓小平理论、"三个代表"重要思想和科学发展观武装党员、教育群众，引导人们树立正确的世界观、人生观、价值观，使无锡人民始终保持昂扬向上的精神状态。要以争创全国文明城市为龙头，以群众性文明创建和道德实践为抓手，以社会主义荣辱观为主题，扎实开展尚德工程，切实加强社会公德、职业道德、家庭美德教育，形成良好的社会风尚和公共秩序。要大力推进创新型城市建设，大力发展哲学社会科学，营造全民学习、终身学习的浓厚氛围，不断提高城

市创新能力和科学发展能力。建设文化名城，核心是不断提升无锡的人文特质。要以文化陶冶来凝聚人心，以文化创新来加快发展，大力发展先进文化，积极支持健康文化，努力改造落后文化，坚决抵制腐朽文化，以文化"软实力"的提升，增强城市的凝聚力、影响力、开放度和美誉度。吴文化和工商文化是无锡的两大优秀传统文化，是无锡城市文化的个性所在。要花大力气弘扬继承、精心打造这两大城市文化品牌，提升无锡的人文特色和城市的文化魅力。要以"传之后世、永续利用"为宗旨，抓好文化遗产保护，加强工业遗产保护和利用，加强非物质文化遗产的研究、认定和保护，制订实施《国家历史文化名城建设实施意见》。保护和修复一批人文古迹、名人故居和遗址公园。今年年内要完成国家历史文化名城的申报，力争早日进入国家历史文化名城行列。

（2006 年 8 月 14 日）

清名桥历史文化街区

显吴地文化之蕴　扬山水名城之名

今天，我们用了半天时间，实地踏察了以"三泰"即泰伯墓、泰伯庙、泰伯渎为代表的我市一些主要的吴文化历史遗存，加深了我对无锡的历史文化的了解。至少在这几个方面留下了深刻印象：一是无锡具有深厚的历史文化底蕴，完全有条件成为全国重要的历史文化名城。说起无锡，给人最深的印象就是经济发达，是一个经济中心城市，无论是民族工商业、乡镇企业，还是现在的外向型经济，都在全国很有影响，在经济发展上可以说创造了很多经验，也取得了较大的成绩。但是今天看了几个吴文化历史遗存后，给我的感觉无锡不仅经济发达，历史文化同样也很深厚。几千年来，灿烂的吴文化孕育了无锡，熏陶了无锡，造就了无锡，涌现出了无数的仁人志士、名流贤达，形成了无锡人民尚德务实的优良传统。我想这也是无锡能够成为民族工商业发祥地和乡镇企业发源地、成为全国经济最发达地区之一的重要原因。二是我市在保护历史文化遗存，弘扬历史文化上做了大量的工作，为创建国家历史文化名城打下了良好的基础。目前全市共有 15 处国家级、58 处省级和 285 处市级文物保护单位，数量在全省处于第 3 位，这是很不容易的，各地和各级文化部门为此作出了很大的努力。三是在进一步保护、弘扬历史文化上形成了切实可行的工作思路。把这个思路很好地付诸实践，几年以后无锡一定会成为国家历史文化名城，无锡一定会以灿烂的吴文化闻名于世。

本文为杨卫泽在保护和弘扬吴文化专题调研时的讲话稿。

一　提高认识，进一步增强保护历史
　　文化资源的责任感和紧迫感

　　文化是持久的竞争力和凝聚力，一流的文化塑造一流的城市。吴地文化是无锡一笔宝贵的文化遗产和精神财富，充分挖掘、利用好吴文化资源，构筑无锡的城市文化品牌，是推进文化无锡建设、全面提升无锡城市综合竞争力的重要举措，是无锡可持续发展的重要条件，是构建和谐社会的重要基础。进入 21 世纪，高度重视和研究文化，主动交流和创新文化，大力传播和推动文化，越来越成为世界潮流。国家与国家、地区与地区之间的竞争，在某种程度上越来越表现为文化的竞争。没有深厚的文化底蕴，没有先进文化的引领，没有文化创新的持久推动，在竞争中就要落后，就要被淘汰。无锡是一座具有 7000 多年人类文明史、3000 多年文字记载史的江南名城，历史文化源远流长，底蕴深厚。翻开无锡的文化史册，从泰伯奔吴、建都梅里起始，无论是农耕文明时期、近代工商业发展时期，还是在当代工业文明时期，在浩瀚历史长河的各个阶段，无锡凭借其得天独厚的自然人文条件和历史赋予的机遇，创造了令人仰止的累累文化硕果。悠久的历史文化，众多的文化名人，深厚的文化底蕴，优秀的文化传统，深深地浸润着一代代无锡人的血脉。历史文化资源是一个城市最为珍贵的资源，也是不可再生的资源，更是体现城市个性和特色的资源。充分发掘、利用好历史文化资源，赋予它旺盛的生命力，展现城市本色，让世界了解无锡文化，是我们这一代无锡人肩负的历史使命。我们要以高度的历史责任感和使命感，围绕创建国家历史文化名城这一目标，按照"护其貌、显其颜、铸其魂、扬其韵"的思路，以修复保护历史文化内涵，彰显山水名城文化底蕴，打造无锡城市文化品牌，把无锡早日建成与优秀传统文化相承接，与世界文明相贯通，与经济和社会发展相辉映的山水名城，充分展示无锡文化的魅力，更好地提升无锡的知名度和美誉度。

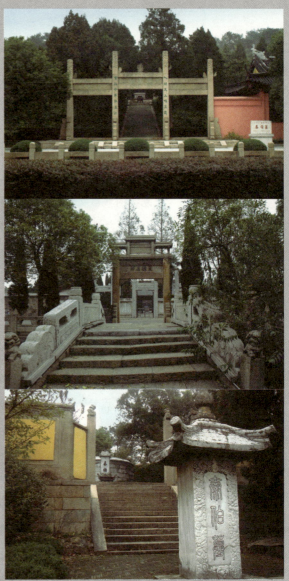

　　泰伯庙及泰伯墓　泰伯（又作"太伯"）墓位于无锡新区鸿山镇鸿山西坡。泰伯庙位于新区梅村镇至德路西侧。北宋《太平寰宇记》记载："鸿山、梅里皆有泰伯庙。"今存者为梅里泰伯庙，相传系糜豹就其故居改建，明弘治十一年重建大殿。至德殿、石牌坊、香花桥为明代建筑，其他厅堂、廊屋大都为清代建筑。2006年由国务院公布为全国重点文物保护单位

二　突出重点，切实做好弘扬吴文化这篇大文章

吴文化资源是无锡历史文化资源中的精华。保护好、弘扬好、发展好吴文化，是形成无锡文化特色的关键所在，是无锡文化事业、文化产业发展的基础。尽管这几年我市在这方面做了大量的工作，但吴文化还未真正意义上成为城市的文化品牌。下一阶段，做好弘扬吴文化这篇大文章，要着重加强以下几方面的工作：一是要整合工作力量，切实加强领导。我市吴文化资源主要分布在新区、锡山区、惠山区和滨湖区，在充分发挥各区作用的同时，市里要成立吴文化保护和研究委员会，负责协调吴文化资源的保护、研究工作，整合各方面的力量，推进吴文化资源有序的挖掘、整理、开发和利用。二是加强对吴文化历史遗存的保护利用。现在吴文化资源主要集中在新区，新区要义不容辞地担负起历史的重任，要很好地研究、规划和实施梅村泰伯庙景区和鸿山泰伯墓的保护，尤其要防止盗墓等问题，鸿山越墓遗址建设用地要作调整，建设遗址公园不失为一个较好的办法，一举数得，既能保护好文物，又开辟了新的旅游景点。锡山区吴地文物较多，还拥有荡口、璜土塘、严家桥等古镇，在新的城镇组团建设中，要很好地加以保护和利用。惠山区要抓好吴文化公园的完善提高，进一步发挥吴文化公园的作用。近年来，国内考古界十分关注阖闾城，滨湖区要给予高度重视，会同有关部门积极推进考古工作，与马山旅游度假区建设相结合，很好地研究阖闾城的保护和利用。要对建设中国吴文化博物馆进行可行性研究，建设吴文化景观带。历史文化遗址保护要有高压线，要扩大保护范围和控制范围，对新建工程要安民告示。三是要加强对吴文化的研究。现在仅靠两家民办研究机构是远远不够的，市吴文化保护和研究委员会成立以后要切实加强这方面的工作，整合宣传、文化、文联、社科联及在锡高校的研究力量，努力在吴文化的研究上取得一批成果，更好、更全面地反映吴文化的内涵。四是要大力宣传吴文化。报社、广电要开辟专栏宣传吴文化，文化部门要创作泰伯奔吴等题材的剧（节）目，搬上文艺舞台。宣传、旅游、园林等

惠山泥人是我国著名的传统民间艺术，据考始于明代，已有400余年历史。无锡手捏泥人作为惠山泥人的精华，题材丰富，捏塑自由，技艺精湛，生动传神，色彩富丽悦目，装饰精致讲究，雅俗共赏，"粗细"均妙。郭沫若先生称赞其"人物无古今，须臾出手中"。惠山手捏泥人以其独创的手工制作技艺、独特的艺术造型、鲜明的民族民间色彩、浓郁的江南乡土气息，深受海内外各界人士喜爱，被誉为"无锡三宝"之一和最富有东方色彩的民间彩塑。其精品力作"手捏戏文"和惠山泥人形象代表——"大阿福"广为人知、名满天下。2006年6月被国务院公布为国家第一批非物质文化遗产代表作

部门要编辑系列丛书，摆进书店和景点，让更多的国内外游客了解无锡。要加强文化交流，积极筹备，每年举办一次中国吴文化节，扩大无锡在国内外的文化影响力和竞争力。

三 加大力度，努力创建国家历史文化名城

无锡拥有众多的文物保护单位，城区有4大历史街区、城郊还有一批古镇、古村，留下这么多历史文化遗存很不容易，也为我们创建国家历史文化名城奠定了基础，下一阶段，我们要以山水名城为主线，以吴文化、民族工商业为重点，以江南水乡、古运河为背景，以名人、名居、名镇、名街、名园、名迹为主要内容，抢救、挖掘、保护、利用一批历史文化资源，积极实施"四名工程"。一是名地工程，进一步确立无锡作为古代吴文化、近代民族工商业、现代乡镇企业发源地之地位。以考古发掘为着手点，争取在新的考古中有新的发现，建设吴文化博物馆，进一步确立无锡是吴文化发源地的地位；以修复民族工商业时期的企业、商铺、学校、图书馆、公园等文物为重点，筹办民族工商业博物馆和各类专题博物馆，打造中国民族工商业发祥地品牌；结合新一轮城镇规划，抢救、发掘乡镇企业遗存，征集乡镇企业文物，建立乡镇企业博物馆，打造乡镇企业摇篮、半导体产业摇篮品牌。二是名镇（街）工程，结合古运河、梁溪河、伯渎河的整治和环太湖的整治，充分挖掘和利用沿河、沿湖的历史遗存，修复惠山、荣巷、清名桥、小娄巷四大历史街区和荡口、严家桥等一批古镇、古村，凸显江南名镇（街）的文化底蕴。三是名居工程，利用好薛福成、钱钟书、顾毓琇等一批名人故居，积极启动陆定一、荣德生、阿炳、薛暮桥、孙冶芳等一批名人故居，修复小娄巷，建造无锡历史名人园，彰显无锡名人名居底蕴。四是名遗工程（即非物质文化遗产），对珍贵、濒危并具有历史价值的惠山泥人、宜兴紫砂、锡绣、竹编竹刻及吴歌、江南丝竹、锡剧等民族民间文化进行系统抢救和保护，积极开展惠山泥人、宜兴紫砂、锡剧等申报"人类口述和非物质遗产代表作"工作，修复日辉巷街坊，建立非物质文化遗产保护中心。在抓好"四名工程"的同时，要着力提升文化名城等级。今年，要建成省级历史文化名城，

再用 2 年左右时间，建成国家历史文化名城。要争取更多的文物保护单位跻身国保、省保行列。要重视世界文化遗产申报工作，提升无锡在国内外知名度。我国政府已决定，古运河将作为中国政府申报项目。无锡是古运河唯一穿城而过的城市，也是原生态保护最好的河段，是闻名中外的水弄堂，要力争将无锡作为古运河申报的重要城市。还要重视"太湖"申报，苏州已开始"太湖双遗产"申报的前期工程，无锡有太湖明珠之称，自然风光最美处在无锡，还拥有大量的人文历史遗存，要与苏州加强沟通，争取各方支持，力争捆绑申报，让文化无锡美名远播。

（2005 年 3 月 22 日）

无锡中国民族工商业博物馆

珍惜百年工业遗产　铸造工商名城之魂

工业遗产保护是一个全新的课题，在国际上具有广泛的影响，在我国正在引起各方面的高度重视。无锡作为百年工商名城，工业化进程已横跨三个世纪，工业遗产面广量大，近年来在工业遗产保护方面进行了积极的探索。

一　百年回首——工业遗产保护刻不容缓

无锡拥有7000年的文明史、3000多年的文字记载史，素有"鱼米之乡"和"江南名城"的美称。自泰伯奔吴建都梅里迄今，在历史发展的各个阶段，无锡都创造了灿烂夺目的文明成果。尤其是近代以来，在100多年的时间里，无锡这个原本并不具有重要地位和影响的小县城，一跃成为中国经济版图上占有重要位置的经济中心城市，根本的原因就是无锡抓住了历史赋予的难得机遇，率先开创了工业化的成功之路。

（一）近代民族工商业和乡镇企业的崛起，造就了无锡工业的百年辉煌

无锡是中国民族工商业和乡镇企业的发祥地。在中国近代工业化的初期，与国内其他城市"官督商办、官商合办"道路不同，无锡工商业一开始就以民族资本为主，走出了一条自主发展、内在发展的新路。自1895年杨氏兄弟创办业勤纱厂至20世纪上半叶，无锡迅速崛起了以杨、周、薛、荣、唐程、唐蔡等六大家族集团为龙头的民族工商业群体，形成了棉纺织业、缫丝业、粮食加工业等三大支柱产业，涌

本文为杨卫泽在中国工业遗产保护论坛上的演讲稿。

227

中国民族工商业巨子的发迹之地——严家桥村

　　严家桥村，位于锡山区羊尖镇，流金淌银的永兴河贯村而过，是无锡望族唐氏的发迹之地。此村水街、旱街和成片的江南传统民居，形成江南水乡传统的水陆并行、河街相邻的水乡空间格局。特别是享誉江南地区的唐仓厅是无锡地区最大的私人粮仓之一。

　　严家桥唐氏是明代著名文学家、常州人唐顺之（字荆川）的后裔。其中，唐保谦、唐骧廷、唐星海、唐君远、唐翔千、唐英年等四代人都为无锡乃至我国民族工商业的发展和经济繁荣作出很大贡献

现了面粉大王、棉纱大王、丝茧大王、电器大王、香烟大王、电池大王、桐油大王等一大批工商业巨子。到 1937 年，无锡已跻身中国六大工业都市行列（上海、天津、武汉、广州、青岛、无锡），其中，无锡的工厂及资本数居第五位；工业产值列上海、广州之后居第三位；职工人数仅次于上海居第二位，无锡由此获得了"小上海"的美誉。作为中国民族工商业发祥地的先发优势为无锡奠定了雄厚的工业基础，形成了创业创新的工商文化传统，培养了一大批企业管理人才和技术工人，使无锡在以后的发展中始终占有主动、先人一步，一直走在中国工业化和现代化建设的第一方阵。至 20 世纪 80 年代初，无锡乡镇企业的异军突起，开启了中国农村工业化的先河，创造了举世瞩目的"苏南模式"，无锡又一次以中国乡镇企业的发祥地而享誉海内外。

（二）无锡工业百年繁华，给我们留下了众多的工业遗产

近代民族工商业和乡镇企业的两次辉煌，使无锡成为中国工业发展历程中的代表城市之一。与国内同类城市相比，无锡的工业遗产具有三大特征。一是丰富性。我市工业遗产数量众多，门类广泛，主要集中于老城内的 6.6 公里的运河沿岸，并按区域形成了纺织、造船、农产品加工、机械修造等相对集中分布的特色，不仅保留了一大批老厂房、办公楼、仓库、码头等建筑文物和老式机器设备、办公生活用具等可移动文物，更为珍贵的是，一大批企业历史档案等纸质文物也保存得相当完整。迄今为止，无锡已有 30 多处近代民族工业遗产列入各级文物保护单位，申报第六批全国文物保护单位和省级文物保护单位的名单中，工业遗产的比重达到 43%。二是配套性。除了工业企业，无锡近代工商业家还投资兴办了一大批与近代工业相配套的行业协会、金融机构等商业设施和学校、图书馆等科教设施以及路桥等交通设施。目前，无锡商会、锡金钱丝两业公所、中国银行、纸业公所、公益中学、大公图书馆、梅园、城中公园、宝界桥等商业、文化、公益事业遗产均保存相当完好。三是延续性。无锡许多近代民族工业企业自开创至今，薪火相传，一直繁荣兴旺，成为闻名遐迩的百年老厂。如以荣氏家族申新三厂为基础的无锡国棉一厂、开源机器厂为基础的无锡机床厂，以唐氏家族庆丰纱厂为基础的庆丰集团，以及薛氏家族的代

云芝园位于无锡市崇安区长大弄，系近代著名工商业家杨味云宅园。该园建于 1926 年，2003 年由无锡市人民政府公布为无锡市文物保护单位

表性企业永泰丝厂等一大批老企业集团，它们不仅是见证无锡工业百年辉煌的"活"的历史遗产，而且现在依然是无锡相关产业发展的骨干支撑、国内一流的名牌企业。近代民族工商业家投资兴建的道路、桥梁、水利等公益性遗产，至今仍在发挥着积极的作用。

（三）保护工业遗产有着极为重大的历史价值和现实意义

保护历史遗产是为了更好地昭示当代、启示未来。我们感到，无锡开展工业遗产保护有着四个方面的积极作用和深远意义。

一是保存历史记忆。作为一个历史悠久的文明古国，一直以来，我们更多地重视农耕文明时代留下的文化遗产。工业文明虽然在世界范围内也只有三四百年的历史，在中国时间更短，但在人类文明的发展史上，工业文明创造的物质财富和对世界以及人类生活的影响，都远远超过之前几千年的总和。因此，我们应当像对待其他历史文物那样对待近代工业遗产。工业遗产是无锡百年繁华的历史见证，是那一时代先进生产力和先进文化的丰富积淀。一所老厂房，一部老机器，一本老账册，一张老商标，都诉说着发展的轨迹，记录着时代的沧桑，包含着经济、社会、产业和技术等方面的历史信息，凝聚着前人的思想理念和智慧创造，是启迪和教育后人的活的教科书，值得当代人保护和记忆。无锡面广量大的工业遗产，浓缩着农耕文明向工业文明转型跃升的发展历史，是 600 万无锡人弥足珍贵的集体记忆。我们理所当然要本着积极和尊重的态度，怀着崇敬和珍惜的心情，将它们作为文化遗产进行全面的保护和合理利用，让它们成为无锡工业文明永不消逝的佐证，成为一笔永远惠及子孙后代的宝贵财富。

二是传承创业精神。今天的工业遗产是近代工商业前辈艰苦创业、开拓创新的历史见证。无锡的民族工商业在"殖民资本"和"官僚资本"的夹缝中起步，依靠自我积累，历经坎坷曲折，造就了无锡人务实重工的价值观念，尚德诚信的经商理念，前瞻开放的创新精神，精明善变的经营谋略，做强做大的竞争意识和关注民生的宽阔襟怀，并由此推动了无锡教育、科技、文化、旅游、城市建设的全面发展，极大地提升了无锡的城市地位，深刻地改变了一个地区的社会风貌。20世纪 80 年代，无锡的乡镇企业家发扬"说尽千言万语、踏遍千山万水、吃尽千辛万苦、走进千家万户"的"四千四万"精神，抢抓改革开放机遇，勇创时代伟业，创造了无锡百年的第二次辉煌。这些都是先贤前辈留给后人永恒的精神财富。我们保护工业遗产，就是为了更好地传承和弘扬民族工商业家和乡镇企业家在创业实践中锐意进取的拼搏精神，敢为人先的胆略和气魄，敏锐灵活的创新意识，高瞻远瞩的人才战略和自觉厚重的社会责任感，在全社会鼓励创新，激励创造，支持创业，推动创优，为当前打造"活力无锡"和加快新一轮率先发展、科学发展、和谐发展注入强劲不竭的动力。

三是彰显城市特色。一个城市的特色和个性是城市竞争力的核心。无锡明确了"十一五"期间建设"五大中心"、打造"五大名城"的城市定位，这其中，开展工业遗产保护，是打造工商名城的重要内容。工业遗产展现了城市发展的年轮和脉络，完全可以成为无锡的人文商标和城市名片。在城市化大潮中，国内许多城市由于对自身遗产的忽视和放弃，造成了今天城市形态、城市面貌和城市文化的趋同化。无锡工业遗产资源的丰富性、多样性和独特性，是先贤前辈给我们的馈赠，绝不能被新时期的经济建设所淹没。我们完全可以在保证工业遗产的真实性和完整性的前提下，科学规划，合理开发，世代传承，持续利用。如果说100多年前老无锡星罗棋布的工厂造就了城市的工业文明；那么在今天，先辈们留下的工业遗产完全可以重新焕发青春，孕育无锡的新兴产业，美化无锡的城市面貌，优化无锡的投资环境，使现代与历史交融，时尚与陈迹映照，成为无锡新一轮城市建设发展独特的亮丽风景。

四是弘扬地方文化。近代民族工商业的崛起，在无锡创造了以开放精神、务实传统、创新意识、和谐理念为主要特征的富有浓郁地域特色的工商文化，这种文化表现出强大的生命力和创造力，是无锡传统文化中不可或缺的重要组成部分。文化是城市的灵魂，工业遗产不仅代表了往日的物质财富，它更是无锡工商文化的重要载体，其内在的精神活力超越了历史的时空，体现了现代的特征。无锡的工商文化传统经过几代人的心血浇灌发育，是我们今天发展和长远发展的基石。保护和利用好无锡的工业遗产资源，是我们不可推卸的责任和义务。

北仓门蚕丝仓库位于无锡市北仓门37号，在通运路与县前东路之间，建于1938年。2006年由江苏省人民政府公布为江苏省文物保护单位

我们在新时期弘扬"尚德、务实、和谐、奋进"的城市精神，继承和发扬无锡的工商文化传统是其中不可或缺的文化内涵；我们在新时期推进"文明无锡"建设、打造"文化名城"品牌，加强工业遗产保护是其中一项极为重要的工作。

（四）保护工业遗产既是当务之急，又是一项长期的艰巨任务

进入 21 世纪以来，全国范围内新一轮的经济快速发展给工业遗产保护带来良好机遇，同时也给我们带来了巨大的压力和挑战。工业遗产保护既是刻不容缓的当务之急，又是一项长期艰巨的重大任务。在工业遗产保护的实践中，无锡面临的压力和挑战主要有两个方面。

一是城市化浪潮的冲击。无锡自 2001 年区划调整以来，掀起了上一轮城市建设的热潮。经过五年的建设，到去年底无锡的城市化水平达到 67%，比五年前提高了 15 个百分点；市区建成区面积从 101.5 平方公里迅速扩大到 193 平方公里；市区竣工道路长度 493 公里，人均道路长度比 5 年前增长了 1.8 倍。大建设必然伴随着大拆迁，尤其是无锡的旧城改造，涉及大量的近代工业企业和遗址，这些工业遗产按照现代城市规划的眼光和标准来看，严重影响了旧城整体改造和区域功能配置。如何正确把握好城市建设和文物保护的相关度，找到一个科学合理的平衡点，一直是摆在我们面前的一道难题。

二是工业布局调整的压力。为加快产业结构升级，优化城市功能布局，去年无锡市委、市政府出台了调整市区工业布局的意见，计划用三年时间完成主城区快速内环 50 平方公里内三类企业"退城入园"的搬迁工作。其中，2006 年要完成 10～15 家企业的整体搬迁，2007年完成 35～40 家，至 2008 年累计完成搬迁 55 家重点企业。这 55 家企业中，包括了无锡第一、第三、第四棉纺织厂，协新集团，天元实业，庆丰股份，机床股份等一批百年老厂，工业遗产保护也是这次整体搬迁中遇到的难点问题之一。

针对上述形势，如何走出一条"在发展中保护，在保护中发展"的双赢之路，我们面临着巨大的压力和挑战甚至困惑，也进行了积极的探索和尝试。这是一个普遍性的问题，是国内许多城市都无法回避、必须直面的重大问题，目前还没有十分成熟的应对之策。我们殷切地

纸业公所旧址，2007年6月无锡市人民政府公布为无锡市第一批工业遗产保护名录

期望，在座的各位领导和专家能在这些方面给我们以指导和帮助，通过本次论坛，把我们的工业遗产保护管理水平提到一个新的高度。

在处理经济发展和文物保护关系上，毋庸讳言，我们也曾有过教训。1999年《中国文物报》报道了全国文物损毁的10个典型案例，无锡有孙氏章庆堂、许氏既翕堂、秦氏对照厅等3个单位名列其中，在全市引起了强烈震动。痛定思痛，也就是从那时开始，无锡的文物保护工作被放到了更加突出的位置上，《文物保护法》得到了更加有效地贯彻落实，工业遗产也开始正式纳入文物保护范围。经过几年的努力，无锡的工业遗产保护有了一定的基础，但还存在许多不足。目前我们在工业遗产"点"的保护上取得了一些成绩，但在历史风貌和环境原生态保护上还缺乏实质性进展，在工业遗产的成片保护上还有待进一步提高。这些方面，也期望各位领导和专家继续给我们以大力的指导、支持和帮助。

二 积极探索——工业遗产保护重在实践

中国的工业化由于起步较晚，工业遗产保护问题也是最近一段时间才引起关注的话题。可以说，保护工业遗产在国内没有成熟的办法可用，没有现成的道路可走，一切都要依靠实践的探索。无锡市委、市政府认为，工业遗产是工业化早期的开拓者创造并以留给我们的历史财富，如果这些历史财富在我们手里流失或遭到破坏，就是对历史的犯罪，就是对未来的失职。从传承历史文脉、彰显城市特色的角度看，保护工业遗产是一件事关全局的大事；从后工业化时代悄然来临、城市新陈代谢加速的角度看，保护工业遗产是一件刻不容缓的急事；从保存历史记忆、启示子孙后代的角度看，保护工业遗产又是一件功德无量的善事。无论从哪个角度看，做好这样一件大事、急事和善事，地方党委、政府始终坚持对历史负责、对人民负责、对城市负责、对未来负责的态度，借鉴世界上保护工业遗产的成功先例，以及国内保护其他历史遗产的成功经验，结合地方经济社会发展的现实需要，在实践中积极探索具有无锡特色的保护工业遗产的思路和办法，归纳起来主要有这样几个方面：

（一）划定范畴，初步界定什么是工业遗产

保护工业遗产，首先要搞清楚什么是工业遗产，哪些东西属于工业遗产的范畴。由于国内没有形成关于工业遗产概念的定论，我们只能边学习边实践、边实践边探索。工商文化是无锡的一大特色，在全国也是比较少见的。从彰显城市的个性特色出发，无锡市委、市政府一直都比较注重保护与工商文化有关的文物。国家文物局提出保护工业遗产的课题以后，我们根据实践的需要，对什么是工业遗产进行了初步的界定。首先，工业遗产必须具有一定的历史代表性。无锡在工业遗产保护的探索实践中主要考虑了这一点，把无锡作为中国民族工商业和乡镇企业发源地的见证物纳入工业遗产保护的范畴。第二，工业遗产涵盖与工业相关的其他行业。我们在实践中感到，如果把工业遗产仅仅界定为直接参与工业生产的机器和厂房等，范围太狭窄，很难全面地反映出早期工业化的历史面貌。我们认为，早期的工商业是紧密联系的，因此工业遗产不能仅仅理解为直接参与工业生产的机器和厂房等，还应当包括与工业生产有联系的交通运输、通讯电力、商贸流通、金融服务等方面的历史遗物，以及依附于工业的行业会馆、学校、医院、仓库、码头等历史遗物。第三，工业遗产应该包括物质文化遗产和非物质文化遗产。这一点参照了世界文化遗产的通用做法，工业遗产作为世界文化遗产的一个分支，也应当包括物质文化遗产和非物质文化遗产。在实践中，我们把相关的机器、工具、档案等可移动文物，以及具有价值的厂房等固定文物，界定为物质文化遗产；把生产工艺流程、传统工艺技能、原料配方等，以及与上述内容相关的文化形态，界定为非物质文化遗产。第四，工业遗产必须具有一定的时间界定。所谓遗产，一定是已经退出历史舞台或原有功能已经发生改变的历史财产。我们在实践中主要根据工业结构升级换代的周期来把握工业遗产的时间划分，以中国近代工业化起步阶段即清末民初为上限，以20世纪80年代为下限，把早期乡镇企业的历史遗物作为工业遗产的最新部分。以上对工业遗产的界定，是我们从实践的角度出发，只是一个初步、粗浅的认识，希望这次论坛能够形成更加成熟的结论，以便对我们保护工业遗产的实际工作形成更加有力的理论指导。

永泰丝厂旧址位于南长街364号，2006年公布为江苏省文物保护单位

（二）全面普查，加快摸清无锡工业遗产的家底

早在 2000 年，我市就启动了对全市文物的普查，把民族工商业遗存作为重点加以调查和梳理，形成了图籍，并提出了控制性保护的意见。随着无锡工业布局结构调整步伐的加快，大量工业企业在"退城入园"的过程中都有可能面临着工业遗产的去留问题。为更好地保护工业遗产，推动无锡工商名城和文化名城建设，今年我市专门发出通知，要求在全市范围内开展工业遗产普查工作。普查的重点内容分两块，一是建国前民族工商业发展的见证物，二是建国后乡镇企业萌芽、起步和大发展阶段的见证物。普查的办法坚持条块结合、全民动员。由市规划局、文化局牵头，会同各区进行民族工商业及建国初期工业遗存的普查；市规划局、乡镇企业局牵头，会同江阴、宜兴和各区进行乡镇企业遗存的普查；市文化局、经贸委牵头，会同各资产经营公司进行机器设备、工具等文物的普查；市档案局牵头，组织全市档案部门进行纸质文物的普查；市文化局牵头会同新闻媒体，开辟专题进行讨论，发动市民积极参与工业遗产普查。

（三）规划先行，着力形成工业遗产保护的制度依托

在摸清家底的基础上，对工业遗产依法登记、建档，分类制定文物保护规划。我们让市规划局牵头重大工业遗产的普查工作，就是考虑到要结合城市规划加强工业遗产的保护。我们目前正在编制《无锡工业遗产保护专项规划》，作为城市控制性详规的重要组成部分，划定工业遗产的保护范围和建设控制地带，实行前置审批，各地在工业布局调整、农村"三集中"建设中，必须以不破坏工业历史文化遗存为前提。着手制订《无锡市工业遗产保护办法》，使工业遗产保护要着眼于突出无锡工商文化的底蕴，合理控制工业遗产保护范围内的建筑层高、色彩和风貌，使工业遗产建筑与城市整体风貌有机融合。加快出台《建设文化名城行动纲要》，把工业遗产保护列入我市"十一五"文化遗产保护的重点工程，把保护任务分解落实到各市（县）区、乡镇街道和相关部门。

（四）功能置换，促进工业遗产焕发第二春

随着时代的变迁，工业遗产原有的功能虽然已经退出了历史舞台，但工业遗产所具备的独特的历史气息和文化内涵，仍然具有较大的开发利用价值。而且，工业遗产距离今天的时间相对较近，利用起来也相对比较方便。为此，我们明确了抢救保护与开发利用相结合的原则，因地制宜挖掘工业遗产的现实价值，大力促进工业遗产焕发第二春。一是改建为专业博物馆等。典型的案例是利用茂新面粉厂建立"中国民族工商业博物馆"。1901 年，荣宗敬、荣德生兄弟集资创建了茂新面粉厂，1937 年遭日机炸毁，1946 年重建，由当时著名的上海华盖建筑师事务所设计，充分体现了面粉加工专业化生产的特点，至今保存完好。20 世纪末，当茂新面粉厂完成其最后的历史使命后，无锡市政府出资近亿元对该厂资产进行置换并修缮，对厂址进行必要的保护，用作建立"中国民族工商业博物馆"，现为江苏省文物保护单位。二是改建为主题文化公园。我市城投公司正在建设的芙蓉湖公园，占地面积 13 公顷，是一个以米市文化为主题的综合性城市开放公园。在历史上，无锡作为全国四大米市之一，推动了粮食储存加工业的发展。据统计，新中国成立前全市有碾米厂 45 家、面粉厂 19 家、油厂 24 家、粮食堆栈 32 家、粮行 230 多家，其中大部分粮食储存和加工企业都集中在今芙蓉湖公园地块附近，该地块内现保留有民国时期储业公所旧址以及建国后创立的无锡市第一米厂、粮食二库、粮食七库部分建筑。对于芙蓉湖公园的建设，我们要求工程单位在保护的前提下注入新的内涵，保留有特点的工业构筑物，经过艺术处理，成为公园的景观小品，筛选部分质量较好的厂房仓库，修整以后，将其功能置换为公园辅助设施和餐饮娱乐设施，同时增加绿化，完善亮化，形成无锡米市露天博物馆。三是改建为社区历史陈列馆。这一类功能置换主要与房地产开发结合进行。例如浙江中大房地产有限公司在无锡开发建设颐和湾小区时，涉及民国期间"中国银行无锡分行"、"锡金钱丝两业公所"两座工业遗产建筑。经市文保部门协调，公司出资 3000 万元对两座建筑及周边环境进行保护性修复，建成开放的社区历史陈列馆，展示小区地块的历史。此举赢得了消费者的热烈欢迎，小区的房价比预计高出 1/3，且很快销售一空。四是改建为文化艺术创意中心等。如民国时期中国蚕丝公司无锡蚕丝仓库建筑被无锡的艺术家群体看重，他们依托这里的历史气息创办了"北仓门艺术生活中心"。五是原生态保护。即完整地保留、修复，再现工业遗存的厂房建筑、生产工具、生产工艺、办公用品等，让人仿佛置身于当年的生产场面。我市目前正着手利用无锡市长盛工具有限公司的工业遗存建立手工业保护基地。新中国成立初期，无锡城内外遍布个体铁匠铺，1954年合作化期间成立无锡市团结铁业匠作工具生产合作小组，经1955年、1958年两次合并，成立国营无锡工具厂，1961年无锡工具厂一分为四，其本部改名匠作工具厂，其生产车间一直延续至今。2003年匠作工具厂改制为长盛工具有限公司。该公司目前完好地保存着50年代的部分厂房、生产工具、办公用品和生产工艺，并可完全再现当年的生产流程。这些遗存不仅是一家企业发展历程的缩影，更是新中国成立以来经济体制演变的缩影，具有极高的文保价值。我们计划对这些遗存进行原生态保护，用当年的生产工艺开发旅游纪念品。

（五）突出重点，积极实施工业遗产保护五大工程

根据无锡工业遗产的地位和特点，我们确立了保护工业遗产的基本方针，即"护其貌、显其颜、铸其魂、扬其韵"。重点是实施五大工程。一是构筑一条具有地域特色的工业遗产人文景观带，使古运河两岸数十家各类工商企业得到全面保护和利用。无锡城区工业遗产，大都相对集中呈块状分布，而且各行业相对集中呈块状分布，北起吴桥、三里桥，主要是面粉、粮油加工业、金融业，南尖是仓库、堆栈，西水墩、迎龙桥一带是面粉、纺织，东门亭子桥一带是缫丝业，南至南长街、清名桥一带则又是缫丝业，而且工厂建筑大都是民国时期风格，具有江南水乡特色，且和周围民居环境融合一体，建设工业遗产景观带的潜力和可行性都很大。二是建设中国民族工商业、乡镇企业两大发源地专题博物馆。中国民族工商业博物馆历经两年的筹备、修缮，将于年内建成开放。中国乡镇企业博物馆年内动工，2007年建成开放。三是选择三大历史厂区，进行以产业结构调整为重点的功能置换，创办艺术设计园、工业设计园和文化产业园。四是利用工业遗存，建设无锡历史上享有盛誉的四大支柱行业博物馆，即米市博物馆、纺织博物馆、丝绸博物馆和

钱业博物馆。五是在江阴、宜兴、锡山、滨湖区等 5 个市（县）区，分别选择一两家历史较长、影响较大，遗存保护较好的乡镇企业，实施工业企业的整体保护。

（六）各方动员，充分调动全社会参与工业遗产保护的积极性

工业遗产保护是一项公益性事业，政府必须承担主要的责任。但在市场经济条件下，政府包揽一切、一家担当的做法是很难持久的；而且无锡的工业遗产数量众多，分布面广，政府也没有能力照单全收。在实践中，我市坚持以政府为主，积极探索全社会参与工业遗产保护的新路子，取得了一定的成效。

一是大胆吸引民间资本对工业遗产实施功能改造。北仓门生活艺术中心的创办就是一个成功的案例。民国期间的中国蚕丝公司无锡蚕茧仓库建筑建于 1938 年，是无锡地区典型的民国式建筑。2004 年，无锡市动员全社会保护历史文化遗产、创建历史文化名城，为保护该处工业遗产，我市还专门调整了相关道路规划。此时由海外归来的郑氏兄妹慧眼识宝，凭着他们对历史文化的独特理解，以及国际上对工业遗产保护的通行理念，将原来的仓库改造成了一个极具创意和品位的"北仓门生活艺术中心"。在维修和利用北仓门蚕茧仓库的过程中，郑氏兄妹充分听取了专家的意见，严格执行了"不改变文物原状"的基本原则，最大限度地保留和保护原建筑的原始性。对建筑本体的整修，除确保建筑安全外，不做任何附加工程，以确保和原有风貌保持一致，并且利用最先进的修复技术对建筑所有表面进行保护性处理。蚕茧仓库的保护和再利用，最终是一个多赢的格局，工业遗产得到了保护，政府节约了一定的资金，投资者开发了一个成功的项目，市民看到了国际化的文化艺术展示。

二是纳入工程建设支出范围。无锡工业遗产众多，相当一部分没有列入文保单位名录。为达到控制性保护的目的，我市依法规定，凡涉及地块拍卖、旧建筑拆迁的工程，均须文物主管部门前置审核。如发现涉及有保护价值的工业遗产的，由文保部门与工程建设单位协商保护方案，文保部门提出保护要求，工程建设单位出资修缮，政府在相邻地块上给予一定的优惠政策。由于工业遗产具有一定的社会品牌

效应，工程建设单位通常也会作为自己的精品亮点来打造，实现双赢。通过这种方式，我市及时抢救保了无锡县商会旧址、中国丝绸公司无锡仓库、沈瑞洲故居、锡金钱丝两业公所、纸业公会、储业公所、粮食会所等一大批工业遗产，其中无锡县商会旧址修复工程荣获江苏省优秀工程特级贡献奖。

三是产权拥有者或是用人保护。坚持"谁使用、谁保护"的原则，充分调动机关团体、部队和企事业单位保护工业遗产的积极性。我市的梅园、荣氏别墅建筑群、荣德生故居、大公图书馆等分别由园林局、太湖饭店、解放军驻锡 13 分部等部门和单位维护，保护完好；申新三厂的细纱车间大楼（1919 年）、办公楼（1947 年），庆丰纱厂的纺织车间大楼、仓库等建筑（1931 年），丽新纺织厂的细纱车间大楼、老厂门、办公楼等建筑（1922 年），振新纱厂的锅炉房、仓库、办公楼等建筑，惠元面粉厂的制粉大楼、仓库、办公楼等建筑，永泰丝厂的茧库、厂房、办公楼等建筑，分别由所在企业保护，至今完好。

四是广泛开展社会征集活动。随着企业技术改造和设备更新，一批工业设备必然要退出历史舞台。为保护百年老厂的老设备，我市从 90 年代开始先后三次发布《征集保护近代工商业、乡镇企业文物的通知》，组织专业人员，设立专项征集经费，启动百年工商文物的征集保护工作，先后开展数十次普查征集活动，共征集收藏近代工业文物五千余件。其中申新三厂捐献的两台英制纺织机（1921 年、1922 年），被国家文物局审定为一级文物藏品。

五是重视保护文献资料。百年老厂的档案资料，记载了企业的兴衰沉浮，反映了时代的沧桑巨变，是工业遗产的重要组成部分。我市采取有效措施，双管齐下，力求完整保护百年老厂的厂史档案。对有条件的企业，帮助设立厂史档案室，制定等级备案制度，妥善保护厂史资料；对易地迁移的企业，厂史档案移交市文物档案部门收藏研究，专门立项建立了无锡工商档案馆。

工业革命改变世界、工业遗产启示未来，保护工业遗产是一件泽被子孙、功德无量的伟大工程，是全社会的共同责任。让我们携起手来，为保留我们的历史记忆、为保护我们的历史文化、为保存我们的历史财富而共同努力。

（2006 年 4 月 18 日）

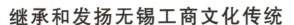

继承和发扬无锡工商文化传统

今天，我们在这里集会，隆重纪念荣德生先生诞辰一百三十周年暨锡金商会成立百年。

荣德生先生是我国近代著名爱国实业家，民族工业的先驱。他一生坚持实业救国、教育兴业的思想，秉承振兴中华、造福桑梓的理念，先后在无锡、上海、武汉、济南等地创办众多企业和学校，与其兄一起被誉为中国的"面粉大王"、"棉纱大王"，为发展我国民族工业作出了重要贡献。新中国成立前，荣德生先生历任江苏省参议员和北洋政府国会议员、国民政府工商部参议、中央银行理事、全国经济委员会委员等职。新中国成立后，曾任全国政协委员、华东军政委员会委员、苏南行政公署副主任、全国工商联筹备委员会委员，在海内外享有较高的威望和广泛的影响。毛泽东同志对荣家有过很高的评价，称"荣家是中国民族资本家的首户，中国在世界上真正称得上是财团的，就只有他们一家。"1986年邓小平同志在会见荣氏亲属观光团部分成员和内地荣氏亲属时说，"从历史上讲，荣家在发展我国民族工业上是有功的，对中华民族作出了贡献"。彭真同志指出，"荣氏家族对于发展我国民族工业的贡献，历史将会大书特书的"。

伴随着民族工业的兴起，1905年，无锡成立了最早的商会——锡金商会。1912年，因金匮县撤销，并入无锡县，遂改称为无锡县商会，直至1953年无锡市工商联成立。无锡商会成立以来，以振兴民族经济为己任，在维护和争取工商企业的权益，抵御外国经济侵略，促进地方经济社会发展中，发挥了积极作用。抗美援朝期间，无锡商

本文为杨卫泽在荣德生诞辰一百三十周年暨锡金商会成立百年纪念大会上的讲话稿。

　　无锡县商会旧址位于无锡火车站前商贸区，原名锡金
商会，成立于1905年。现存两幢建于1915年的西式楼房，
占地约1600平方米。2002年由江苏省人民政府公布为江苏
省文物保护单位

会发动企业家积极捐款捐物，仅飞机就捐献了 27.5 架，充分体现了无锡商会和企业家的拳拳爱国之心。

　　无锡作为中国民族工业的发祥地之一，不仅涌现出像荣德生先生这样的杰出工商业者，而且孕育形成了具有鲜明地方特色的工商文化。这是极其宝贵的精神财富和文化资源。我们纪念荣德生先生诞辰一百三十周年和锡金商会成立百年，不仅是要表达我们对荣德生先生的无限崇敬之情，更重要的是要激励全市人民，特别是民营经济人士，继承和发扬荣德生先生的精神和无锡工商文化传统，以先辈为榜样，抓住机遇，奋发图强，锐意进取，努力构建尚德务实、和谐奋进新无锡，为建设"两个率先"先导区示范区作出更大的贡献。

　　纪念和学习荣德生先生，就是要大力弘扬忧国忧民的爱国主义精神。忧国忧民是一种责任意识和博大情怀，荣德生先生是一名忠诚的爱国主义者。他成长的年代，正是朝政腐败、外敌入侵、国难当头、民不聊生的时期，严酷的社会现实激发了他强烈的爱国热情。他主张"多立工厂"，以"杜侵略"、"抵外货"、"塞漏卮"。他认为，"中国要富强，非急速变成一个工业化国家不可"。1901 年，他与其兄长荣宗敬先生抱着"不忍坐视国家经济沦溺绝境，应尽吾一分忠实之心，作一分忠实之事业"的志气，在无锡创办了保兴（后改称茂新）面粉厂，其后，又陆续创办了福新面粉厂，振新、申新纱厂等企业。至1932 年，荣氏兄弟已拥有面粉厂 12 家、纱厂 9 家，成为当时国内资本最大的实业家之一，走出了一条发展民族工业的成功之路。荣德生先生不仅毕生致力于实业救国的事业，而且在国家和民族处于危难之时，不惜牺牲个人和家族的利益，表现出一个爱国者的高尚民族气节。1937 年，日本帝国主义占领无锡，多次胁迫荣德生先生同他们合作，但遭到荣先生严词拒绝。他说："我是中国人，绝不把中国的产业卖给外国人。"为支援抗日战争，荣德生以"乐农氏"的名义，在一个月内捐助面粉 5 万包。他还把申新三厂装运棉花的船只交给荣永记轮船公司，到上海接运难民回无锡，运费全部由他承担。荣氏名下的公益铁工厂则停止生产纺织、面粉机器，专门制造地雷、手榴弹等武器，供部队作战使用。新中国成立前夕，国民党政府要他到国外

无锡商会旧址建筑局部

去，他坚定地表示要留在国内。有人要把厂迁到台湾，也被他坚决制止。为了安定人心，他还乘坐人力包车，在无锡闹市穿行一圈，表明他信守诺言、留在家乡的决心。荣德生的行动，产生了重要影响，得到了我们党的充分肯定。当时担任中共华中工委领导的陈丕显说他"已和我们共产党人交上了朋友，我们希望我们的朋友能永远交下去"。

爱国主义是中华民族的优秀传统和精神支柱，它不仅是一种理想信念，更是内化的行动规范和价值准则，是对国家和人民生命关怀的忧患意识，是面临危难困境不屈服、不畏难，积极进取的责任意识；是居安思危、处兴思亡的辩证理性精神。今天我们所处的时代，虽然与荣德生先生所处的时代有很大的不同，但是，他的爱国思想和精神仍然值得我们学习并进一步发扬光大。新的时代赋予爱国主义新的内涵和新的要求。在全面建设小康社会的伟大历史进程中，始终坚持党的领导不动摇，始终坚持走社会主义道路不动摇，始终坚持发展不动摇，始终坚持维护国家的最高利益和民族的整体利益不动摇，是新时期爱国主义的根本要求和集中体现。我们要以"国家兴旺、匹夫有责"的积极态度，紧紧抓住21世纪头20年这一重要的战略机遇期，聚精会神搞建设，一心一意谋发展，为中华民族的伟大复兴，为无锡率先全面建成小康社会而努力奋斗。

纪念和学习荣德生先生，就是要大力弘扬坚韧不拔的创业精神。荣德生先生是艰苦创业的模范。他把"立上等愿、结中等缘、享下等福"作为自己的座右铭，一生节俭自奉，生活俭朴，虽家有万贯，仍布衣布鞋，粗茶淡饭，早出晚归，兢兢业业。为扩大企业规模，他极力主张把企业的盈余大都用于投资，而不是用作个人消费，他们把这一做法形象地喻作"把肉烂在锅里"。在经营企业过程中，不管遇到什么困难，也不管遭受多大的挫折和失败，他都从不退缩，从不言弃，以坚韧不拔、不屈不挠的精神，将危机一一平息。荣德生先生创办荣氏第一家企业保兴面粉厂时，只有区区6000元资金，工厂投产后，由于种种原因，销路不畅，获利甚微，大股东于是抽走股金。但他并未因此气馁，坚持把企业办下去，并抓住日俄战争之机，使企业

生产规模不断扩大，成为当时全国著名的机制面粉厂之一。20 世纪 20 年代末 30 年代初，荣氏兄弟遭遇了创业以来最严重的经营危机。由于世界性经济危机的影响和日本帝国主义的侵略，荣氏企业连年亏损，债台高筑，他们迎难而上，积极应对，终使濒临破产的企业起死回生。荣德生先生说："有此成就，殊出意外，深愧既非实学，又无财力，事业但凭诚心，稳步前进。虽屡遭困厄艰难，均想尽方法应付，终告化险为夷。"更有同代人指出：荣氏兄弟"成功的基点完全建筑在雄健的魄力和百折不回的精神上"。他们"气度卓绝一时，又富有冒险性质"；"涉务则勤于恭亲，而好问必察，遇事有真知灼见之益。往日既卓苦而明习，后虽总缩各厂，席不暇暖，而仍不改其常度"。

"艰难困苦，玉汝于成。""历览前贤国与家，成由勤俭败由奢。"艰苦创业，是各项事业取得成功的关键和长盛不衰的根本保证。无锡在过去的发展中，之所以能成为民族工商业的发祥地、乡镇企业的发源地，之所以能使经济社会的发展始终走在全省、全国前列，都是始终坚持艰苦创业的结果，都是"四千四万"精神的结晶。当前，世界经济全球化、一体化进程进一步加快，我们既面临难得的发展机遇，也面临更加严峻的挑战。在日趋激烈的竞争面前，我们只有大力弘扬艰苦创业精神，常怀进取之心，常葆创业之志，永不满足，永不懈怠，百折不挠，顽强拼搏，自强不息，埋头苦干，才能战胜前进道路上的各种艰难险阻，才能不断取得新的更大的成就，继续保持无锡在全省和全国的领先地位。

纪念和学习荣德生先生，就是要大力弘扬诚实守信的务实精神。荣德生先生是诚实守信的楷模。荣氏兄弟从两手空空的钱庄学徒起步，经过短短数十年时间，一跃而成为中国实业界首屈一指的巨头，创造了中国民族工业发展的奇迹。他们的成功，因素很多，其中很重要的一点是坚持诚实守信的经营之道，他为人谦和诚实，办事脚踏实地，反对投机经营。荣德生先生曾经说过："古之圣贤，其言行不外《大学》之明德，《中庸》之明诚，正心修身，终至国治而天下平。吾辈办事业亦犹是也，必先正心诚意，实事求是，庶几有成。""经

无锡申新纺织三厂旧址。2008年由无锡市人民政府公布为第二批工业遗产保护名录

营事业，信用第一。"他把"戒欺"作为自己的座右铭，把创优质名牌产品、提高产品质量、赢得客户和消费者的信任，树立良好的企业形象和企业信誉作为企业经营的基点。他们创立的"兵船"牌面粉、"人钟"牌棉纱，都是著名的国货品牌，在国内外都一直畅销不衰，享有盛誉。当实业界以"大实业家"对待他时，他"谦隐如前，毫不自夸，勤俭不改，事事亲手为之"。

"民无信不立。""人而无信、不知其可。"诚实守信是人类社会一切道德的基础和根本，是中华民族的传统美德，是做人成事及经济生活中的一个基本道德规范。我们正在大力发展社会主义市场经济，市场经济本身就是一种信用经济。如果破坏了信用关系，就会动摇市场经济的基础，带来经济和社会秩序的混乱。因此，市场经济越发达，就越要诚实守信。我们要以荣德生先生为榜样，把诚实守信作为做人、做企业的安身立命之本，讲信用、守信誉、重信义，以信立业，依法经营。要坚持公平竞争，以质取胜，童叟无欺，反对弄虚作假、坑蒙欺诈、假冒伪劣，要靠好的产品质量、合理的价格和优良的服务，靠好的品牌、靠信誉赢得消费者的信任和市场的最大化，争取不断把企业做大做强。

纪念和学习荣德生先生，就是要大力弘扬勇于进取的创新精神。中国近代工业化过程，是摧毁封建生产力桎梏的过程，也是不断引进西方先进技术设备的开放过程。荣德生先生是开拓创新的典范。他以敢为人先的胆略和勇气，积极引进国外的先进机器设备和生产技术，并根据国内的实际情况，不断加强技术改造，确保了企业在设备和技术上始终保持领先优势，也确保了荣氏企业在激烈的市场竞争中始终立于不败之地。与此同时，他还积极借鉴欧美国家先进的管理制度和管理方式，对企业管理体制进行改革。在主持申新三厂时，他大胆废除了"工头制"，改而采用当时最为先进的"泰罗制"，由此引发了无锡近代企业管理的一场革命，使企业得到了更快更好的发展。荣德生先生从不满足于已取得的成就，抗战期间，他先后在重庆、成都、宝鸡、天水等地建立新厂，不仅促进了内地工业的发展，也为荣氏企业战后恢复积累了资金。抗战胜利后，他不顾年事已高，立即着手实

施"天元计划"，不仅创办了天元麻毛棉纺织厂和开源机器厂，还重建了茂新一厂，修复了申新三厂等。

创新是一个民族的灵魂，没有创新就没有发展动力，更谈不上发展的潜力。荣氏企业之所以能在帝国主义、封建主义和官僚资本主义的压迫之下不断发展壮大，正如荣德生先生所说："非特有充实之资本，乃有充实之精神，精神为立业之本。"随着经济全球化进程的日益加快，信息网络技术的不断发展，经济社会环境正发生着深刻的变化。如果墨守成规、因循守旧、安于现状、不思进取，不仅难以取得新的发展，已取得的成绩也会丧失殆尽。当前，全市上下正在大力推进"创业、创新、创优"教育实践活动，这是新形势下加快无锡"两个率先"进程、实现跨越发展的重要举措。我们要以此为契机，大力弘扬"四千四万"和"四尊四创"精神，强化开拓创新、争先进位意识，并使之成为全市人民的自觉行动。要进一步解放思想，与时俱进，加快创新步伐，用新思维研究新情况，用新体制解决新问题，用新技术推动新发展，用新产品开拓新市场，用新举措开创新局面，在创新中不断提升城市和企业的综合竞争力。

纪念和学习荣德生先生，就是要大力弘扬关爱社会的奉献精神。乐于奉献是责任意识、人文意识得以生发的源头，是以自我价值实现和群体关怀的博大情怀。荣德生先生曾把自己一生的事业和责任归结为两项：一是创办工厂企业，发展民族工业，谋求国家富强；二是致力公益事业，改善社会环境，谋求民众福利。用荣德生先生的话来讲："各厂之陆续添设，既无大资本，更未尝依赖别人，完全与众同心合力，靠思想勤劳耐苦，一味专心事业，为社会造福。一切待遇，与同事工人共甘苦"。荣德生先生一生求的是"再谋企业之发展"，同时要"为社会造福"。号取乐农，足见其忧世悯民的博大情怀。荣德生先生一生所做的公益事业不胜枚举，仅在无锡一地，就与兄长一起先后兴办9所小学、1所中等职业学校、1所普通中学、1所四年制本科大学和一个藏书近20万卷的图书馆；建造了大公桥、宝善桥、宝界桥、蠡桥、鸿桥等57座桥梁，修筑了40多公里道路，其中包括现在的交通干道梁溪路。他还与人合资开办了开原公共汽车公司，开

荣巷近代建筑群砖雕门楼

247

通了无锡历史上第一条公交线路；捐款资助疏浚梁溪河，兴修太湖水利工程；建造了梅园等景区，并向公众开放，供人游览。荣德生先生笃行"和合与世，仁者爱人"。用他的话讲"人有误错，如小出入，每多原谅，处处以放开心胸，放大眼界，俾底于成"。

扶危济困、乐善好施，是中华民族的传统美德，是人生的最高境界。全市广大非公有制经济人士要以荣德生先生为榜样，不断增强社会责任感，坚持把自身企业的发展与国家的发展结合起来，坚持把个人富裕与全体人民的共同富裕结合起来，坚持把遵循市场法则与发扬社会主义道德结合起来，树立正确的人生观、价值观、义利观，致富不忘国家，不忘群众，通过各种形式和渠道，积极回报社会，服务社会，为实现共同富裕、建设和谐宜人新无锡作出积极的贡献。

"乘风破浪会有时，直挂云帆济沧海"。值此隆重纪念荣德生先生诞辰一百三十周年暨锡金商会成立百年之际，我们真诚地希望全市工商界人士、广大的民营企业家，能够继承先辈的传统，争取更大的光荣，始终不渝地立志、立业、立德。立志，就是要常怀爱国之心，常存报国之志，以振兴中华为己任，坚决破除小富即安、小进即满、恋家守土等思想，志存高远，立志做大事、创大业，为无锡争创全省"两个率先"先导区示范区作出更大的贡献。立业，就是要坚持以发展为第一要务，坚持走新型工业化道路，坚持创业、创新、创造、创优，坚持科学发展观和不断追求科技进步，努力把企业做大做强，提高核心竞争力。立德，就是要致富思源，坚持以人为本，关爱员工；坚持依法经营，诚实守信；坚持热心公益，回报社会，积极参与光彩事业；坚持养德修身，严于律己，充分展示新一代无锡工商企业家的崭新风貌和良好形象。

全市各级工商联组织要进一步增强政治责任感和使命感，坚持把发展作为第一要务，紧紧围绕市委、市政府的中心工作，履行职能，发挥优势，认真做好非公有制经济人士的团结、帮助、教育工作，积极引导他们爱国、敬业、诚信、守法，树立和落实科学的发展观，自觉为无锡的发展贡献智慧和力量。

"沧海横流，方显英雄本色"。让我们以荣德生先生诞辰一百三十周年暨锡金商会成立百年纪念活动为新的起点，朝着全面建设小康社会、着力构建和谐社会的宏伟目标，和衷共济，群策群力，为建设更加富裕、文明、和谐宜人的新无锡而努力奋斗！

（2006 年 4 月 26 日）

荣巷近代建筑群局部造型与楼窗装饰

传承千年文明 建设先进文化

　　站在"十一五"开局之年回眸，过去 5 年，是我市文明创建和文化建设大发展、大丰收的 5 年，是全市上下对文明和文化建设认识大统一、大提高的 5 年，也是文明和文化战线同志们立大志、成大业的五年。过去五年我市文化工作取得的成绩，为无锡发展提供了精神动力、思想保证、舆论支持和文化条件。

一 深化文化认识

　　首先，对文化的理解深度，决定了文化发展的高度和层次。文化是人类社会历史发展过程中所创造的物质、精神财富的总和，是推动人类社会文明发展的强大动力。我们每个人都有各自对于文化的不同认识，但是从无锡当前所处发展阶段来看，我想我们应该用辩证的、历史的、现实的视野重新审视文化，进一步统一对文化发展重要性的认识。从辩证的角度思考，文化作为"软实力"，是城市竞争力不可替代的重要组成部分。在经济社会发展进程中，过去我们对物质资源的重视和开发远远超过对人文资源的重视和开发，更多地注重城市"硬实力"的打造。但是从长远发展的角度看，我们要辩证地认识"硬实力"与"软实力"的关系。一个城市是否具有持久吸引力、是否具有核心竞争力，最终要看它的文化资源、文化氛围、文化发展水平。在知识经济时代，城市的发展，关键在人，而人的思想素质、知识水平和创新能力，取决于城市文化的教育和熏陶。从一定意义上讲，未来的城市发展就是以文化论输赢，没有深厚文化底蕴和先进文

本文为杨卫泽在"建设文明无锡、打造文化名城"工作会议上的讲话稿。

化的引领，城市必然会因为缺乏"软实力"在竞争中落后、掉队，而发达的城市文化和较高的市民素质最终必将转化为巨大的创新能力和现实的城市竞争力。从历史的角度观察，无锡3000多年发展历程中取得的每一次辉煌，其背后最根本的动力就是文化因素。文化作为人类的生存方式及其知识与意义系统，是伴随整个社会的变迁而发展的。无锡在没有"锡"的条件下，创造了灿烂的农耕文明，靠的就是筚路蓝缕、开拓创业、自强奋斗的吴文化的深厚底蕴；无锡近代在缺少官办资本投入的条件下，创造了近代民族工商业的辉煌，靠的就是务实重工、尚德诚信的工商文化精神；改革开放以来无锡在缺少政策支持的条件下，创造了"苏南模式"的辉煌，靠的就是"四千四万"的文化精神。重视文化，铸造文化，发展文化，依靠文化，这是无锡异军突起、从一个名不见经传的小县城发展成为国内经济版图中占据重要地位城市的基本经验。从现实的角度认识，无锡开启"十一五"发展新的征程，必须依靠人文精神所蕴含的价值导向。文化是一种"人化"与"化人"相统一的现象，实质是从文化方面关注人的问题。对于社会变革和发展，文化具有预见、论证、宣传、选择、导向、教育、整合、维系、鉴戒、涵化和完善等功能。"十一五"期间无锡要实现"两个确保"的奋斗目标，探索经济社会新的发展模式，必须坚持发展依靠人、发展为了人，如果缺少了文明和文化的作用，以人为本、科学发展只能是一句空话。只有全面提升全体无锡人的文化意识、文明素质、创新思想和法治观念，才能激发全社会的创造活力，才能为新一轮发展提供强大的精神动力和智力支持。可以这么说，衡量无锡实现现代化的终极标准，不仅仅看一些硬性指标是否达标，根本的要看人的全面发展能不能达到现代文明的水准。因此，建设文明无锡、打造文化名城，是落实科学发展观和建设和谐社会的重要内容，事关全局，意义重大。

其次，对文化的思考维度，决定了文化发展的广度和方向。当前，建设文明无锡、打造文化名城，正面临着难得的重大机遇，这个重大机遇，可以从"点"、"线"、"面"三个维度进行思考和把握。从"点"上理解，文化正在成为新的经济增长点。"十一五"期间，无锡在巩固和提高全面小康成果基础上向基本现代化迈进，这个阶段的一个显著特征，就是城乡居民的文化消费将出现快速上升的态势，不仅需求总量急剧增长，而且对文化产品提出了多样化、多层次的需求。因此，未来几年文化将成为极具发展潜力的朝阳产业，成为我市服务业发展的重要支柱，成为结构调整后新的经济增长点，即将进入新的发展黄金期。从"线"上分析，文化条线的体制改革将为文化发展注入强大的动力和活力。党中央全面推进文化体制改革，出台了一系列政策措施，将为我们解放和发展文化生产力创造良好的外部环境。我市去年大力推进"管办分离"改革，组建文化艺术管理中心，初步破解了关键环节上存在的一些体制机制障碍，完全符合中央文化体制改革的方向和要求，这一先发优势将为我市文化发展提供新的动力和活力。此外，全市上下对文化建设在思想上已经形成了强烈共识，文化已经从单纯的条线工作中走出来，无锡文化正处于大发展的前夜，文化事业大有可为。从"面"上展望，全方位的对外开放将给文化发展带来广阔的空间。随着全面加入世贸组织，我们即将迎来一个全方位开放的国际国内环境，各种文化的交融将呈现前所未有的势头。一方面，文化的多元化、国际化成为大势所趋。我们完全可以在坚持社会主义方向的前提下，充分利用"两个市场、两种资源"，学习引进借鉴国外优秀的文化成果和创新机制，不断提升无锡的文化竞争力。另一方面，文化的民族性、本土性成为时代要求。对文化来说，越是民族的就越是世界的，我们完全可以挖掘无锡最富有人文特质的文化元素，运用国际先进的制作办法和传播方式，加大"走出去"步伐，形成具有国际影响的文化产品、文化企业和文化品牌。

第三，对文化的实践态度，决定了文化建设的力度和成效。对于文化而言，认知决定着态度，态度决定着实践。无锡的文化建设，应该立足自身、放眼世界、海纳百川、张扬个性，建设具有鲜明地域特征和独特历史品格的城市文化，努力做到传承、创新和弘扬。讲传承，就是要大力发掘和继承好吴文化、工商文化的人文精髓，总结探究其丰富的思想内涵，植根历史，体现时代，引领未来，进一步做厚做强无锡的文化底蕴，使城市的人文精神薪火相传，成为无锡最具城

市竞争力的人文内涵。讲创新，就是要坚持以人为本，坚持社会主义先进文化的前进方向，把体制机制创新作为中心环节，重塑文化主体，完善市场体系，改善公共服务，创造出更多健康的、多样的精神文化产品，满足人们不断增长的文化需求。讲弘扬，就是要结合时代要求，大力弘扬"四尊四创"精神，倡导创新文化、弘扬创新精神、培育创新人才、推动创新事业，进一步释放全社会的思想活力和创新热情。同时要在全社会大力弘扬热爱文化、崇尚文化、积极参与文化建设和文化消费的良好风气，促进全体市民文明道德素质和科学文化素质的不断提高。

过去几年，我市文化建设有了长足的发展，但也必须看到，我市的文化发展还明显滞后于经济发展，与无锡的历史人文底蕴和现实城市地位极不相称。我们必须进一步解放思想，正视差距，以正确的态度认识和对待文化发展问题。

一是要克服经济效益至上的观念。如果说经济建设是"富口袋"，那么文化建设就是"富脑袋"。精神文化产品既具有一定的经济属性，又具有不同于物质产品的特殊属性，其价值更多地体现在社会效益和公益性上，如果片面强调经济效益，就可能导致文化建设误入歧途、难以为继。我们必须从思想上树立"文化也是生产力、抓文化就是抓发展"的观念。

二是要克服消极畏难的心理。文化工作不同于经济工作，有其特殊性和规律性，文化建设又是一项宏大的工程，复杂性大，系统性强，抓文化建设对我们各级领导干部的知识素养和文化水平是一个极大的考验。我们必须克服懈怠和畏难情绪，虚心学习文化，认真对待文化，在决策中体现文化意识，在工作中强化文化创新，努力引导全社会积极投身和参与文化建设，不断开创无锡文化发展的新局面。

三是要克服急功近利的思想。提升文化"软实力"是一个长期的过程，不太容易在短期内出"显绩"，提高市民文化素质和社会文明程度，是影响一代人乃至几代人的历史任务，不可能一蹴而就、立竿见影。我们要树立科学的文化发展观，本着对我们的城市、对所有无锡人、对子孙后代高度负责的态度，埋头苦干而不急功近利，点滴积累而不追求政绩，扎扎实实地做好文明创建和文化建设的各项工作，加快建设文明无锡、打造文化名城，全面提升无锡的人文竞争力，再铸无锡文化发展的新辉煌。

二 加快文化发展

建设文明无锡，打造文化名城，是一项繁重而艰巨的战略任务。我们要坚持以邓小平理论、"三个代表"重要思想和科学发展观为指导，牢牢把握先进文化的前进方向，进一步解放和发展文化生产力，促进文化事业全面繁荣和文化产业快速发展，不断满足人民群众日益增长的精神文化需求，努力提高人民群众的思想道德素质和科学文化素质，促进人的全面发展和经济社会全面进步。在工作中，要做到"四个协调推进"。

（一）做到文明无锡建设与文化名城建设协调推进

文明无锡是文化名城的精神投影，文化名城是文明无锡的基础支柱，两者"你中有我，我中有你"，相辅相成，相互促进。坚持文明无锡建设与文化名城建设协调推进，是城市形态与城市精神的统一，是城市历史与城市未来的结合，既承载着城市深刻的文化内涵，又体现着城市和人的精神风貌。

建设文明无锡，核心是不断提高社会文明程度和人的素质。要把思想道德建设作为文明无锡建设的首要任务，始终坚持马克思主义在意识形态领域的指导地位，坚持不懈地用邓小平理论、"三个代表"重要思想和科学发展观武装党员、教育群众，引导人们树立正确的世界观、人生观、价值观，使无锡人民始终保持昂扬向上的精神状态。要以争创全国文明城市为龙头，以群众性文明创建和道德实践为着手点，以社会主义荣辱观为主题，扎实开展尚德工程，切实加强社会公德、职业道德、家庭美德教育，形成良好的社会风尚和公共秩序。要大力推进创新型城市建设，大力发展哲学社会科学，营造全民学习、终身学习的浓厚氛围，不断提高城市创新能力和科学发展能力。

建设文化名城，核心是不断提升无锡的人文特质。要以文化陶冶来凝聚人心，以文化创新来加快发展，大力发展先进文化，积极支持健康文化，努力改造落后文化，坚决抵制腐朽文化，以文化"软实力"的提升，增强城市的凝聚力、影响力、开放度和美誉度。吴文化和工商文化是无锡的两大优秀传统文化，是无锡城市文化的个性所在。要花大力气弘扬继承，精心打造这两大城市文化品牌，提升无锡的人文特色和城市的文化魅力。要以"传之后世、永续利用"为宗旨，抓好文化遗产保护，加强工业遗产保护和利用，加强非物质文化遗产的研究、认定和保护，制订实施《国家历史文化名城建设实施意见》。保护和修复一批人文古迹、名人故居和遗址公园。今年年内要完成国家历史文化名城的申报，力争早日进入国家历史文化名城行列。

（二）做到深化改革和加快发展协调推进

深圳、长沙、昆明等文化建设先进城市的经验告诉我们，只有坚持深化改革，才能激发文化发展的活力；只有坚持加快发展，才能为文化改革创造条件。无锡作为全省文化体制改革的试点城市，必须以改革破除体制性障碍，以发展促进文化生产力的提升。

文化体制改革要着力实现"三个转变"。一是政府从办文化为主向管文化为主转变。要进一步转变政府职能，积极探索和实践政策调节、市场监管、社会管理和公共服务等职能，全面推行政企分开、政资分开、政事分开，逐步建立党委领导、政府管理、行业自律、企事业单位依法运营的文化管理体制。二是从以管理直属文化单位为主向管理全社会文化转变。对公益性文化事业，给予财政保障，确保其稳定发展；对公益经营性文化单位，给予财政补贴，扶持鼓励其开拓市场、发展壮大；对经营性文化单位，给予政策引导，提供管理服务，实行完全的市场化运作。三是从以行政手段管理为主向以经济和法律手段管理为主转变。充分发挥市场"无形之手"的作用，进一步放开市场，引进国内外的市场主体、投资主体和经营主体。以广电集团、报业集团、文化艺术管理中心三大国有投资平台为基础，建立多元化的投融资机制，拓宽融资渠道，鼓励民间资本参与文化建设。在文化产业开放和企业重组中，培育出一大批文化产业的龙头企业和著名品牌，提升现有文化品牌的价值。

薛福成故居，2001年国务院公布为全国重点文物保护单位

255

文化发展要着力建设"三个体系":即公共文化服务体系、文化产业体系和文化市场体系。要理顺三个体系的关系,把三个体系组合成为功能完善、相互协调、运作灵活的文化生产、管理、服务系统。这里,我想特别强调一下文化市场体系。当前,世界文化潮流相互激荡、相互交织、相互渗透,文化愈来愈呈现多元化发展趋势。要充分发挥市场在文化资源配置中的基础性作用,加快培育新的市场主体,通过建立文化市场准入和退出机制,对文化市场进行依法管理,确保文化市场规范有序,确保先进文化的前进方向,确保党对文化的绝对领导。要健全知识产权保护体系,加大对侵权盗版的打击力度,加强文化产品的维权力度。要切实加强对传统媒体和网络媒体的正确引导和科学管理,尤其要加强互联网等新兴媒体的管理,始终坚持正确的舆论导向,确保互联网的信息安全和文化安全,不断促进文化市场健康有序发展。

(三)做到文化事业与文化产业协调推进

文化具有意识形态和商品的双重属性。必须坚持一手抓文化事业,一手抓文化产业,以文化事业滋养文化产业,以文化产业回馈文化事业,实现文化事业与文化产业的良性互动。

大力发展文化事业,对于提高人的精神文化素质、推进社会和谐发展、塑造城市文化形象具有重要作用。推进文化事业,首先要建设好区域性的文化中心城市。"三馆一中心",即图书馆、博物馆、科技馆和太湖文化艺术中心,是公益性文化的标志性设施,是一个城市文化底蕴的基本体现,也是城市文化中心地位的体现。要认真抓好数字化图书馆建设,积极搞好太湖文化艺术中心的选址和设计,使"三馆一中心"充分体现无锡历史文化积淀,如实反映地域人文风格,成为传播优秀文化的载体,彰显出无锡富有魅力的城市形象,提高城市文化的辐射和带动能力。其次要建设好群众性的基层文化事业。"十一五"期间,全市要基本建立起多层次、多覆盖,横向到边、纵向到底、设施完善的县(区)、乡镇(街道)、村(社区)公共文化服务网络,实现县(区)有两馆(文化馆、图书馆),乡镇(街道)有一站(文化站),村(社区)有一室(文化活动室),构建起政府主导、

部门合作、社会共建、群众广泛参与的公共服务体系；建设一支专兼结合、素质良好的基层群众文化骨干队伍，培育、形成一批具有浓郁地方特色的群众文化活动品牌，使我市基层文化建设保持全省领先水平。

加快发展文化产业，是我市打造新的服务业亮点，推进经济结构转型升级、提升产业竞争力的重要内容。西方发达国家文化产业占GDP的比重已达到20%以上，日本娱乐业经营收入超过汽车工业，美国影视业出口值仅次于航天工业，英国文化产业平均发展速度是经济增长的两倍。文化产业不仅在创造新的生活理念，而且在激励新的文化需求。"十一五"期末，我市文化产业增加值占地区生产总值的比重要力争达到6%，成为服务业新的支柱产业。要大力发展文化创意产业。要突出我市文化创意产业的比较优势，加快建设国家工业设计园、国际数码娱乐产业中心和太湖数码影视动画创业园，建立文化创意产业风险投资体系，积极推动富有无锡特色的工业设计、动画产业发展，打造出一批在国内甚至在国际上有影响的创意产品和文化品牌。广电集团、报业集团和文化艺术管理中心要成为发展文化创意产业的生力军，力争5年内分别投入20亿元、10亿元和5亿元，努力把文化创意产业做大、做强。要大力发展文化休闲产业。要适应人们旅游休闲度假消费不断扩大的趋势，把丰富的城市历史文化资源转变成为文化休闲产业发展的载体，加大资源整合和集聚力度，打造文化休闲产业链，构建文化休闲产业群。要不断完善薛福成故居、东林书院、北仓门生活艺术中心等单位的运行，大力开发名居、名地、名镇、名遗、名胜历史人文旅游，发展民俗、风土人情体验等创意旅游活动，加强休闲旅游设施建设，打造人文旅游休闲新干线。要精心创作推出一批重点舞台佳作，振兴发展锡剧等地方特色艺术，悉心筹备各类艺术赛事和艺术活动，倾力打造太湖国际民乐节、"激情周末"广场文艺演出，每年引进国内外高雅文艺演出50场次，引进一两个具有导向意义和标志性的文化娱乐项目，加快形成具有无锡地方特色的休闲文化产业群。

昭嗣堂，2006年国务院公布为全国重点文物保护单位

（四）做到传统文化保护与现代文化培育协调推进

一切传统的历史文化，在今天的文化语境中都需要重新阐释和扬

弃利用；一切现代的先进文化，都是在对传统文化的继承和创新中不断发展的。我们要珍惜保护好无锡悠久的历史文化资源，着力打造新时期的先进文化，使传统文化与现代文明在无锡交相辉映。

保护传统优秀文化，关键在于抓好物产文化遗产与非物质文化遗产的保护。无锡名胜古迹众多，文化资源丰富，每一处遗存都在讲述一段尘封的城市历史、一段辉煌的无锡文化。这些独特的资源，为无锡建设历史文化名城奠定了坚实基础。当前，要重点实施主城区"一二三四"文化遗产保护工程，即围绕一条古运河，全面保护沿河的传统民居，凸显沿线的工业遗产；建设鸿山墓群遗址和阖闾城遗址两大公园；构筑泰伯庙、泰伯陵（墓）、泰伯渎三大历史人文景观；保护性修复好荣巷、清名桥、小娄巷和惠山古镇四个标志性街区，充分发挥历史文化遗产在显吴地山水之蕴、扬山水名城之名中的重要作用。

培育现代先进文化，关键在于不断推进文化的创新。全球化的浪潮汹涌而来，文化也无可回避地面临世界范围的大对话、大交流、大竞争、大角逐。应对挑战，唯有充分发掘本土传统文化资源的现代价值，有效吸引外来文化的优秀成果，在创造性的两相融合中形成先进的文化价值体系和强劲的城市人文魅力，在开放的状态下铸就新的文化辉煌。要以民族工商业和乡镇企业发祥地为依托，充分发挥无锡经济发达的优势，全力打造工商名城，弘扬提升工商文化；以吴文化发祥地为依托，发挥无锡历史悠久、人文荟萃的优势，全力打造文化名城，弘扬提升历史文化；以国家级工业设计园区为依托，发挥我市创意设计的先发优势，全力打造设计名城，弘扬提升创意文化；以我市得天独厚的自然资源为依托，发挥我市名湖、名河、名山、名泉、名人、名景闻名中外的优势，全力打造山水名城，弘扬提升生态文化；以丰富的旅游资源为依托，发挥我市休闲服务业的优势，全力打造休闲名城，弘扬提升休闲文化，进而创造具有无锡特色、无锡风格、无锡气派的先进文化。

三　落实文化责任

建设文明无锡，打造文化名城，事关无锡"十一五"经济社会发

展全局。各级要在加快推进文明创建和文化发展的实践中，不断提高建设社会主义先进文化的能力和水平。

一是要落实党对文化工作的领导责任。各级党委、政府要把文化建设列入重要议事日程，像重视经济工作一样重视文化工作，像抓经济建设一样抓文化建设，形成党委统一领导、政府大力支持、党委宣传部门协调指导、行政主管部门具体实施、有关部门密切配合的文化建设领导体制和工作机制。要始终坚持党管意识形态、党管舆论导向、党管新闻媒体、党管干部不动摇，牢牢掌握党对文化工作方针政策和重大事项的决策权，始终保持文化发展的正确方向。

二是要落实文化建设的目标责任。要把文化建设作为评价地区发展水平、衡量经济社会发展质量和领导干部工作成绩的重要标准，作为判断领导水平和能力高低的重要依据，建立文化建设目标考核责任制，列入市委、市政府考核体系，与经济工作同步部署、同步实施、同步检查、同步考核，确保文化建设各项工作任务落到实处。各级宣传文化部门要认真履行工作职能，积极推进文化改革和发展，加强对文化建设的指导。各市（县）、区要从文化发展的实际出发，认真抓好文化建设的规划，落实配套措施，明确目标责任。

三是要落实文化队伍的建设责任。国以才立，业以才兴。只有文化战线人才辈出、群英荟萃，文化事业才能兴旺发达、繁荣昌盛。要牢固树立"人才资源是第一资源"的观念，着力打造一支政治坚定、素质优良、结构合理的宣传文化队伍。要加强宣传文化干部的培训，提高领导班子的整体素质和干部队伍的综合素质。要遵循文化人才成长的基本规律，注意培养学贯中西、精通艺术、善于创新的文化创作人才、文化经营人才、文化管理人才，尤其要重视培养一批会经营、懂管理、善开拓的文化经营人才和文化产业的创意策划人才。要充分发挥市场在人才资源配置中的特殊作用，建立和完善专家项目制、特殊艺术家制、签约演职员制等文化人才配套政策，鼓励本地文化人才施展才华，吸引国内外高水平文化艺术人才加盟创业，为文化建设提供可靠的人才保证。

四是要落实文化氛围的营造责任。文化的力量总是"润物细无

荣氏梅园，2006年国务院公布为全国重点文物保护单位

声"地融入经济、政治、社会之中，文化的建设总是需要一砖一瓦的逐步积累和一代一代的不断传承。全市各级都要做文化与经济融合的促进者，做文化体制改革的支持者，做文化建设的实践者，引导人民群众和社会各界共同关心支持和参与文化建设，在全社会营造浓厚的文化氛围。各新闻媒体要大力宣传、培育市民的文化意识，以群众喜闻乐见的形式满足他们的精神文化需求，使人们在喜怒哀乐之中受到教育、受到熏陶。要在全社会倡导社会主义荣辱观，弘扬城市精神，坚持"四尊四创"，培养"生活的艺术家"和文化市场的消费者。广大文化工作者要时刻关注无锡的前途、人民的命运，使自己的心灵与无锡相连，使自己的情感和人民相系，使自己的奋斗与率先基本实现现代化的历史进程相一致，用更多优秀的作品和成果反映时代进步的潮流，讴歌人民的英雄业绩，抒写现代化建设的壮丽篇章，更好地发挥文化启迪思想、陶冶情操、传授知识、鼓舞人心、凝聚力量的积极作用。

无锡是一座江南历史文化名城，3000 多年的历史文化绵延不断，有着说不尽的巧夺天工，道不完的文采菁华。站在"十一五"的新起点之上，建设文明无锡、打造文化名城，我们欣逢盛世、机遇难得。让我们解放思想，开拓创新，锐意进取，大力发展社会主义先进文化，加快建设现代化的文明无锡，以自己的辛勤努力，再铸无锡文化发展的新辉煌！

（2006 年 8 月 11 日）

以科学的理念和方式
保护无锡文化遗产

无锡是一座具有 7000 年人类文明史、3000 多年文字记载史和
2200 多年建城史的江南历史文化名城，是古代吴文化的发源地，近
代中国民族工商业的发祥地，当代乡镇企业的诞生地，文化遗产资源
非常丰富。近年来，随着经济结构调整和城市化的快速推进，一方
面，我们越来越感到文化遗产对于塑造城市形象特色具有无可替代的
重要作用；另一方面，无锡的文化遗产保护工作也遇到了前所未有的
压力和挑战，迫切要求我们转变理念、创新思路、改进方法，唯其如
此，才能实现文化遗产保护和经济社会发展的良性互动。

转变之一：由行政保护为主转向以法制保护为主

在当前市场经济体制下，政府的行政行为已逐步纳入法制轨道。
在文化遗产保护上，我们也越来越重视采用法制手段，以增强保护工
作的刚性和力度。

一是编制法规规划。近年来，我市编制了《无锡历史文化保护规
划》，并列为城市总体规划的重要组成部分；公布了《无锡市历史街
区保护办法》，成为国内首部历史街区地方保护法规；编制了《无锡
城镇组团文物保护规划》，实现了文物保护规划覆盖从城区向农村乡
镇延伸；今年我们还将出台《无锡市人民政府关于建设历史文化名城
实施意见》，全面深化和推进新时期文化遗产保护工作。

二是实施紫线管理。对全市文保单位制定了规划紫线，并规定工
程选址及涉及紫线的工程项目，均要经文物部门前置审核，有效杜绝

本文为杨卫泽在世界遗产国际高层学术研讨会上的演讲稿。

大运河无锡段

　　京杭大运河苏南段，始凿于鲁哀公九年（公元前486年），自苏州经无锡至奔牛之孟河入长江。秦始皇二十八年（公元前219年）东巡，命从镇江凿河至奔牛。随炀帝大业六年（公元610年）敕开江南河，自京口（今镇江）至余杭郡（今杭州）八百余里，水阔十余丈，这一工程基本上形成了今大运河苏南段。今大运河无锡段从五牧入境，走吴桥至下甸桥之新运河，到北望亭入苏州境，全长39.14公里。大运河穿城而过，民居枕河，运河两岸成市。大运河无锡段这条黄金水道至今仍发挥着舟楫之利。2006年国务院公布大运河为全国重点文物保护单位

了文物破坏事件的发生。

三是提升保护等级。通过近两年的努力，我市全国重点文物保护单位由 1 处激增到 15 处，省级文物保护单位由 21 处增加到 58 处，市级文物保护单位由 176 处增加到 285 处，文物控制单位由 12 处增加到 88 处，全市省级以上文保单位数由全省第九位跃居第三位。加大文物保护修缮力度，先后修复了寄畅园、薛福成故居、东林书院、文渊坊、钱钟书故居、二泉书院等 120 处文保单位，累计投资达 3.6 亿元。

四是改革文物管理体制。本着政事分开、管办分离原则，将原政府部门直属的 8 个文物文博单位划归文化艺术中心管理。改革后的文化局设置文物处、文管办、文物执法大队、法规处和非物质文化遗产保护中心等文化遗产保护机构，并将增挂文化遗产局牌子，全面加强文化遗产保护。设立了名人故居修复专项资金、惠山泥人保护专项资金和考古专项资金，文化遗产保护项目每年都列入市重点工程、政府为民办实事项目和财政预算，每年项目投入都达到 1 亿元。

转变之二：由单体保护为主转向单体保护与片区保护并举

文化遗产通常都是系统性、整体性存在的。过去我们往往只注重单体保护，很难体现遗产保护的整体效应。近年来，我们调整思路，突出了对重要历史遗存的片区保护，在继续加强单体修复保护利用的基础上，着力把历史街区、古镇古村的依法保护放到更加重要的位置。目前划定的历史街区由 1 处增加到 5 处，保护面积由 18.78 公顷增加到 60 公顷，列全省第二位；荡口古镇已公布为省级历史文化名镇，惠山历史街区、古运河历史街区和严家桥古镇保护工程已开始启动。

"十一五"期间，我们将结合古运河、梁溪河、伯渎河的整治和环太湖整治，充分挖掘和利用沿河、沿湖的历史遗存，重点保护、规划控制、逐步修复惠山古镇、荣巷、小娄巷、清明桥沿河四大历史街区，分期修复严家桥、荡口、周新镇、黄土镇、玉祁、礼舍六大历史古镇，修复日晖巷、接官亭弄等历史街坊，凸显江南名镇（街）文脉，形成江南水乡古镇观光景区。

惠山寺庙园林

　　惠山寺始建于南北朝，前身为南朝刘宋司徒右长史湛挺的"历山草堂"。刘宋景平年，草堂改作僧舍，称"华山精舍"。梁大同三年，华山精舍改为慧山寺。康熙帝南巡时至惠山寺，于漪澜堂品泉。乾隆帝南巡时休憩于秦园（即寄畅园）和竹炉山房，书写了不少诗词和匾额，并特为"惠山寺"题额。同治二年，李鸿章军和太平军激战于惠山，惠山寺被毁，仅存寺门匾额，寺也被改为昭忠祠。二泉是锡惠园林文物名胜区内最为著名的景点之一，是江苏省文物保护单位。开凿于唐大历年间（公元766~779年），原名惠泉。该泉经万千松根蓄存和砂岩涤滤，水质清纯甘冽，被唐代"茶圣"陆羽评为"天下第二"。宋徽宗钦令建亭护泉，御题"源头活水"，且誉为贡品，"月进百坛"。宋代大文豪苏东坡慕名多次来品泉，有"独携天上小团月，来试人间第二泉"的诗句。历来人们都将惠山九峰喻为蜿蜒腾飞的九龙，而把锡山比作群龙面前的一颗明珠。《山经》中说："众山皆高，则高者客，而低者主。"据清光绪《无锡金匮县志》载："锡山乃惠山之东峰，当周秦间大产铅锡，至汉兴，锡方殚，故建无锡县，属会稽。"故名锡山，"无锡"地名也因此而来。2002年由江苏省人民政府公布为江苏省文物保护单位

转变之三：由文物保护转向文化遗产保护

我们在实践中发现，单纯的文物保护很难囊括无锡丰富多彩、独具特色的民族民间文化。为此，我们将文物保护的范畴扩大到文化遗产，既包括我们以往十分重视的可移动文物与不可移动文物、地面文物与地下文物等物质文化遗产，还包括珍贵的、濒危的并具有历史、科学、文化价值的非物质文化遗产。

我们无锡在国内率先建立了非物质文化遗产保护中心，全面开展了非物质文化遗产资源的普查工作，对无锡地区民族民间文化进行系统抢救和保护。重点加强对传统口述文学和语言文字、传统戏剧、曲艺、音乐舞蹈、传统工艺美术和制作技艺、传统民俗活动等的保护；通过命名、资助、扶持等方式，逐步建立科学有效的传承机制，使吴歌、泥人、紫砂、锡绣、竹刻、纸马、江南丝竹、道教音乐等无锡民间文化、传统艺术工艺重新焕发风采；对顾绣锡绣、竹编竹刻、剪纸等设立传艺室，做到艺有地展，术有人传；积极开展惠山泥人、宜兴紫砂、锡剧、梁祝传说等申报"人类口述和非物质遗产代表作"工作，建立惠山泥人大师工作室，兴建和开放了锡剧博物馆、江南丝竹博物馆、中国泥人博物馆、民间民俗博物馆、民间蓝印花布博物馆等，提高了非物质文化资源的影响力。

转变之四：由被动保护转向品牌打造

文化遗产是一个地区宝贵的历史财富，我们不仅希望有更多的文化遗产得到保护，更希望借此打造出无锡的文化品牌。我们选择了三个突破口。

一是打造历史文化发源地品牌，实施"名地"工程。我们以考古发掘为着手点，获取实证，进一步确立无锡作为吴文化发源地的地位；以修复茂新面粉厂、惠元面粉厂、申新三厂、振兴丝厂、无锡商会旧址、中国银行旧址、锡金钱丝两业公所旧址、纸业公会、中国蚕丝仓库等一批民族工商业文物为重点，筹办民族工商业博物馆和各类专题博物馆，打造中国民族工商业发祥地品牌；结合新一轮城镇规划，抢救、发掘乡镇企业遗存，开展"工业遗产"普查，征集乡镇企业文物，建立乡镇企业博物馆，打造乡镇企业诞生地品牌。

无锡纸马制作考究，人物形象生动，用纸色彩鲜艳，面部开像细腻，彩绘鲜艳协调，以其别具一格的艺术风格和地方特色闻名遐尔，成为民间艺术的一朵奇葩

秦邦宪故居位于无锡崇安区崇宁路文渊坊内。故居面阔三间，硬山顶，有晚清江南民居风格。2002年由江苏省人民政府公布为江苏省文物保护单位

顾毓琇故居位于无锡市崇安区学前街3号。建于清嘉庆十二年（1807年）。2003年由无锡市人民政府公布为无锡市文物保护单位

二是打造吴越文化精华地品牌，实施"名迹"工程。我们以"三泰一址"（即泰伯庙、泰伯墓、泰伯渎、鸿山遗址）为重点，抢救、挖掘、保护、利用一批历史遗迹。泰伯渎是中国最早的人工运河，我们以此为纽带，整合沿河文化资源，依托泰伯庙、泰伯墓，恢复鸿山18景，建设吴文化景观带。鸿山大遗址为吴越时期的大型贵族墓葬，首次揭示了越国贵族墓地的埋藏制度和等级制度，改写了中国制瓷史，填补了中国音乐史空白，名列2004年全国十大考古新发现。对此，我们已启动规划编制，加强出土文物的整理和展示工作，建设鸿山公园，建立遗址博物馆，力争建成国家级大遗址。无锡还有很多珍贵的地下文物，其中高城墩良渚文化遗址和骆驼墩马家浜文化遗址考古成果分别被评为2000年、2002年全国十大考古新发现。对此，我们已逐步开展彭祖墩、高城墩、阖闾城、沿太湖吴国土墩墓群等的发掘保护工作，彰显吴越文化的历史底蕴。

三是打造名人文化荟萃地品牌，实施"名居"工程。无锡是一个人文荟萃之地，历史上名人辈出，遗留下来的众多名人故居构成了无锡一道亮丽的风景线。我们加大对名人故居抢救、修复、开放的力度，相继修复开放了薛福成、钱钟书、顾毓琇、秦邦宪、姚桐斌等一批名人故居；正在着手修复陆定一、阿炳、顾宪成、荣德生、薛南溟、薛暮桥、孙冶方等一批名人故居；筹划建设历史名人园，集中展示无锡各个历史时期各个领域的历史名人，彰显无锡城市文化底蕴。

转变之五：由部门保护转向全社会保护

在这几年的实践中，我们注意结合城市改造与建设开展文化遗产保护和利用，改变了以往由文化部门单枪匹马保护文化遗产的局面。

如在东林书院的修复保护中，我们辟出较大面积，修建东林文化广场，既为市民提供了良好的文化休闲环境，又为东林书院营造了协调的环境风貌；在中国银行旧址、锡金钱丝两业公所的保护中，我们充分调动房地产开发公司的积极性，本着谁保护、谁修复、谁利用、谁管理的原则，允许其在保护修复的前提下，对文物进行合理利用。按照这个思路，我们先后利用社会资金保护修缮了中国丝绸仓库、文渊坊、无锡商会旧址、昭嗣堂等64处历史遗迹，占全市修复总量的

78％，修缮项目之多，规模之大，资金之巨是以往任何时期所没有的。一个政府导向、多方联动、多元投入、有效利用的文物保护新体制正在我市逐渐形成。

转变之六：由单一保护转向综合保护利用

近年来，我们还注重把文物保护和利用融入整个城市旅游业发展中去，重点构筑以吴文化为主线，以民族工商业为重点，以江南水乡、古运河为背景，以名人、名居、名街、名园等为要素的历史人文旅游新板块。目前，市区文化景点不断增多，特色旅游街区逐步形成，人文景观长廊初现端倪，文化旅游得到长足发展，历史文化遗产开始走近寻常百姓。

在今后的工作中，我们将进一步保护、发掘、利用好无锡的文化遗产资源，展示城市历史风貌，彰显无锡文化魅力，努力使历史文化资源成为无锡城市核心竞争力的重要组成部分。

（2006 年 6 月 9 日）

钱钟书故居位于无锡崇安区新街巷（原名七尺场）30号和32号，占地1600平方米，始建于1923年，其叔父钱孙卿续建于1926年。2002年由江苏省人民政府公布为江苏省文物保护单位

惠山历史文化街区

    惠山历史文化街区位于京杭大运河西侧，北面以直通火车站的通惠西路为界，西达惠山白石坞东麓春申君饮马池、玉皇殿后。龙头河、惠山浜纵贯其间，江南名山惠山、锡山耸立西、南，形成了江南古镇少见的独特山水架构

在城乡现代化发展中
永葆江南水乡特色

——无锡乡土建筑保护的实践和思路

又是早春 2 月，春风已绿江南岸。

2006 年 11 月，国家文物局与无锡市人民政府协商决定，设立"中国文化遗产保护无锡论坛"，旨在认真贯彻《国务院关于加强文化遗产保护的通知》的精神，进一步加强我国文化遗产保护，继承和弘扬中华民族优秀传统文化，推动社会主义先进文化建设。这个论坛的永久设置，就文物界来讲，是一个百家争鸣的学术平台，是探讨文化遗产保护前沿课题的信息平台；对我们无锡来说，则是文化名城建设的加油站，必将有力地全面提升无锡文化遗产保护的水平。

中国文化遗产保护无锡论坛，今年的主题是：乡土建筑保护。从去年的工业遗产保护到今年的乡土建筑保护，意味着我国的文化遗产保护正在进一步向纵深领域拓展，文化遗产的保护力度和广度正在突破传统的文物保护视野。这是贯彻落实科学发展观，构建和谐社会与可持续发展，继承弘扬中华民族优秀传统文化的必然要求，也是在全球化浪潮中，维护世界文化多样性和创造性，促进人类共同发展的重要前提。

一 关于乡土建筑的概念及其保护的意义

乡土建筑，对我来说，既熟悉又陌生。在感性上，我是熟悉的，因为我的老家在常州武进，自幼生活在乡土环境之中。小桥流水，粉墙黛瓦，石板小巷，井台竹园，就是我的家园，就是我的故乡记忆印象。参加工作后，无论是在徐州的乡下，还是在南京、苏州和现在的

本文为杨卫泽在中国乡土建筑保护论坛上的演讲稿。

　　"怀海义庄"位于新区鸿山镇七房桥村，是目前江南地区保存下来为数不多的传统民间慈善机构之一，占地面积约450平方米。"怀海义庄"起先是七房桥村族内长辈聚会的地方，后来改为义庄。乾隆在1739年下令嘉奖义庄，并颁布法令禁止转让宗族财产，义庄才得到保护与发展。钱穆及其兄弟、钱伟长都是因家贫在义庄的资助下得以上学。1911年钱伟长之父钱声一回乡，利用"怀海义庄"筹办了七房桥又心小学，造福乡亲，当年钱声一亲书的"又心小学"校牌尚完好保存，成为了义庄的文化典范无锡，也都亲眼目睹到一些传统建筑，其中包括一些具有当地特色的乡土建筑。感觉是，南北差异较大，而苏州、无锡、常州则是相近的。这大概就是乡土建筑具有地域性特征的缘故吧。

那么，什么是乡土建筑？如何界定其内涵和外延？这种学理层面的设问，我是陌生的，可谓不甚了了。于是我粗浅地梳理了一下乡土建筑这个概念的由来。

20世纪80年代末到90年代，建筑学界率先关注乡土建筑，以文化人类学、社会学视野开展田野调查。清华大学建筑学院成立乡土建筑研究组，发表了一批学术成果。

1999年10月，国际古迹遗址理事会（ICOMOS）召开关于文物建筑和历史地段的国际会议，在墨西哥通过了《关于乡土建筑遗产的宪章》，认为在世界文化、社会、经济转型过程中的同一化背景下，乡土建筑十分脆弱，由此提出了确认乡土性的标准，乡土建筑的保护原则及保护实践中的指导方针，是对《威尼斯宪章》的补充。

2005年8月31日，中国乡土建筑文化暨苏州太湖古村落保护研讨会发表《苏州宣言》，呼吁保护和抢救中国优秀的乡土建筑文化遗产。这是40多位文物保护专家、建筑专家和文化学者联手，依据《中华人民共和国文物保护法》，第一次向全社会发出呼吁："对全国范围尚存的乡土建筑文化遗产进行普查"，"有重点和有针对性地制定保护规划和实施方案"。

同年12月22日，国务院颁布42号文件《关于加强文化遗产保护的通知》，明确提出："在城镇化过程中，要切实保护好历史文化环境，把保护优秀的乡土建筑等文化遗产作为城镇化发展战略的重要内容，把历史文化名城（街区、村镇）保护规划纳入城乡规划。"这是第一次把乡土建筑保护纳入国家政府行为。

2006年，第三次全国文物普查工作试点进行，乡土建筑被列为一个普查门类，并拟订了《新农村建设中应予以保护的建筑推荐标准》（初稿），提出：农村及乡镇中的普通乡土建筑，经鉴定具有历史、科学、艺术价值的也应予以保护。

根据上述粗略的概括，乡土建筑似乎是近年才进入文化遗产、文物保护领域的。其实不然，国家文物局副局长董保华认为，以古村落为代表的乡土建筑，早在 1988 年公布第三批全国重点文物保护单位名录中，就有安徽潜口民宅等，迄今有 127 处国保单位实属优秀的乡土建筑，其中西递、宏村已成为世界遗产。

由此，我也注意到，在《中共中央国务院关于推进社会主义新农村建设的若干意见》中，尽管没有使用"乡土建筑"这个概念，但也强调："村庄治理要突出乡村特色、地方特色和民族特色，保护有历史文化价值的古村落和古民宅。"

所以我认为，乡土建筑与古村落、古民宅密切相关，与重点文物保护单位分类中的"古建筑"、"近现代重要史迹及代表性建筑"密切相关。需要指出的是，"乡土建筑"这个概念，似乎更能显现民族性和地域性。

众所周知，我国是个多民族的大家庭，56 个民族均有源远流长的民族文化传统和风土人情，这必然会影响到各自的家园建设，形成丰富多彩的具有民族特色的乡土建筑文化，与民族服饰一样，是民族特征的标志。保护乡土建筑文化遗产，就是保护中华民族文化的多样性和丰富性，就是保护民族风格和民族气派，有利于民族团结、和睦相处。

众所周知，我国幅员辽阔，自然生态千差万别，生产和生活方式也不尽相同，人们因地制宜，筑巢而居，生息繁衍，从而形成不同的家园风格和乡土习俗，积淀为人文审美趋向。乡土建筑文化遗产便是这种人文审美趋向的物质载体，是地域文化的表达物，是生态、生产、生活观念相互作用之后的凝聚物，体现了中华文明"天人相应"的特征。保护乡土建筑，有利于地域文化生态保护，有利于保护中国特色的文化家园。

还需要指出的是，乡土建筑具有变迁性。人们聚居而成的自然村落，不是静态凝固的，在社会经济和文化生活的发展中，自然村落会发生历史性变迁，使村落中的乡土建筑的构成渐趋丰富而呈现为村落年轮。又因为社会发展的不平衡性，自然村落的社会功能也会随之变迁，有的成了周边村落的节场而变迁为集市，有的再变迁为街镇、乡镇。城市的雏形，由此而成。还有一种变迁是受附近城市的辐射影响而产生的，使得村落迅速成为城市的卫星城镇，或者直接变为城市内的"城中村"，或者直接成为城市中的一个街区。这是一种空间位置的变迁。乡土建筑的变迁性，体现了文明演进的时代特色，是社会文化发展的物象性记录，凝聚着丰富的未必有文字记载的文明信息，并且人们至今仍身居其内，是具有历史场景感的现实性家园，是活着的文化生命体。

综上所述，乡土建筑是以民居为主，具有一定自足性的不同功能类型的建筑聚落；是人们长期以来因地制宜所建造的，具有鲜明的民族特色、地域风格和时代特征的生活家园；是散布在城乡各地的，具有历史感与现实感相重合的人文生态场景。乡土建筑的保护，其意义不仅仅体现在历史的、科学的、艺术的价值上，更体现在人类学、社会学、文化学和生态学的价值上。

二　关于无锡乡土建筑的特色及其价值

万顷太湖水孕育了无锡，千年古运河塑造了无锡。因此，无锡的乡土建筑集中体现了江南水乡风貌。

江南，在气象学家、地理学家、历史学家、经济学家、文学家和语言学家的不同视野里，其区域是不同的。然而，不同区域的重叠，恰恰就在太湖流域。也就是说，江南的所有特性，集中体现在太湖流域，乡土建筑也不例外。

太湖流域，水系密布，状如网织，有水乡泽国之称。人们自古以来，临水而居，形成以水道为轴线的建筑聚落，"小桥流水人家"是对其聚落特征的高度概括。粉墙黛瓦，是江南水乡民居家园建筑的主色调，在青山绿水的自然环境中，显得淡雅质朴，融合成一种令人心旷神怡的田园风光。太湖流域物产丰富，农耕文明发达，人们大都是殷实的耕读之家，于是都能在力所能及的经济条件下，精心构建自己的家，用天井庭园式布局以适应江南多雨湿热的气候特点，用厅堂、正房、侧厢、楼阁等多变的组合来体现家庭的礼制性习俗。与住宅群相伴而成的街、巷、弄、棚，与水道相伴的码头、驳岸、桥梁，与物

丫形双曲拱桥，2008年8月，无锡市人民政府公布为无锡市第一批乡土建筑保护名录

质精神生活相伴而生的店铺、作坊、私塾、祠庙等，参差错落，繁而不乱，一起形成具有一定自足性功能的江南水乡文化风貌。

这种源于农耕文明的江南水乡的乡土建筑文化风貌，并没有因城市的出现而丧失殆尽，而恰恰是江南的城市风貌由此而来，并注入了城市文明、近代工商文明等诸多文化元素。无锡的乡土建筑就具备这种特色。

著名作家杨绛于1919年南归家乡，说："我父母亲在无锡预先租下房子，不挤到老家去住。那宅房子的厨房外面有一座木桥，过了桥才是后门。我可以不出家门，而站在桥上看来往的船只，觉得新奇得很。"（《回忆我的父亲》）当年，钱钟书一家也住着租居的房子，杨绛说："那是我第一次上他们钱家的门，……我记不起那次看见了什么样的房子，或遇见了什么人，只记得门口下车的地方很空旷，有两棵大树，很高的白粉墙，粉墙高处有一个个砌着镂空花的方窗洞。钟书说我记忆不错，还补充说，门前有个大照墙，照墙后有一条河从门前流过。"（《记钱钟书与〈围城〉》）。

是的，这就是20世纪上半叶无锡老城区内的江南人家尽枕河的水乡风貌。尽管龟背形老城区内的"一弓九箭"等50多条河流，在五六十年代大多填没，成了道路；但自北向南抱城而流的古运河、老城区外的伯渎港、梁溪河、锡澄运河、城西城南的护城河、城西的新运河、骂蠡港、耕渎河、惠山浜等主要水系还在。古村的水系，如荡口古镇的鹅真荡等，还有退田还湖、退渔还湖、顿还旧观的蠡湖、梅梁湖等，均完好无损。依河而建，傍河而居的老街老宅等乡土建筑，还大片存在着，仅与水密不可分的古桥，列入文物保护单位名录的就有近20座。无锡仍然体现着江南水乡风貌，区域内36%为水面，12%为山地。

无锡历史悠久，人文荟萃，名家辈出，尤其是近代以来，在政治、经济、文化教育、科技艺术等各个领域卓有建树的人物，群星璀璨，喷涌而出，在海内外声名斐然。他们的故居，星罗棋布地散布在城乡各地，与寻常百姓的宅院相依相连，成为无锡乡土建筑的一大亮点，深刻地反映了无锡乡土建筑的文化生态的深厚底蕴。如华蘅芳故

居的所在地荡口古镇。

　　无锡是古运河文化线路上的工商名城，发达的工商文明深深地影响着无锡乡土建筑的变迁。明清时期，无锡已成为市民社会，并随之成为我国著名的米市、布码头、丝茧码头和银钱码头，运河两岸，百业兴旺，商贾云集。到近代，无锡民族工商业迅速崛起，一大批著名的民族资本集团在海内外叱咤风云，使无锡成为仅次于上海的工商名城，人称"小上海"。他们的工厂、办公楼、仓库也大都散布在运河两岸，使运河两岸的乡土建筑风貌增添了文明演进的时代风采，如清名桥沿河历史街区。民族工商实业家的故居，也散布在城乡各地，其中有相当一部分体现了"中体西用"的建筑观念，使江南水乡注入了"西风东渐"的文化元素，如荣巷历史街区。

　　无锡的龟背形老城区仅有 2.5 平方公里，城外也是人多地少，于是许多大户人家看中惠山这块风水宝地，纷纷在惠山古镇建祠堂，自明代至民国，先后建起百余座类型各异的祠堂建筑群，与当地居民的乡土建筑、惠山泥人作坊、寺庙、河浜、水街、旱街、园林、书院等江南传统建筑，错落相处，成为独具风貌的无锡乡土建筑，与其他地方的祠堂大都建在宗族聚集的古村、古镇里不同。

　　无锡山清水秀，温和湿润，四季分明，农耕文明特别发达，素称"鱼米之乡"。农田鱼塘，茶果桑竹，精耕细作，状如绣花，形成与自然生态相协调的江南田园风光。这种江南文化生态，千百年来潜移默化地作用于无锡人的审美视觉，陶冶着无锡人的身心，使人们具有精明、细致、缜密的人文性格。无锡人是秀外慧中的。无锡的乡土建筑，是无锡人的家园，也无不因此烙印着秀外慧中的特征。例如普通民宅，大多粉墙黛瓦，本色材质，简朴清雅，在有限的占地面积上灵巧而多变地分割空间功能。临街的民宅，则往往是前店后坊、下店上宅等，将手工作坊、店铺与住宅结合为一体。背河临街的住宅，在形态和功能上更具多变性，吊脚楼、过街廊棚、前店后仓上住宅、驳岸码头等杂糅相处。在寸土寸金的江南，可谓"螺蛳壳里做道场"，极尽变化之能事。在鳞次栉比的普通民宅中，在曲巷长弄里，不时能看到高墙深院，清水砖墙石库门，不乏精雕细刻的砖雕门楼和用材讲

丁氏景庐，2008年无锡市人民政府公布为无锡市第一批乡土建筑保护名录

究、做工细腻的厅堂回楼，是乡土建筑群中的亮点，分外夺目。

无锡的民族工商实业家都具有深深的乡土情结，在发展产业，建造自己家园的同时，十分注重城市化、社会化的发展，投资兴建了一大批具有乡土风貌的公共建筑。其中最引人入胜的是梅园、锦园、蠡园、渔庄，太湖鼋头渚的横云山庄、太湖别墅、万顷堂等一批湖边园林建筑群，使无锡一跃成为 20 世纪上半叶以来最具魅力的太湖旅游胜地。这些湖边园林内，既有造园主的私人别墅，又有向公众开放的亭台楼阁、曲桥池榭；既有传统建筑，又有西洋建筑，独具匠心，有力地提升了无锡江南水乡风貌的审美力，也是无锡乡土建筑在时代变迁中的精华所在。

综上所述，无锡的乡土建筑在江南水乡风貌的总体特征中，别具一格，深受运河文化、工商文化、山水生态、名城历史、农耕文明、中体西用的近代文明等诸多因素的影响，呈现出丰富多样性和地域独特性，构成精彩纷呈的文化线路，价值内涵很高，是无锡文化名城建设、山水名城建设、宜居城市建设中的重要的文化遗产资源，是无锡城乡现代化发展中不可或缺的潜在软实力。

三　关于无锡乡土建筑的保护和利用

长期以来，人们对无锡的认识存在一种误区，即无锡是一个经济发达型城市，而不是一个文化型名城。这种误区在不少无锡人的观念中，也不同程度地存在着。实事求是地讲，无锡的文化遗产保护工作，一度走过一些弯路，大概就是这个原因。进入 21 世纪以后，无锡摆脱这个认识误区，全市上下形成共识，加大了文化遗产保护力度，累计修复各级文物保护单位 60 余处，总投资达 6.2 亿元，并设立了名人故居专项保护基金和惠山泥人非物质文化保护基金。当第六批全国重点文物保护单位和江苏省第六批文物保护单位，于 2006 年公布之后，无锡人回眸、盘点自己的文化遗产家底，欣喜地发现自己的家园是名副其实的文化家园。

无锡现在拥有 14 处全国重点文物保护单位，位列全国重点文物保护单位大中型城市前 15 位，与无锡经济总量连续多年位列全国城

市前 10 名，是基本相称的。省级文物保护单位 39 处（不含江阴、宜兴。下同），市级文物保护单位 139 处，文物控制单位 88 处。城内有历史街区 4 处，规划保护面积达 58.41 公顷，名列江苏省各城市的第二位；还有传统街坊 4 处，古村落和古镇 6 处。有 3 项非物质文化遗产列入国家首批保护名录，10 项列入省级非物质文化遗产保护项目。鸿山遗址成为苏南地区唯一的一个国家大遗址保护工程。

尽管乡土建筑文化遗产的保护理念，是近年才认知的，但据此回顾检点无锡的文物保护，按照我们不尽完善的对乡土建筑概念的理解，在 185 处各级文物保护单位中，有近百处可视作优秀的乡土建筑文化遗产。其实，每一处文化遗产均是一本读不尽的书，完全可以像苏东坡所倡导的"八面受敌"读书法那样，从不同的阅读视野去理解和接受，从而不断获得新的认识。所以，优秀的文化遗产不必拘泥于一个封闭的概念，限制我们的阐释。

下面我想简要介绍一下具有文化线路特征的无锡乡土建筑文化遗产。

1. 清名桥沿河历史街区

清名桥及沿河建筑 2002 年 10 月公布为省级文保单位。位于南门外，以古运河为南北轴线，长达 1.5 公里，是明清以来窑业、米市、丝茧码头、手工业作坊、商铺、民族工业企业最为集中的历史街区之一，俗谚称："上塘十里尽开店，下塘十里尽烧窑。"有大小河流 7 条、桥梁码头 20 多座、老街旧弄 30 余条，鳞次栉比的民居隔河相望，还有救熄会旧址、窑业公所旧址、古窑群、民族工商业家祝大椿故居、永泰丝厂老厂房等，是运河文化构成最为复杂丰富的精华所在。历经 13 年 5 次修订编制的《无锡市古运河清名桥沿河历史文化街区保护规划》，今年 3 月初获市政府批准，保护面积逾 18 公顷。

2. 荣巷历史街区

荣巷近代建筑群 2002 年 10 月公布为省级文保单位。该历史街区源自明清之际荣氏家族聚居的自然村落，距离城区约 2.5 公里。近代，荣氏家族以荣宗敬、荣德生为代表的民族工商业家群体迅速崛起，使荣巷演变为街镇，建起了一大批具有时代烙印和乡土特色的建

荡口华氏建筑群局部

筑群，除民居、商店外，还有祠堂、学校、图书馆、医院、救熄会等具有社区功能的公共建筑。在近 400 米长的老街上，数百个建筑单体，类型丰富，用材讲究，做工精细。其保护规划正在进一步修改论证。

3. 惠山古镇

惠山，唐宋时期就已是人文胜景，也是我市国家级、省级、市级文保单位最密集的精华地段。该古镇的文化遗产，一为锡惠公园内的众多文物古迹，一是以 2006 年公布为国保单位的"惠山古镇祠堂群"为核心的历史街区。自明代以来，有百余座祠堂建造在此地，临街沿河，形态各异，与周边的民居、惠山泥人作坊和商铺，错落相处。每当春日，祭祖踏青者络绎不绝，民谣道："惠山街，五里长，踏花归，鞋底香"，是集山水名胜、家族谱牒、乡土风物为一体的历史文化街区。

4. 小娄巷历史街区

其 2002 年 10 月公布为省级文保单位。该历史街区在老城区内，长约 500 米，自宋代以来文脉相承，有秦氏、谈氏等望族聚居，出过 1 名状元、13 名进士、15 名举人，曾立 9 座牌坊。现存明清以来的传统民居群中，尚存福寿堂、少宰第、谈氏宗祠和有孙中山题刻的佚园等，还有一条长约百米的老备弄，贯穿南北。复旦大学遗传学家谈家桢曾来此寻祖，是体现无锡人文底蕴的历史街区之一。

5. 荡口古镇

其以 2002 年 10 月公布为省级文保单位的荡口华氏建筑群为核心。2003 年公布为江苏省历史文化名镇。该古镇在无锡城东，与苏州相邻，自明代初年华氏家族迁居以后，发展为名闻江南的水路商埠，与相邻的甘露镇合称为"金甘露，银荡口"。华氏为文化世家，名人辈出。如明代首创铜活字印刷的华燧、书画鉴藏家华夏，清代数学家华蘅芳、华世芳兄弟，近代音乐家华秋苹、刺绣名手华图珊、实业家华绎之，当代漫画家华君武等。华鸿模、华绎之祖孙创办的鸿模小学至今保存完好，当年曾聘请钱穆、顾毓琇、钱伟长等来校任教。另外，还有三公祠、华氏义庄等。古镇散布着明清时期的民居建筑

群，以北仓河两岸 500 米内最为密集，水乡风貌依旧。华蘅芳故居、三公祠现已修复。

6. 严家桥古村

其 2006 年公布为江苏省历史文化名村。该村落形成于元末明初，因地处无锡、江阴、常熟三县交界处，至明末清初成为市镇，号称"小无锡"。清咸丰年间，无锡布商唐氏举家迁居于此，建宅园、筑桥梁、修码头，开办布庄、典当、茧行、木行，置田产，设仓厅，成为近现代无锡民族工商资本集团唐氏家族的发祥地。创办庆丰纺织厂的唐保谦和创办丽新染织厂的唐骧庭等唐氏后人，不忘严家桥故土，表示："凡严家桥镇上的公益事业，不论大小，我唐姓负担一半。"香港特区财政司司长唐英年曾来此寻根访祖。讲到这里，顺便补充一句，无锡籍港澳台同胞、海外侨胞时常回来探亲访友，关心家乡的发展，并有不少投资举措。所以，我们保护好乡土建筑，对维系港澳台同胞、海外侨胞的故土之情，具有十分重要的意义。严家桥现存老街和沿河民居建筑群，仍保留着浓郁的乡村风貌。唐氏建造的万善桥、梓良桥和仓厅驳岸码头，已列为市级文保单位。南北、东西两条老街之间，留有江南传统建筑转盘楼、推槽板门商铺。严家桥还是非物质文化遗产锡剧艺术的发源地。严家桥古村保护修复工程正在进行之中。

另外，还有省级文保单位、"两弹一星"功臣姚桐斌故居所在地东湖塘镇黄土塘老街，清末民初由民族工商实业家周舜卿在家乡置田规划建造的周新镇老街，等等。

为了保护无锡古运河文化线路，保护水乡城市的特色，早在 1983 年 11 月，我市就制定了《无锡市区古运河规划》，于 1984 年开始实施，又于 1987 年公布了《无锡市古运河管理暂行规定》，是较早具有古运河保护意识的城市之一。

为了保护历史街区和古镇古村，我市于 2004 年 1 月颁布了《无锡市历史街区保护办法》。这是我国第一个保护历史街区的地方法规。上述介绍的历史街区的保护工作，已列入《无锡市"十一五"文化发展规划纲要》，并向所属地政府下达了项目任务责任书，同时确定

荡口华氏建筑群局部

279

为"十一五"无锡市文化重点工程的重要组成部分，明确了责任单位和市领导挂钩联系人。

2001 年初，撤锡山市为无锡市的两个区之后，我市部署城乡一体化发展。2004 年初决定将原有的 18 个乡镇组建为 6 个城镇组团，以加快农村地区的城镇化发展，形成无锡市区的 6 个卫星型城镇。为此，下达了调研课题，其中有一个子课题为《城镇组团发展中文化遗产保护研究课题》，由市文化局承担。该课题组以历史文化遗产、口头及非物质文化遗产、民风民俗、历史人物、自然生态为调研主题，编制了《无锡城镇组团文保单位名录》和《无锡城镇组团文物古迹分布图》，从而形成保护规划框架。其中有相当一部分内容，即属当下所关注的乡土建筑文化遗产。例如，在惠北组团（玉祁镇、前洲镇）中，需规划保护礼舍古村江南民居群和九潭十三浜、九弄十三井的水乡地理布局；在惠中组团（洛社、杨市、石塘湾三镇）中，需规划保护具有千年以上历史的江南古镇洛社，以贯镇而过的古运河为轴线，整治两岸田园风光和枕河人家，恢复古运河历史街坊"六弄"的旧貌，等等。这些内容也已纳入《"建设文明无锡打造文化名城"项目任务责任书》。江阴市的项目任务有保护城北历史街区、江阴古桥群，修复江阴蚕种场等；宜兴市的项目任务有修复丁蜀古南街、古窑群，保护宜城东风巷、宜兴古桥群等。

在今年即将展开的第 3 次全国文物普查工作中，我们会在以往的保护实践中，更加注重对乡土建筑文化遗产的调查，凡是具有历史、科学、艺术价值的乡土建筑，哪怕并不太古老，材质并不太优良，构造并不太精美，但在整体风貌上具有江南水乡文化生态特征的建筑聚落，决不会让其"漏网"，使我市在"两个率先"的城乡现代化发展中，永葆江南水乡文化特色。

本届论坛即将通过的《无锡倡议》，也必定会鞭策我们保护好以无锡为代表的江南水乡建筑文化风貌，并将其优秀的文化元素融合进新城区、新农村规划建设之中，在乡土建筑文化遗产保护利用的同时，发展仍具有江南水乡特征的新乡土建筑群落。这是我们的保护、利用、

发展的思路。

　　"能不忆江南！"一声赞叹，千古流传。是的，江南是充满诗情画意的人间天堂，自古以来便是人们向往的诗意般的栖息地。江南水乡风貌，犹如一曲魅力无穷的田园牧歌，抚慰着华夏儿女的身心。在我们迈步奔向现代文明的历史进程中，这首田园牧歌理应成为我们谱写现代化交响曲中的一个乐章，是优雅的、舒展的、清丽的慢板。只有这样，故乡、家园才不至于只存下记忆，映象残缺模糊，而是仍然真实地在我们眼前，生机盎然，是我们现代化家园的有机组成部分。

（2007 年 4 月 11 日）

惠山历史文化街区人杰地灵牌坊

深化文化体制改革　加快文化名城建设

今天的动员会，是在我市社会事业和事业单位改革取得阶段性成果的基础上，进一步深化文化体制改革，加快建设文明无锡、打造文化名城的重要会议。

一　充分认识深远意义，全面增强责任意识

深化文化体制改革，是党中央在科学判断国内外形势，全面把握文化发展趋势的基础上，继经济体制改革、政治体制改革、教育体制改革、科技体制改革、卫生体制改革之后作出的又一项重大决策。从党的十六大，到十六届三中、四中、五中、六中全会，都把文化体制改革作为重要任务，十分强调文化的重要地位和作用，对文化发展和文化体制改革提出了一系列新要求。胡锦涛总书记在"6·25"讲话中也进一步明确要大力推进文化创新，全面推进文化体制改革。去年，党中央、国务院下发了《关于深化文化体制改革的若干意见》，专门召开了全国文化体制改革工作会议，对深化文化体制改革作了全面部署。所有这些都充分表明，党对中国特色社会主义建设总体布局的认识达到了新高度，对发展社会主义先进文化的认识达到了新高度，对社会主义市场经济条件下文化建设规律的认识达到了新高度，有着重大的现实意义和深远的历史意义。近年来，我市认真贯彻落实中央和省推进文化体制改革的决策部署，在省内、国内率先实施了文化领域的"政资分开、政事分开、管办分离"改革，取得了明显的成效。一方面，文化行政主管部门得以集中精力履行全市文化事业建设和文化产

本文为杨卫泽在无锡市文化体制改革动员会上的讲话稿。

业发展的行业管理职能，有效地促进了各类公益文化事业和文化产业的发展；另一方面，文化艺术管理中心得以集中精力整合全市国有文艺资源，创新文化事业单位内部运行机制，涌现了一批在省内、国内有较大影响的艺术精品，取得了良好的社会效益和经济效益。现在我市的文化产业已经呈现出蓬勃发展的良好态势，2006 年全市实现文化产业营业收入 347.5 亿元，比上年增长 12.6%，初步实现了改革与发展的相得益彰。根据中央和省的部署，我市被确定为全国文化体制改革第 2 批试点城市之一，使命光荣，任务艰巨，责任重大，我们必须深刻认识改革的深远意义，进一步增强推进文化体制改革的责任感、紧迫感和使命感。

首先，深化文化体制改革是我市巩固和拓展文化领域"管办分离"改革先发优势的迫切需要。2005 年以来，我市实施了社会事业"政资分开、政事分开、管办分离"改革和事业单位的"分类定位、分开管理、分别改革"。在文化领域，组建了文化艺术管理中心，初步破解了关键环节上存在的一些体制机制障碍，完全符合中央文化体制改革的方向要求，为我市推进新一轮文化体制改革奠定了基础、创造了条件。当前，落实中央和省的决策部署，推进新一轮文化体制改革，应该讲我市有着先发优势，占据着主动地位。但是应该看到，这样的先发优势是暂时的，主动地位也是不稳固的，特别是在国家和省深入推进文化体制改革的大形势下，各地区推进文化体制改革的力度都很大，如果我们稍有松懈，原来的先发优势就完全有可能毁于一旦，一些深层次的矛盾障碍就完全有可能卷土重来。因此，我们绝不能故步自封、骄傲自满，必须抓住机遇、乘势而上，全面落实中央和省的决策部署，在巩固上一轮改革成果的基础上，进一步破解文化领域的深层次体制机制障碍，进一步解放和发展文化生产力，努力保持和拓展文化体制改革在全国、全省的领先优势。

其次，深化文化体制改革是建设文明无锡、打造文化名城的迫切需要。文化建设是经济建设、政治建设、社会建设"四位一体"中不可替代的重要组成部分，文化"软实力"是城市竞争力中不可或缺的重要组成部分。一个城市是否具有持久吸引力、是否具有核心竞争力，最终要看它的文化资源、文化氛围、文化发展水平。从一定意义上讲，未来的城市发展就是以文化论英雄。近年来，我市的文化建设得到了长足的发展，但文化建设总体上仍落后于经济建设和城乡建设，文化产业发展明显滞后于工业和其他服务业的发展。无锡文化建设长期滞后的根本原因在于文化体制机制与不断发展前进的经济基础和社会需要不相适应。虽然这几年我市对文化事业实施了管办分离改革，但这种改革还是初步的，改革还不彻底，文化领域在许多方面仍然停留在传统体制的模式上。在新一轮的发展中，我们必须把文化建设摆到与经济建设、政治建设、社会建设同等重要的位置上，以更大的决心、更大的力度加快文化体制改革，进一步激发文化单位和从业人员的活力和动力，促进文化事业和文化产业的繁荣发展；进一步激发全社会的积极性和创造性，全面提升无锡的人文竞争力，加快建设与无锡经济社会发展水平相称的"文明无锡"、"文化名城"。

第三，深化文化体制改革是满足人民群众日益增长的精神文化需求的迫切需要。随着我市经济社会的全面发展和人民生活水平的日益提高，尤其是全方位对外开放格局下国外文化产品的大规模涌入，人民群众的精神文化需求迅速增长，呈现出多方面、多层次、多样性的特点，既为文化发展注入了新动力，也对文化建设提出了新的更高要求。一方面，人民群众要求大力发展公益性文化事业，加强公共文化基础设施建设，加快发展文化产业，进一步繁荣文化市场，提供更多、更好的精神文化产品，保障并满足他们的基本文化权益。另一方面，文化自身的发展也迫切要求冲破传统体制的束缚，使文化资源得到充分有效的利用，广大文化工作者的积极性、主动性、创造性得到充分发挥。因此，我们要围绕实现好、维护好、发展好人民群众的基本文化权益，加快推进文化体制改革，加快建立有利于发展、面向群众、面向市场，文化工作者各尽其才、各得其所，优秀文化产品不断涌现的体制、机制，推动文化自身的繁荣发展，让文化发展的成果惠及人民群众，促进人民的全面发展和社会的全面和谐。

二　明确改革目标任务，全面落实各项措施

根据中央和省推进文化体制改革决策部署，市委、市政府制定了《无锡市文化体制改革工作实施方案》，明确了深化文化体制改革的指导思想、基本要求和工作目标，全市上下要认真贯彻、狠抓落实，全面完成文化体制改革试点工作的各项任务。在推进过程中，要重点把握好以下三个问题：

（一）方向与目标

推进我市新一轮的文化体制改革，首先要坚持正确的改革方向，确立与我市改革基础和发展实际相适合的改革目标。坚持正确的改革方向，就是要以邓小平理论和"三个代表"重要思想为指导，全面贯彻落实科学发展观，坚持党对文化工作的领导，坚持马克思主义在意识形态领域的指导地位，坚持社会主义先进文化的前进方向，坚持为人民服务、为社会主义服务和百花齐放、百家争鸣，坚持把社会效益放在首位，努力实现社会效益和经济效益的统一。确立正确的改革目标，就是要紧紧围绕建设文明无锡、打造文化名城，在巩固"政资分开、政事分开、管办分离"改革的基础上，进一步深化文化领域的体制机制创新、艺术生产创新和产业运行创新，努力在激活文化单位的发展动力上取得新突破，在艺术生产的内容、形式和手段上取得新突破，在文化产业的市场化、产业化和品牌化上取得新突破，全面激发社会各界参与文化建设的热情，全面解放和发展文化生产力，实现文化建设与经济建设、政治建设、社会建设全面协调发展。力争到"十一五"期末，全市文化产业增加值占地区生产总值的比重达到6%，成为服务业乃至国民经济新的支柱产业。

（二）事业与产业

文化既有意识形态属性，又有商品属性。文化体制改革既要遵循市场经济规律，又要遵循社会主义精神文明建设的特点和规律，必须充分考虑文化事业与文化产业的不同特性，实施区别对待、分类指导。要一手抓公益性文化事业，一手抓经营性文化产业，正确处理好社会效益和经济效益的关系，切实做到两手抓、两加强。

要加快发展文化事业。要着眼于构建覆盖全社会的公共文化服务体系，进一步发展公益性文化事业，为人民群众提供基本公共文化产品和文化服务。要贯彻"增加投入、转换机制、增强活力、改善服务"的方针，各级财政要逐年增加对文化事业的投入，确保增长幅度不低于财政收入的增长幅度。要坚持以政府为主导，鼓励社会参与，大力建设公益性文化设施，提供更多的公共文化产品，满足人民群众最基本的文化需求。要坚持艺术创新，努力增强公共文化产品的吸引力、感染力和影响力。在艺术内容上，要大力挖掘无锡历史文化底蕴和地方特色文化资源，以鲜明的地方特色形成独特的竞争优势；在艺术形式上，要适应新时期人民群众审美情趣的变化，创作出更多的生动活泼、群众喜闻乐见的优秀文化作品；在艺术手段上，要积极运用数字、网络等高新技术手段，不断提高文化产品和文化服务的科技含量。此外，对由社会资本提供的公共文化产品，要积极推行政府购买公共服务的方式，最大限度地发挥公益性文化事业的社会效益。

要加快发展文化产业。要着眼于发挥市场配置文化资源的基础性作用，进一步发展壮大经营性文化产业，提高文化产业的规模化、集约化、专业化水平。要贯彻"创新体制、转换机制、面向市场、壮大实力"的方针，抓紧编制、完善我市文化产业发展的空间规划和中长期发展规划，加快形成重点突出、结构合理、特色鲜明的文化产业布局。要围绕重点发展的现代传媒业、文化演艺业、娱乐休闲业、文化旅游业、数字动漫业、创意设计业、影视产品业、出版印刷业、会展广告业和艺术培训业十大文化产业，加大资源整合力度，用抓工业的理念来抓文化产业发展，实行项目管理、市场运作，培育壮大一批有自主知识产权、有知名品牌、有自主创新能力的文化企业和企业集团，努力将文化产业打造成我市高端服务业发展的支柱产业，使之成为我市实现"三大转变"、推进"四高联动"的重要力量。

（三）体制与机制

体制机制创新是改革的重点和难点。体制机制问题不解决，文化发展就没有出路。要坚持正确的改革方向，努力在关键环节上实现新的突破，加快形成科学有效的宏观管理体制和富有效率的微观运行机

制，解放和发展文化生产力。

要大力推进宏观管理体制创新。一是要在创新完善文化行政管理体制上取得突破。要在全行业扩大"政资分开、政事分开、管办分离"的改革，特别是要加快启动广电局和广电集团的管办分离改革，切实做到职能分开、机构分设、财务分离，彻底理顺行政主管部门与事业主体的关系。二是要在创新国有文化资产监督管理体制上取得突破。组建市属国有文化资产管理办公室，负责报业、广电和文管中心三大文化集团的国有文化资产监督管理，按照责、权、利相统一，管资产和管人、管事相结合的要求，建立健全、科学、高效的监管制度，确保国有文化资产保值增值。三是要在建立完善文化市场体系上取得突破。要打破按部门、按行政区划和行政级次分配文化资源和产品的传统体制，打破条块分割、地区封锁、城乡分离的市场格局，加快建立健全统一、开放、竞争、有序的现代文化市场体系。要大力培育各类文化产品市场，加强文化生产要素市场建设，促进文化资本、人才、技术在更大范围内合理流动。要完善现代流通体制，推进连锁经营、物流配送、电子商务和电影院线等现代流通组织形式。要建立健全市场中介机构和行业组织，提高文化产品和服务的市场化程度。四是要在加强改进文化宏观管理上取得突破。要加快建立党委领导、政府管理、行业自律、企事业单位依法运营的文化管理体制和富有活力的文化产品生产经营机制。要加强文化立法，完善法律法规体系，实现主要以行政手段管理向综合运用法律、经济、行政、技术等手段管理转变。要加快制订和完善文化产业政策，加强对市场准入和进口的管理，鼓励、支持和规范非公有资本进入文化产业。要加大执法力度，组建综合执法队伍，提高文化市场的监管能力和水平。

要大力推进微观运行机制创新。一是要大力推进经营性文化单位转企改制。推进经营性文化单位转企改制，是文化体制改革的重要内容。只有抓好经营性文化单位转企改制，确立它们的市场主体地位，才能激发他们发展的动力和活力。要针对不同单位的实际情况制订不同的转企改制办法，下决心把该从文化事业单位剥离出来的经营业务剥离出来，组建新的法人，形成一批新的文化市场主体；下决心把除公益性文化事业单位和实行事业体制以外的文化单位转制为企业，使之真正成为文化市场主体。否则，该由政府扶持供养的养不好、吃不饱，该在市场竞争中成长壮大的也长不高、长不壮。下一阶段，要重点实施报业、广电两大传媒集团的宣传、经营两分离改革，实现宣传主业和发行、印刷、传播技术等全面分开，使宣传工作和产业运作同步得到加强。二是要不断深化文化事业单位内部改革。文化事业单位内部改革是文化体制改革的重要组成部分，是解放和发展文化生产力的应有之意。文化事业单位深化改革，主要是转换内部机制，最大限度地调动员工的积极性。现在大多数文化事业单位之所以缺乏发展动力和创新活力，主要是没有形成科学的业绩考评机制、有效的经费保障机制和完善的管理运行机制，干多干少一个样，干好干坏一个样。所以要积极引入竞争机制和激励机制，实行全员聘用制，健全岗位目标责任制，充分调动广大文化工作者的积极性和创造性，从而极大地发展文化生产力，极大地丰富精神文化产品，极大地提高文化服务水平。三是要加快建立市场化的文化运行机制。同物质产品一样，文化产品要提高效益，必须进入市场，接受公众检验。过去我们的文化发展长期在计划经济体制下运行，存在着行政干预过多、生产周期过长、工作节奏过慢，以及政府包揽、远离市场、不计成本、不讲效益等问题。现在要通过建立市场化的文化运行机制，推动经营性文化产业"调头转向"，就是要从面向政府、面向奖台，转为面向群众、面向市场，做到以观众为对象、以市场为导向组织文化产品生产，提高文化产品的竞争力。

三　切实加强组织领导，确保取得预期成效

文化体制改革是一项系统工程，涉及面广，任务繁重，全市上下要按照市委、市政府的统一部署，周密谋划，精心组织，明确责任，狠抓落实，确保各项工作措施有力、有序、有效推进。

一是要抓好学习、细化方案。要认真学习中央和省委文件，树立新的文化发展观，切实把思想统一到中央和省、市委的决策上来，把改革放到重要议事日程上来。对省文化体制改革领导小组审议通过的

我市文化体制改革方案，要迅速组织实施，抓紧制订出台实施细则和涉及的劳动人事、社会保障、财政投入、税收优惠等方面的配套政策。各部门、有关单位也要抓紧制订落实本部门本单位的改革方案，确保改革尽快进入实质性操作阶段。

二是要加强领导、精心组织。要建立、健全党委统一领导、政府组织实施、党委宣传部门协调指挥、行政分管部门具体落实、有关部门密切配合的领导体制和工作机制，主要领导亲自抓，分管领导具体抓，建立专门班子，落实责任分工，为改革提供坚强有力的组织保障。要扎实抓好试点工作，取得经验后，有计划、有步骤地全面推开。各相关部门要明确责任，相互支持，加强配合，切实把各项任务落到实处。

三是要胆大心细、积极稳妥。要以冷静清醒的头脑和求真务实的精神，在稳妥的前提下积极探索，在细致的基础上大胆创新。要深入开展调查研究，认真细致地开展方案论证，在前期工作基础上精心组织实施，确保各项改革措施的科学性和可操作性。各新闻单位要组织全面、生动、客观的宣传报道，为改革营造良好的舆论环境。

四是要借鉴经验、集中智慧。要认真总结汲取我市社会事业和事业单位改革中形成的好经验、好做法，结合文化体制改革的特点和要求，落实相关改革措施和配套政策。要善于从基层和群众的改革实践中吸取经验和智慧，鼓励基层在政策允许的范围内进行多种形式的探索试验，努力走出具有无锡特色的文化体制改革新路子。

五是要以人为本、规范操作。要把以人为本作为价值取向贯穿于改革的全过程，认真做好思想工作，确保改革顺利推进。在改革过程中，要坚持规范操作、有情操作、阳光操作，严格按照"老人老办法、新人新办法"的要求，控制存量，理顺增量，妥善处理好人员安置的问题，切实维护好每一名干部职工的切身利益。

最后，再强调一下网络文化建设和管理问题。现在互联网的发展非常迅猛，党中央高度重视网络文化建设和管理。强调网络文化建设和管理，关系社会主义文化事业和文化产业的健康发展，关系国家文化信息安全和国家长治久安，关系中国特色社会主义事业的全局。

统一思想，深化认识，切实增强推进网络文化建设和管理的责任感和紧迫感。现在全国网民已超过 1.6 亿，中国已成为世界第一大互联网国家。我市目前有各类网站 2 万多家，网民超过 110 万，网吧达600 多家。网络传播正以前所未有的速度影响着人们的工作和生活，网络文化对经济、政治、文化、社会发展，对人们的思维方式、价值观念、精神世界，都产生着越来越深刻的影响，互联网已成为意识形态领域各方较量的主战场。所以，我们要切实深化对互联网和网络文化的特点功能的认识，深化对网络文化建设和管理在全局中的地位作用的认识，深化对网络文化建设和管理面临的形势现状的认识，切实增强责任感和紧迫感，把思想和行动统一到中央和省委的决策、部署上来，切实把加强网络文化建设和管理，作为关乎长远发展的文化工程，作为得民心顺民意的民心工程抓紧、抓好。

把握方向，加快发展，大力推动网络文化繁荣发展。一是要扎实推进网上思想文化建设，全面提升网上文化引领能力。精心实施社会主义核心价值体系网上传播工程，促进重点网站和主要商业网站深化专栏、专题建设，开展形式多样的网上互动引导活动。二是要扎实推进网上舆论阵地建设，充分发挥主阵地、主渠道作用。要加强重点新闻网站建设，拓展网上宣传阵地，以正面权威的声音阐释党和政府的方针政策，回答干部群众关心的热点、难点问题。三是要扎实推进网络文化供给体系建设。积极支持一批重点新闻网站、政府网站、文化网站建设，更好地传播科学知识和先进文化。四是要扎实推进网络道德建设，文明办网，文明上网，积极开办公益性绿色上网服务，深入推进网络文明工程。

健全规范，加强管理，努力营造网络文化健康有序发展的良好环境。一是要坚持科学管理，在健全体制机制、加强基础管理上下工夫。宣传文化管理部门不仅是负责互联网信息服务的专项内容管理部门，也是网络文化信息服务的行业主管部门，要统筹网络文化信息服务的产业发展、行业管理、内容建设和安全监管。要坚持谁主管谁负责、谁经营谁负责、谁接入谁负责、谁审批谁监管、谁办网谁管网。要建立全市网络文化建设和管理联席会议制度，完善日常联系协调机制、遇情研判机制、快速反应机制，研究制订我市重大突发事件网上应急预案，形成以宣传部门为主导、实际工作部门相配合、各类媒体齐心协力的舆论引导格局。二是要坚持依法管理，在加强法制建设、提升执法效能上下工夫。积极推进地方立法，强化法律法规的贯彻执行，理顺执法主体，进一步明确各网络文化相关管理部门的执法权限，推进和加强各部门联合执法、联合检查工作，严厉打击网络犯罪，严肃查处网上违法违规行为。三是要坚持有效管理，在抓好重点措施、解决突出问题上下工夫。对具有强大媒体传播功能、文化传播功能和涉及意识形态的网站进行重点监管，加强对网络新闻、论坛、网络出版物、手机短信等重点领域以及博客、播客等新兴网络信息传播形态的监管。

加强领导，务实创新，不断提高网络文化建设和管理工作水平。一是要加强领导，落实责任。加快建立市和市（县）区两级网络与信息安全协调机构，明确主管领导，明确责任部门，明确协调机制，明确管理措施，把网络文化信息安全纳入信息安全的重要内容。加强有关部门之间的协调，掌握好网络文化建设和管理的重大事项决策权、资产配置控制权、宣传文化业务审核权和国有网络文化企事业单位主要领导干部任免权。二是要统筹协调，整体推进。坚持建设与管理统筹，事业与产业统筹，政府主导推动与社会参与、市场运作统筹，网上与网下统筹，整合资源，整体推进，形成合力。三是要突出重点，务求实效。明确本地区本部门发展网络文化的特色和优势所在，规划和推进一批重点工程和项目，力求抓出一批精品、建成一批重点阵地、培育一批龙头企业、打造一批品牌，努力在重点领域首先出效益。四是要抓好队伍，强化保障。重点建设好网络文化业务、经营管理、技术研发和监管执法四支队伍。积极推动市和市（县）区网络评论员队伍建设。要有专职部门、专门人员、专职领导、专项经费保证工作的正常运转，形成长期稳定的人、财、物投入保障机制。五是要探索规律，强化创新。要以技术的创新引领网络文化发展，以体制机制的创新构建网络文化建设和管理的新格局，以网络文化形式和内容的创新丰富人们的精神文化生活。各级各部门必须以积极的态度、创新的精神，大力发展和传播健康的网络文化，切实把互联网建设好、利用好和管理好。

文化体制改革事关全局，事关长远，事关人民群众的切身利益。全市各地区、各部门、各单位要进一步增强责任感和使命感，抓住机遇，解放思想，开拓进取，扎实工作，确保圆满完成各项目标任务，确保我市的文化体制改革继续走在全国、全省前列，努力开创我市文化事业和文化产业发展的新局面，为建设文明无锡、打造文化名城作出新的贡献。

（2007 年 8 月 24 日）

成立全国第一个文化遗产局、第一个文化遗产保护基金会

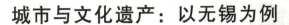

城市与文化遗产：以无锡为例

"罗马不是一天建成的。"每一座城市都是一部独特、真实、连续的人类文化记录簿。城市的文化特性由于不同自然地理环境、历史发展变迁、生产生活方式等的影响而姿态各异，是一座城市区别于其他城市的标志，也是城市的生命和活力所在。经历几百年、几千年积淀下来的文化遗产，记录着一个城市的历史，见证着一个城市的文化演进历程。失去了这些文化遗产，城市就失去了记忆，失去了历史，失去了灵魂。而一个没有记忆和灵魂的城市是一个没有个性的城市、没有生命的城市，必将在历史的长河中消失。为此，哈佛建筑学院院长塞蒂曾于 20 世纪 40 年代提出警示："我们的城市能否存在？"

当中国进入城市化加速期，城市的国际化、现代化水平突飞猛进之时，如何保护好城市历史文化遗产、彰显城市历史文化特色、避免出现"千城一面"现象，是我们面临的共同问题。

无锡地处中国美丽富庶的长江三角洲地区、太湖之滨，是中国排名前十位的经济中心城市，也是一座具有 3000 多年历史的江南古城。在浩瀚历史长河的各个阶段，无锡凭借其得天独厚的自然人文条件和历史赋予的机遇，创造了累累文化硕果，留下了丰富深厚的城市文化遗产。概括起来讲，无锡的城市文化来源于三次文化整合。

第一次文化整合，以公元前 12 世纪"泰伯奔吴"事件为起点，无锡不断发展成为吴文化、江南文化的发源地。泰伯在梅里（今无锡市

本文为杨卫泽在城市文化国际研讨会上的演讲稿。

　　寄畅园借助得天独厚的山水之胜，以借景、理水、垒石，引泉等手法吸纳锡、惠两山秀丽风光。巧于因借，浑合自然。园出二十景，或奇峰秀石，幽径蜿蜒，或朱栏曲槛，古木森森。八音洞泉落淙淙，锦汇漪塔影摇曳。园虽小而有古朴、幽静、清旷、疏朗之特色。江南园林，兹园为胜，它代表了我国明清时期造园艺术所达到的高超水平，为首批全国重点文物保护单位之一梅村镇）所筑的泰伯城，是长江三角洲地区第一座都城。他开凿的伯渎河（又称泰伯渎），是人类文明史上的第一条人工运河，是全国重点文物保护单位"大运河"无锡段的重要组成部分。现保存完好的"三泰一址"（泰伯墓、泰伯庙、泰伯渎、鸿山遗址），是无锡作为吴文化、江南文化发源地的代表性遗址。其中被评为 2003 年中国考古十大发现之一的鸿山遗址，已被列为全国大遗址保护工程，遗址公园在今年 4 月 30 日已奠基开工。

第二次文化整合，以公元前 202 年汉代设无锡县为起点，无锡不断发展成为人文荟萃的"文化名城"和繁荣富庶的"经济重镇"。从汉代至今，无锡的城名、城址一直未变，留下了众多的历史文化遗产。在文化发展上，无锡是东晋画圣顾恺之、元代画家倪云林、明代画家王绂、近代画家徐悲鸿等书画大家的故乡；也是唐宋诗人李绅、尤袤，当代国学大师钱钟书等文学大家的故乡；诞生了明代地理学家、旅行家徐霞客和刘天华、华彦钧（阿炳）等近现代音乐大家。以天下第二泉、寄畅园为核心的惠山历史文化古镇，是中国江南园林艺术的顶峰之作，现已被列为历史文化保护街区。在经济发展上，大运河作为中国经济的大动脉，它穿无锡城而过，带动了无锡制砖、冶坊、造船、陶瓷、酿造、缫丝、织布等手工业的久盛不衰。到 19 世纪中期，无锡已成为"南供民食、北输漕粮"的全国四大米市之一，年交易量达 600～750 万石。随着纺织品贸易的兴起，无锡又成为东南称雄的（土）布码头、丝茧码头、银钱码头。

第三次文化整合，以 1895 年杨宗濂、杨宗瀚兄弟创办业勤纱厂为起点，无锡不断发展成为中国近代民族工商业发祥地，成为闻名遐迩的"小上海"。清末外交家、政论家薛福成（其故居已修复，是全国重点文物保护单位）1890 年出使英、法、意、比四国，目睹西方的富强百倍于中国，提出必须努力向西方学习，发展私营工商业。薛福成的思想直接开启了近代无锡城市文化转型之门。1895 年，杨宗濂、杨宗瀚兄弟创办业勤纱厂，成为无锡近代机器工业企业之发端。此后短短四十年时间，无锡民族工商企业蓬勃兴起，至 1937 年全面抗战爆发前，无锡的产业工人数列全国第 2 位，工业总产值列全国第 3 位，工厂数、资本额均列全国第 5 位，工商业之发达程度令世人瞩目。这一次以工商繁荣为特征的崛起，虽然因日寇入侵而中断，但以杨氏、周氏、荣氏、薛氏、唐蔡、唐程六大集团为代表的无锡民族工商业者，依然给无锡这座城市留下了大量宝贵的工商文化遗产。

上述三次文化整合，时间跨度长达 3000 多年。由吴文化的发源地到工商名城"小上海"，无锡这座城市的文化传统之悠久，文化遗产之丰富，令人叹为观止！

改革开放以来，无锡经济迅猛发展，城市化快速推进，经济综合实力一直稳居全国大中城市前 10 位。然而，当我们面对高楼林立、车水马龙的现代化城市景象时，却似乎越来越难以寻找到这座千年古城的历史印记了。实事求是讲，无锡在城市文化遗产保护上一度走过一些弯路，曾有过深刻的教训。2001 年，也就是无锡大规模城市改造刚刚开始之时，《中国文物报》报道了全国文物损毁的 20 个典型案例，无锡老城就有秦氏章庆堂、孙氏少宰第、秦氏对照厅 3 个单位名列其中，这在全市引起了强烈震动。此后，虽然我们的城市建设步伐并没有放慢，但我们对于在城市建设中保护好历史文化遗产的认识却越来越深刻、越来越强烈，我们努力以一种"文化的自觉"去看待这座城市，谨记先贤的功德、解读古人的智慧、感悟文化的魅力、赓续历史的文脉。

近年来，无锡全市上下在城市文化遗产保护上的共识进一步加强，城市文化遗产保护的力度进一步加大。按照"护其貌、显其颜、铸其魂、扬其韵"的思路，近年来我市城市文化遗产保护工作取得了显著成绩。2006 年，第 6 批全国重点文物保护单位和江苏省第 6 批文物保护单位公布，无锡已拥有 15 处全国重点文物保护单位，位列全国大中城市第 15 位；省级文物保护单位 58 处；市级文物保护单位 246 处；文物控制单位 132 处。无锡城内现有历史保护街区 4 处，规划保护面积达58.41 公顷，名列江苏省各城市的第 2 位；还有传统街坊 4 处，古村落和古镇 12 处。鸿山遗址成为苏南地区唯一的一个国家大遗址保护工程。

无锡历史文化遗产数量对比表

时间 类别	2001 年	2006 年
全国重点文物保护单位	1 处	15 处
江苏省文物保护单位	21 处	58 处
无锡市文物保护单位	142 处	246 处
无锡市文物控制保护单位	42 处	132 处
无锡市工业遗产保护名录	0 处	34 处
无锡市乡土建筑保护名录	0 处	23 处
无锡市历史文化街区保护名录	0 处	4 处
无锡市古镇、古村保护名录	0 处	12 处

在工作上，主要包括以下五个方面：

（一）改革体制，强化政府的主导作用

本着"政事分开"、"管办分离"原则，我市将原政府部门直属的 8个文物文博单位划归市文化艺术管理中心。改革后的文化局设置文物处、文管办、文物执法大队、法规处和非物质文化遗产保护中心等文化遗产保护机构，并增挂文化遗产局牌子，把《国务院关于加强文化遗产保护的通知》要求落到实处，全面加强文化遗产的保护。与此同时，加大政府资金投入，设立了名人故居修复专项资金、惠山泥人保护专项资金和考古专项资金，对锡剧艺术非物质文化保护教育进行专项拨款。文化遗产保护项目每年都列入市重点工程、政府为民办实事项目和财政预算。如创建于 1901 年的无锡茂新面粉厂，由市政府出资近亿元进行资产置换后作整体保护修缮，建成"中国民族工商业博物馆"。这几年我市已累计修复 60 余处文物保护单位，总投资达 6.2 亿元。

（二）加强立法，严格实施依法管理

在市场经济条件下，重视运用法制手段依法保护历史文化遗产，是最有力、最直接、最持久的措施。这几年，我市大力加强历史文化遗产保护的法规制度建设，使全市的历史文化保护工作逐步由过去的政府行政保护为主转向依法保护为主，极大地增强了保护工作的刚性和力度。近年来，我市公布了《无锡市历史街区保护办法》，成为国内

无锡竹刻

首部城市历史街区地方保护法规;公布了《无锡市古运河管理暂行规定》,成为我国第一个古运河保护地方性法规;公布了《无锡市历史文化名城保护办法》、《市政府关于国家历史文化名城建设的实施意见》、《市委市政府关于建设文明城市打造文化名城的决定》等。同时,把上述文化遗产保护、历史文化名城建设的相关内容一一列入《无锡市"十一五"文化发展规划纲要》和"十一五"市文化重点工程,实施市领导挂钩联系制度,明确目标,落实责任,依法推进。如《清名桥历史街区保护性修复工程》责任单位是南长区政府,笔者为市级挂钩联系人。

(三)全面普查,摸清文化遗产家底

近年来,我市多次开展大规模文物普查,重点调查乡土建筑、工业遗产、古镇古村、历史街区、名人故居和非物质文化遗产。目前,我市已有 3 项非物质文化遗产列入国家级名录,10 项列入省级名录,准备公布一批市级名录。2002 年对农村乡镇普查后编制了《无锡城镇组团文物保护规划》,荡口古镇、严家桥古村已列为省级历史文化名镇名村。历史街区普查后,加强了一些具有重要价值的历史街区、古镇古村的整体保护。目前我市划定的历史街区已由原来规划的 1 处增加到 5 处,保护面积由 19 公顷增加到 60 公顷,列江苏省第 2 位,惠山历史街区、古运河历史街区和严家桥古镇保护工程已开始启动。一时未能以保护级别公布的"历史文化街区",则以"建筑群"的名义列入文保单位。如"清名桥及沿河建筑"、"荣巷近代建筑群"、"小娄巷"、"惠山祠堂建筑群"已列为省保,"日晖巷街坊"、"陶沙巷街坊区"、"接官亭弄街坊"则列为市级控制保护单位。在已公布的 271 处文保单位中,名人故居达 60 余处。工业遗产是无锡文化遗产的重中之重。据文献记载,1949 年底在城区 315 万平方米的建筑面积中,工商业用房达 110 万平方米。半个世纪过去了,工业布局结构发生了较大变化,为保护好这些宝贵的工业遗产,我市在 2000 年启动全市文物普查中,将工业遗产列为重点,三管齐下——文物处和文管办重点查老仓库、老厂房、同业公所等不可移动遗产;博物馆重点查设备器物等可移动实物;档案局重点查纸质档案文献。同时下发《关于征集中国民族工商业文物资料的意见的通知》、《无锡市档案资料征集办法》、《关于开展工业遗产普查和保护工作的通知》，并公布了《无锡市工业遗产普查及认定办法》。在 2006 年 4 月召开"中国工业遗产保护论坛"会议之前，编制了《无锡工业遗产图录》。现已有 78 处不可移动工业遗产列入文物保护、控制单位；征得 5000 件（组）可移动工业遗产实物，其中原申新三厂捐献的两台英制纺织机（1921 年、1922 年）被审定为国家一级文物；有 5.05 万卷文献移交进档案局，并开展了《荣氏家族和荣家企业档案资料联合目录》、《近代无锡商会史料选编》、《无锡唐氏家族创业史料》、《近代无锡同业公会史料选编》等文献汇编工作。

（四）制订规划，有计划实施文化遗产保护

在摸清文化遗产家底的基础上，我市加强了文化遗产保护规划的制订。近年来，我市编制了《无锡历史文化保护规划》，并列为城市总体规划的重要组成部分；编制了《无锡城镇组团文物保护规划》，实现了文物保护规划覆盖从城区向农村乡镇延伸；编制了《无锡市历史街区保护规划》、《无锡古运河保护规划》，完整、系统地对历史文化遗存进行保护；编制了《工业遗产保护与利用规划》，作为城市控制性详规的重要组成部分，划定工业遗产的保护范围和建设控制地带，实行前置审批，各地在工业布局调整、农村"三集中"建设中，必须以不破坏工业历史文化遗存为前提。对全市所有文保单位都制定了规划"紫线"，并规定工程选址及涉及"紫线"的工程项目，均要经文物部门前置审核，城市建设中的文保意识极大增强，有效杜绝了文物破坏事件的发生。

（五）社会参与，形成文化遗产保护的合力

历史文化遗产是全社会的共同财富，保护历史文化遗产也是全社会的共同责任。这几年，我市十分注重调动社会各方面的积极性，改变了以往由政府文化部门单枪匹马保护文化遗产的被动局面，形成文化遗产保护的合力。如在"中国银行无锡分行旧址"、"锡金钱丝两业公所"两座民国早期建筑的保护中，我们充分调动房地产开发公司的积极性，本着谁保护、谁修复、谁利用、谁管理的原则，允许其在保护修复的前提下，对文物进行合理利用。阿炳故居由崇安区城投公司

在崇安寺商业街区改造中，投资 5000 万元修复。北仓门生活艺术中心由海外归来的郑氏兄妹将建于 1938 年的省保单位"北仓门蚕丝仓库"，修缮为风貌依旧而内涵现代的文化艺术展示创意中心。通过灵活的办法，形成了文化遗产合理利用的多样化。按照这个思路，我们先后利用社会资金保护修缮了无锡县商会旧址（获 2005 年省文物局文物保护特别贡献奖）、纸业公所、储业公所等 64 处历史遗迹，占全市修复总量的 78%。为进一步增强全社会的文保意识，我市于 2007 年 4 月 10日成立了无锡市文化遗产基金会。该基金会为非营利性社会组织，具有独立法人资格，资金来源主要有政府划拨、企业募集、社会赞助、个人捐赠等，资金主要用于支持和奖励文化遗产考古发掘、修复、保护、传承利用、展览展示、研究出版和示范项目；资助和开展与文化遗产保护相关的各类公益活动及项目；表彰和奖励在文化遗产保护事业中作出突出贡献的组织和个人；资助其他文化遗产保护活动、促进文化遗产保护事业的发展。该基金会现已募集资金达 2400 多万元，捐款者中既有我市的企业单位、市民百姓，也有广大的中小学生，在全社会形成了保护文化遗产的浓厚氛围。现在，一个政府导向、各方联动、多元投入、有效利用的无锡文化遗产保护的良好机制已初步形成。

实践证明，珍视并保护好城市文化遗产，弘扬并发展好城市历史文化，我们才能坚守延续数千年的创造活力和具有鲜明特色的文化表达方式，才能在全球化的时代，使我们的城市在迈向现代化的同时又能保持中国风度、中国风格，使我们的身份标志更加饱满、更加清晰。这一次，我们以无锡为例。

（2007 年 6 月 10 日）

兴起文化建设新高潮
提升无锡文化"软实力"

　　党的十七大向全党全社会发出了"推进文化大发展大繁荣"、"兴起社会主义文化建设新高潮"的号召。这是令人鼓舞的号召，更是催人奋进的号召，对于正在加快"建设文明无锡，打造文化名城"的我市来讲，是一股强劲的东风。今天，我们召开再动员大会，就是要以部署《无锡市文化大发展大繁荣行动纲要》这一实际行动，迅速全面地贯彻落实党的十七大精神，用更大的力度和更扎实的工作推动兴起无锡文化建设新高潮，提升无锡文化"软实力"。

一

　　辩证唯物主义和历史唯物主义有一个基本原理，即经济基础决定上层建筑，上层建筑又能够反作用于经济基础；上层建筑只有很好地适应经济的发展，才能够推动历史前进。党的十七大从中国特色社会主义事业总体布局出发，提出"全面推进经济建设、政治建设、文化建设、社会建设，促进现代化建设各个环节、各个方面相协调，促进生产关系与生产力、上层建筑与经济基础相协调"，并将这一要求上升为科学发展观的基本要求，正是对上述马克思主义基本原理的充分运用和完美体现，在理论和实践层面都具有重大的指导意义。正如十七大报告所指出的，我国"新时期最显著的成就是快速发展"。经济基础的迅速扩张已经为包括文化在内的上层建筑建设积累了物质条件，提供了现实可能，同时也提出了更高、更迫切的要求。加快文化建设，已

　　本文为杨卫泽在"建设文明无锡、打造文化名城"再动员大会上的讲话稿。

成为当前新的历史条件下落实科学发展观、实现经济社会全面协调可持续发展的重大战略任务。十七大报告用"三个越来越"突出强调了加强文化建设的极端重要性和紧迫性，即"文化越来越成为民族凝聚力和创造力的重要源泉，越来越成为综合国力竞争的重要因素，丰富精神文化生活越来越成为我国人民的热切愿望"，要求我们"更加自觉、更加主动地推动文化大发展大繁荣"，"让人民共享文化发展成果"。这一重要论述充分反映了我们党对当今时代发展趋势和我国文化发展方位的准确把握，充分体现了我们党在新的历史条件下高度的文化自觉。回顾世界历史，欧洲文艺复兴不仅曾是欧洲崛起的伴随现象，更是对推动欧洲崛起起到过决定性作用的重要因素；放眼国家未来，"中华民族伟大复兴必然伴随着中华文化繁荣兴盛"，党的十七大以卓越的政治眼光和恢弘的历史气度，为全体人民尤其是广大文化工作者在中国特色社会主义伟大实践中进行文化创造，赋予了民族复兴的伟大意义。对十七大精神的深入学习领会，应该使我们认识到文化已不仅仅是经济社会发展的一种手段、支撑和补充，更是社会主义建设的重要标志、重要内容和重要动力。我们一定要深刻理解和把握党的十七大关于文化建设的重要论述和最新要求，在促进经济社会又好又快发展的同时，更加注重文化建设，更加自觉、更加主动地以思想的大解放、大转变来推动新时期社会主义文化的大发展、大繁荣。

2005 年，无锡在江苏省内率先基本建成了全面小康社会；2006 年又基本建成了以县为单位的全面小康社会。经济社会小康了，文化建设怎么办？在市第十一次党代会上，市委提出要依靠创新文化提升人文竞争力，并把这作为我市争创全省科学发展先导区的六大竞争力之一，明确了打造最富有人文特质的文化名城的奋斗目标。在去年召开的全市"建设文明无锡，打造文化名城"工作会议上，出台了《无锡市"十一五"文化发展规划纲要》，之后又确定了文化建设四个"八大工程"。一年来，全市各级各部门围绕落实文化建设各项目标任务，创新思路，埋头实干，做了大量工作，取得了成功获得国家历史文化名城称号等一系列可圈可点的进展和成就，全市上下对于文化建设的态度也逐步从觉醒走向自觉。但是，与十七大对文化建设的定位、要求相比，与无锡城市的经济成就和地位相比，与国内文化发展先进地区相比，我们在重视程度、工作力度和工作成效上还很不够，还有许多工作需要我们去做。当前，无锡正处在从工业化中期向工业化后期过渡、重点发展向优化发展转型、全面小康向基本现代化跨越的历史新阶段。这一阶段，物质生活已经小康的无锡人民对精神文化的需求日趋旺盛，人们思想活动的独立性、选择性、多变性、差异性明显增强，对发展社会主义先进文化提出了更高要求。这一阶段，在发达国家和地区，服务业已经取代工业成为后工业时代的主导产业，文化消费上升带动文化产业快速发展，已成为经济结构转型的重要标志。如何解放和发展文化生产力，满足人民群众日益增长的精神文化需求，更好地保障人民的基本文化权益，让人民共享文化发展成果；如何充分发挥人民在文化建设中的主体作用，激发全社会的文化创造活力，提升城市人文竞争力和文化"软实力"，已成为无锡在新一轮转型发展中必须思考和面对的一个重大问题。全市上下要以党的十七大精神为指导，以这次再动员大会召开为新的起点，把推动兴起文化建设新高潮、提升无锡文化"软实力"，作为无锡创新模式、优化发展和实现"一当好、三争创"目标的重大战略任务，围绕落实《无锡市文化大发展大繁荣行动纲要》各项目标任务，精心组织，广泛发动，强力推进，进一步加快"建设文明无锡，打造文化名城"步伐，在无锡建设更高水平全面小康社会、率先攀登基本现代化新高峰伟大进程中，充分发挥文化的应有功能。

（一）要突出文化的引领功能，着力建设社会主义核心价值体系

主流文化必然要体现一种意识形态，一个社会需要有一种共同理想，有一种主流意识形态来维系、来协调、来团结。坚持先进文化的前进方向，首先要理直气壮地弘扬社会主义核心价值观，切实增强社会主义意识形态的吸引力和凝聚力。要坚持不懈地用马克思主义中国化最新成果武装党员、教育人民，用中国特色社会主义共同理想凝聚力量，用以爱国主义为核心的民族精神和以改革创新为核心的时代精神鼓舞斗志，用社会主义荣辱观引领风尚。"一当好、三争创"的奋斗目标，是全市人民建设中国特色社会主义的共同理想，是社会主

核心价值体系在无锡的集中体现。要把这一目标融入国民教育和精神文明建设全过程，教育党员、凝聚民心、激励斗志，引导全市上下为实现这一目标而积极进取、忘我工作、自强奋斗。要进一步加强和改进思想政治工作，以争创全国文明城市为目标，营造"四尊四创"风尚，深入开展、和谐创建各类群众性精神文明活动，弘扬社会正气，鼓励创新创造，用寓教于乐和潜移默化的方式发挥文化的引领作用。

（二）要突出文化的规范功能，着力打造诚实守信的社会风尚

文化的基础性社会功能，是规范社会的行为方式，使大家共同遵守社会公共的行为规范。在市场经济条件下，在法治社会，最基本、最重要的行为规范是守信用，尊重社会公共规则以及与他人商定的交往规则。制度经济学的研究表明，一个经济共同体的市场交易成本，取决于管理者与经济主体以及经济主体之间的信任程度和对规则的尊重程度。举一个简单的例子，假如政府对企业的环保行为普遍采取不信任的态度，每个企业都去查，每天都去查，那得花多大的成本代价？事实也证明，哪个地方的经济信誉好，金融资本和产业资本就更倾向于向哪里汇集，哪里的经济就更容易获得腾飞的机会和持续发展的能力。工商文化是无锡工商业发展辉煌历史留给我们的宝贵文化财富，是无锡最重要的文化品牌之一，工商文化的精髓就是重规则、守信用。我们要深入挖掘工商文化的精神内涵，取其精华、去其糟粕，在全社会大力倡导重规则、守信用的行为方式和文化风尚，以诚实守信为荣，以失信欺骗为耻，从我做起，从小事做起，言必行，行必果，使重承诺、守信誉成为无锡这座工商名城最显著的人文特质和文化品位。

（三）要突出文化的形象功能，着力彰显无锡的独特魅力

一座城市在国内外的"知名度"和"美誉度"，除了良好的基础设施、发达的经济条件等因素，更在于其鲜明的城市风格、良好的人文环境、独特的文化魅力。要以无锡获得国家历史文化名城称号为新的起点，以更加自觉、更加主动的态度和更加扎实、更加有力的措施，在全市范围内全面深入开展历史文化遗产挖掘、清理、保护和修复工作，传承弘扬优秀传统文化，彰显城市人文历史底蕴，掀起我市历史

文化名城建设新高潮。要加快推进清名桥、惠山、荡口、荣巷、小娄巷五大历史文化街区保护修复和鸿声遗址公园、阖闾城遗址公园建设，形成吴文化、工商文化等特色文化品牌，进一步彰显无锡作为吴文化、民族工商业发祥地的城市形象。要整合资源，加大投入，进一步彰显江阴作为徐霞客故里、民乐之乡的城市形象，把江阴建成国家历史文化名城。要深入挖掘，形成特色，进一步彰显宜兴作为梁祝故里、书画之乡的城市形象，把宜兴建成国家历史文化名城。到 2010 年，全市国家级文保单位达到 18 处以上，全市建成国家历史文化名城群。要围绕打造最富有人文特质的文化名城目标，积极开展以政府为主导、民间交流为主体的对外文化交流与合作活动，要进一步提升中国（无锡）吴文化节、中国（无锡）太湖国际民乐展等重大节庆活动的办节层次、组织水平和国际化程度，使之成为无锡对外文化交流的重要平台，充分展示无锡文化名城的良好形象。

（四）要突出文化的服务功能，着力保障人民群众的基本文化权益

文化建设的根本目的在于服务人民。要坚持把发展公益性文化事业作为保障人民基本文化权益的主要途径，建立完善政府主导、社会参与、全民共享、覆盖城乡的公共文化服务体系。要着眼于满足城乡群众多样化的文化需求，抓紧编制全市公共文化设施建设规划，并纳入新一轮城市建设规划，合理布局，突出重点，加大投入，强力推进。要以高标准建设太湖艺术中心、博物院、美术馆、档案馆新馆等一批重点工程为龙头，加快推进市、区（县）、街道、社区（村）文化馆、图书馆、文化站、文化室、农家书屋和文化开放户等五级群众文化网络建设，逐步形成以标志性城市文化设施为龙头、社区和乡镇基层文化设施为基础、覆盖全市城乡的公共文化服务体系。到 2010 年，80%的乡镇街道文化站达省颁标准，各市（县）、区文化馆达部颁一级馆标准，各市（县）、区公共图书馆达部颁二级馆以上标准，公共藏书量户籍人口人均 1.6 册以上，全市文化设施数量、质量和人均拥有量处于全国领先、省内一流水平。

（五）要突出文化的经济功能，着力发展壮大文化产业

无锡经济结构的优化转型，很大程度上取决于服务业的快速发展。

但从现状来看，我市服务业尚未摆脱传统产业支撑的局面，占 GDP 的比重提高不快，这决定了我市经济结构一直在工业化中期向后期过渡的拐点处徘徊。文化产业是服务业的重要组成部分，但近几年我市文化产业增加值占 GDP 的比重一直停留在 3% 左右，距离 6% 的"十一五"目标还有较大差距。要抓住当前我市文化消费需求快速上升的新机遇，坚持以市场为导向，加快做大做强文化产业，使文化产业成为我市新的经济增长点和支柱产业。要大力发展软件服务、数字动漫、时尚设计、工业设计、工艺美术等文化创意产业。到"十一五"末，全市软件产业总体销售规模达到 600 亿元，建成专业载体 300 万平方米以上，拥有企业群体 1000 家以上，从业人员达到 20 万人左右。要大力发展文化旅游、都市休闲等文化休闲产业，整合文化休闲资源，开发文化休闲产品，建成一批集文化娱乐、餐饮服务、休闲购物于一体的文化休闲区，提高文化休闲产业的增加值。要大力发展文化传媒产业，充分发挥市文化艺术管理中心和广电集团、报业集团的作用，鼓励现有文化集团交叉持股或跨地区并购，实行多媒体经营和跨地区发展，逐步成为文化市场的主导力量和文化产业的战略投资者。要大力繁荣文化市场，放宽准入条件，提高管理水平，引导市场消费，培育更加集中、更加规范、更具辐射力的文化产品市场和文化要素市场，到 2010 年，居民文教娱乐及服务支出占家庭消费支出比重达到 20%。

二

文化是一种软实力，这种特性决定了文化工作的柔性比较强，衡量文化建设成效的标准也较难制定。越是这样，就越是需要我们在文化建设中拿出一股硬气来，软事硬做，虚事实做，确保建设文明无锡、打造文化名城工作取得实实在在的效果。

（一）要注重营造氛围

文化形态本身就是一种氛围，兴起文化建设新高潮、提升无锡文化"软实力"，更要造浓氛围。全市各地区要按照"四位一体"的要求，把文化建设纳入经济社会发展总体规划通盘考虑，建立和形成党委领导、政府负责、宣传文化部门组织协调、各有关部门支持配合的文化建设领导体制，大力推动本地区兴起文化建设的新高潮。要充分发挥人民群众在文化建设中的主体作用，充分调动广大文化工作者的积极性，广泛开展形式多样、丰富多彩、百姓喜闻乐见、具有地方特色的基层群众文化活动，在全社会大力营造文化建设人人参与、人人共享的浓厚氛围，让文化建设在人民群众的自觉行动中高潮迭起。

（二）要注重培养队伍

把文化人才引进和培养纳入省"333 工程"、市"530 计划"、"创业创新人才引进和培养计划"、"学术技术带头人培养工程"，进一步加大文化人才培养引进力度。继续推进"五个一批文化艺术人才工程"，大力培养专业文化人才队伍、文化管理干部队伍、文化产（事）业经营人才队伍和群众性业余文化活动骨干人才队伍，努力造就一批名家大师、一批专业领军人物、一批懂经营善管理的经营管理人才、一批掌握现代传媒技术的专业技术人才。完善文化人才激励机制，在职称评聘、成果评奖、业绩考核等工作中，打破学历和资历的界限，以创新能力、创作研究成果和经营管理实绩为主要衡量标准，积极营造有利于出精品、出人才、出效益的环境。

（三）要注重打造项目

各地各部门要全面落实市委、市政府《"建设文明无锡，打造文化名城"项目任务书》、《关于确定"十一五"市文化重点工程的通知》和《关于国家历史文化名城建设的实施意见》中确定的各项目标任务，集中力量抓好一批重点文化项目的建设，对承担的目标任务认真制订实施规划，列出年度计划，建立项目责任制，确保所承担的项目按时保质保量完成。要全面落实文化经济政策，健全公共财政体制，改革文化投入方式，切实加大财政对公共文化建设的投入，提高公共文化建设的社会效应。要积极鼓励社会各界支持和促进文化事业发展，积极引导民间资本投资兴办文化产业，实现文化投资立体和经营立体的多元化。

（四）要注重创新体制

适应市场经济条件下文化大发展、大繁荣的新形势、新要求，创新文化管理体制，进一步推进政府职能转变，实现政府由办文化为主向管文化为主的转变。按照"增加投入、转换机制、增强活力、改善服务"的方针和"政事分开、事企分开"的原则，全面推进公益性文化事业单位内部人事、收入分配和社会保障制度改革，更好地繁荣公益性文化事业。按照"创新体制、转换机制、面向市场、壮大实力"的方针，积极推进经营性文化事业单位转企改制，更好地发展市场化文化产业。

党的十七大吹响了文化大发展、大繁荣的号角，千年江南名城鼓荡起了文化奋进的浪潮。让我们以更加饱满的热情、更加自觉的意识、更加扎实的行动，兴起无锡文化建设新高潮、提升无锡文化"软实力"；以"建设文明无锡，打造文化名城"的辉煌业绩，去拥抱无锡文化建设史上的又一个春天！

（2007 年 12 月 10 日）

鼋头渚近代园林，2006年江苏省人民政府公布为省级文物保护单位

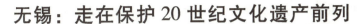

无锡：走在保护 20 世纪文化遗产前列

　　春光明媚重聚会，踏青时节又相逢。在这美好的春日里，第 3 届中国文化遗产保护论坛在无锡开幕，这对所有致力于保护中国文化遗产的朋友来说是一件大事、一件喜事。

　　2007 年 9 月，国务院公布无锡为国家历史文化名城。"申名"的成功，对于无锡这座具有 7000 多年人类生活史、3000 多年文字记载史和 2200 多年建城史的江南名城来说，具有里程碑的意义，既标志着无锡富有鲜明特色的城市历史文化得到了广泛认同，也标志着无锡近年来的文化遗产保护工作取得了长足进步。

　　"申名" 8 年的过程，对无锡来说，是一个寻根溯源的过程，也是一个不断反思的过程，不仅使我们较为清晰地看到城市自身发展的年轮，也使我们清楚地意识到，作为文化载体的城市，它的每一个历史时期都有着文化上的独特价值。站在历史文化时空的特定节点上，我们既有责任继承和弘扬祖先给我们留下的文化遗产、文化精神，更有责任保护好身边的文化遗产，开启未来，昭示后代。获得国家历史文化名城称号的无锡，正迎来文化遗产保护和利用的历史最好时期。我们将以此为新的起点和新的动力，按照"护其貌、显其颜、铸其魂、扬其韵"的要求，精心规划实施好新一轮文化遗产保护，使千年古城焕发出更加耀眼夺目的历史文化光彩。国家文物局根据世界文化发展的势态，把"保护 20 世纪文化遗产"作为本届论坛的主题，对无锡来说正是"扬帆有好风"。无锡拥有大量珍贵的 20 世纪文化遗产，特别是成就了无锡百年繁华的近代民族工商业，为无锡留下了极富历史价

　　本文为杨卫泽在中国文化遗产保护无锡论坛上的演讲稿。

值的文化遗产，并在工商文化、社会建设、乡土建筑等诸多方面形成了自己鲜明的文化特色，本届论坛的举办无疑将对无锡保护好这些珍贵文化遗产起到巨大的指导和促进作用。

一　无锡 20 世纪文化遗产保护的主要做法

过去的 100 年，是中国社会历经沧桑巨变的一个时期，也是中华民族争取独立解放为振兴中华而奋斗的一个时期。这 100 年，在中华 5000 年文明史上虽然是短暂的一瞬，却是极其重要的一章。无锡，这座江南名城，在 20 世纪中国城市经济社会发展中也写下了令人瞩目的一页。

（一）工商文化铸就辉煌

无锡是民族工商业的发祥地，也是乡镇企业的发祥地。20 个世纪无锡经济发展之快、规模之大，成效之显著、贡献之突出，是历史上少有的，被认为是中国近代经济发展的一个"奇迹"。这里有几组数字足以说明：

1895 年，无锡创办第一家工业企业——业勤纱厂，拉开近代工业文明的序幕。

1937 年，无锡拥有工厂 315 家，在当时国内 6 个主要工业城市（上海、天津、武汉、广州、无锡、青岛）中居第 5 位；资本额 1.74 亿元，居第 5 位；总产值 7726 万元，居第 3 位；工人数 6.38 万人，居第 2 位。

从 20 世纪初到二三十年代，无锡民族工商业迅速崛起，形成了杨氏、荣氏、周氏、薛氏、唐蔡、唐程六大资本集团，1934 年资本额达 1300 万元，占当时无锡资本额 72% 以上，被称为中国民族工商业中的面粉大王、棉纱大王、缫丝大王、毛纺织大王、煤铁大王。无锡籍工商实业家上个世纪在上海滩创业有影响的人士达 100 多人，其中有桐油大王、电气大王、电池大王、铸冶大王。可以说，当时中国人的衣食住行无不涉及无锡籍工商实业家所生产的工商产品。

此后数十年，以民族工商业为基础的无锡工业经济一直走在苏南乃至长江三角洲地区前列。20 世纪 50 年代末，秉承了工商业文化传统的无锡社队工业开始起步，历经"文革"到改革开放，星星之火发展成为燎原之势。至 1985 年，无锡县拥有乡镇企业 6988 家，固定资产近 8 亿元，产值 35 亿元，占全县工业总产值 80.83%，1976 年至 1985 年上交国家税金 7.64 亿元。无锡县被誉为"华夏第一县"，连续多年被评为全国百强县之首；无锡郊区被称为"神州第一郊"。江阴、宜兴从 20 世纪 80 年代起，经济实力名列全国百强县前茅。乡镇企业的蓬勃发展，带动了无锡农村经济社会的全面进步，形成了当时向全国推广的经济发展模式——"苏南模式"。

工商文化，这条与时俱进的强劲文脉，铸就了百年来的无锡商魂，也是 20 世纪无锡发展最鲜明的标志。为了彰显无锡工商名城的特色，近年来我们将工业遗产列为保护重点，市政府先后于 2007 年、2008 年公布了 2 批计 35 处工业遗产保护目录，修复了茂新面粉厂、惠元面粉厂、申新三厂、振新丝厂、无锡商会旧址、中国银行旧址、锡金钱丝两业公所旧址、纸业公会旧址等一批民族工商业文物，形成了沿古运河工业遗产文化走廊。这其中，置换了原茂新面粉厂，在其旧址创办了中国民族工商业博物馆，以中国民族工商业为背景，全面展示无锡民族工商业发展历程和辉煌业绩。以中国最早的乡镇企业春雷造船厂为依托，着手建设中国乡镇企业博物馆。作为历史文化街区，民族工商业首富发祥地的荣巷，已开始全面修复。当年荣德生创办中国最早的公益中学风雨操场、中国首家乡镇图书馆——大公图书馆也得到了很好的保护。锡剧和唐氏集团发祥地锡山区严家桥村，被列为江苏省历史文化古镇，正在进行全面的保护和修复。

（二）社会建设成绩斐然

20 世纪的这 100 年中，在工商经济迅猛发展的带动下，无锡的社会形态、文化形态都发生了巨大的变化，尤其是教育、医疗、园林、旅游、文化、艺术等公益事业都翻开了新的一页。无锡不仅有丰硕的工业文化遗产，而且在社会发展各个领域都留有代表性的文化遗产，有的至今还在发挥它的作用，主要表现在三个方面：

一是教育事业繁荣兴盛。无锡自古文教昌隆，清末，在"洋务运动"的推动下，无锡一批有识之士，主张学习西方科学，废旧学，办新学，无锡城乡掀起办新学的热潮。从 1898 年杨模创办第一所新式学堂——俟实学堂起，十几年间几乎乡乡都办起了小学、中学，仅荣德生一人所创办的小学就达 19 所。除中小学外，还有国学专修馆、公益工商中学（职业教育）、江苏省立教育学院、江苏省师范学堂等各类学校。至 1937 年抗战前夕，无锡已拥有公私立学校 454 所，学生 5.7 万人。这对于当时人口不足 50 万的无锡来说，比例在全国是领先的。正是有了教育的率先启动，为无锡的工商经济发展提供了有力的人才支撑，也为无锡以后在政治、经济、教育、科技、文化等各个领域的人才群体崛起积蓄了后劲。抗战时期，无锡教育遭到严重摧残，但一待抗战胜利，无锡对学校的恢复和新建比战前更胜。至 1948 年，各级各类学校达到 892 所，几乎是战前的 1 倍；在校学生达到 13.6 万人，学生人数增至 1.5 倍。此外，荣德生先生还创办了无锡第一所综合大学——江南大学，首创了国内培养工商管理高级人才的系科。新中国成立以后，无锡的教育经整顿、巩固、规范、发展，迈开了现代化建设的新步伐。至 20 个世纪末，我市（包括江阴、宜兴）各级各类学校达 2910 所，在校学生达到 83.8 万人，占当时全市人口的 1/5。无锡的教育质量和升入高等学校的人数比例，不仅在全省而且在全国也是名列前茅。从无锡现有的教育遗存来看，城中学前东路、学前西路一带是典型的教育文化区。集中了无锡女中、东林学校（原辅江中学）、崇宁路小学、无锡师范、大桥中学（原无锡县中学）、锡师附小、原国学专修馆遗址等大中小学和专业学校，串起了一条无锡教育百年兴旺的红线。

二是园林建设掀起热潮。无锡成为中外闻名的旅游胜地，除了拥有寄畅园等典型的江南园林外，多得力于 20 世纪一批民族工商业家对太湖的开发和建设。1911 年辛亥革命以后，无锡较早颁布了《整理城中公园计划书》，从此将公园列为城市建设项目，而一批民族工商业家对这项事业的推动是功不可没的。荣德生先生在 1912 年就对无锡的发展和未来作了设想，他在《无锡之将来》一文中提出无锡要建设滨湖城市，重点要开发太湖，要建别墅、造园林、设国际会展中心。他率先于 1912 年建"梅园"，旨在为"天下人布芳馨"。此后，杨翰西建"横云山庄"（1918 年）、王心如建"太湖别墅"（1927 年）、王禹卿造

"蠡园"（1927年）、陈梅芳筑"渔庄"（1930年）、陈仲言建"若圃"（1928年）、荣宗敬筑"锦园"（1929年）、郑明山建"郑园"（1931年）等，出现了20多处对公众开放的近代园林。1934年，荣德生六十寿辰，捐寿仪6万余元在蠡湖建60孔宝界桥，沟通太湖风景区。60年后，其孙荣智健先生再造新桥，成为"宝界双虹"一景。如今这些近代园林遗存和桥梁，仍在太湖山水中熠熠生辉。梅园已成为全国重点文物保护单位，蠡园、鼋头渚、锦园等是江苏省文物保护单位。

三是民族民间文化发展蓬勃。20世纪由于有民族工商业家的支持，具有无锡地域特色的民族民间文化得到较好的传承，新中国成立后对非物质文化遗产如锡剧、惠山泥人、紫砂、锡绣、民间音乐等又进行了及时的抢救和扶持。近年来，无锡市深入开展对非物质文化遗产资源的普查和抢救保护，通过命名、建立大师工作室、资金扶助、举办各种展览、向国内外推介宣传等各种方式，逐步建立起科学有效的传承机制。经过8年的努力，许多即将湮没的非物质文化遗产逐渐恢复生机。目前，无锡拥有国家级非物质文化遗产项目8个；省级非物质文化遗产项目10个，市级56个。吴歌、泥人、紫砂、锡绣、竹刻、纸马、江南丝竹、道教音乐等无锡民间文化、传统艺术工艺重新焕发了风采。与此同时，我们还建立和开放了锡剧博物馆、泥人博物馆、民间民俗博物馆、民间蓝印花博物馆、非物质文化遗产展示室，恢复了一年一度的惠山庙会。2006年，无锡锡绣参加了在北京世纪坛举办的非物质文化遗产展览，受到了温家宝总理等党和国家领导人的高度赞扬。

（三）乡土建筑别具特色

太湖流域水系密布，状若网织，人们自古以来临水而居，无锡乡土建筑形成了"小桥流水人家"的聚落特征，又因为江南地区农耕文明发达，人们大都是殷实的耕读之家，在建筑格局上既体现了适应江南多雨湿热气候特点的天井庭院式布局，也体现了儒家礼制特色的厅堂、正房、侧厢、楼阁等的多变组合。同时，随着近代民族工商业的兴起，20世纪无锡的乡土建筑开始呈现出"西风东渐"的文化元素，尤其是在一些民族工商业家的故居中，相当一部分体现了"中体西用"

阿炳故居位于无锡崇安区图书馆路30号，原为洞虚宫道观之雷尊殿，保护范围包括24～30号、42～50号，现存平房九间。2006年由国务院公布为全国重点文物保护单位

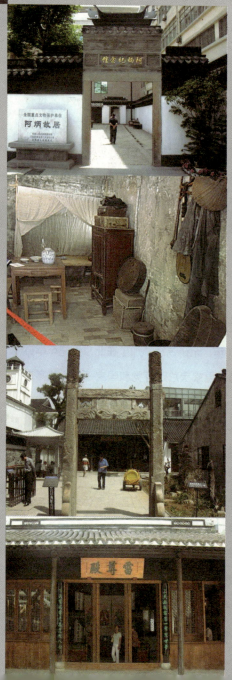

的建筑理念，如荣巷历史街区等。为此，在保护 20 世纪的无锡乡土建筑过程中，我们特别注重打造两块品牌：

一是实施"名镇（街）"保护工程，打造江南乡土建筑风情民俗的品牌。近年来，我们着力把文化积淀厚重的历史街区、古镇古村的保护放上重要位置，无锡的历史街区由 1 处增到 5 处，保护面积由 18.78 公顷增加到 60 公顷，列全省第 2 位。在筛选历史文化街区、镇村时，我们十分注意它的稀有性、原创性和完整性，除了建筑特征外，还注重它的文化内蕴，例如惠山古镇，以古寺、古庙、古街、古园林、名家、名山、名茶为特色，还有江南独一无二的 118 所祠堂群，是无锡活着的一部家族宗谱。同时，惠山古镇既是物质的文化遗产，又承载了惠山泥人、惠山茶、惠泉酒、惠山庙会等非物质文化遗产，突出体现了江南风情和民俗。目前，惠山历史街区、古运河历史街区、荡口古镇、严家桥古镇保护工程已按规划全面启动修复。

二是实施"名居"保护工程，打造文化名人荟萃地的品牌。名人是一个时期先进思想、先进文化的代表。无锡人杰地灵，特别是在 20 世纪，无锡各个领域、各个行业名人崛起，群星灿烂，为无锡营造了浓郁的人文氛围，构成了一道亮丽的人文风景。近年来，我们加大了对名人故居的保护、修复、利用力度，先后修复了刘天华、周培源、秦邦宪（博古）、华彦钧（阿炳）、姚桐斌等 30 多处名人故居；同时，正着手修复陆定一、王莘、薛南溟、薛暮桥、孙冶方等一批名人故居；而全面展示各个历史时期、各个领域历史文化名人的人杰苑已于 2007 年 10 月建成并对外开放。

二 无锡 20 世纪文化遗产保护的探索实践

近年来，随着无锡文化遗产保护工作的不断深入，我们在实践中也逐渐积累形成了一些自己的经验和体会。

第一，推动思想转变，将"文化遗产保护"列入构建和谐宜人新无锡的重要内容。过去的无锡，偏重于"经济发展"，偏重于"硬实力"，对文物保护、文化建设的"软实力"建设重视不够，政府的主导作用没有充分体现。有些同志一度认为，当前的经济发展、环境问题、

兴国园大门

兴国寺塔东侧

兴国寺塔内部结构

兴国寺塔内部结构

兴国寺塔风光

兴国园风景之盆景园

兴国园风景之水云楼

兴国园风景之小虹桥

兴国寺塔，位于江阴澄江镇中山南路50号，建于北宋，为江苏省文物保护单位

民生问题压力如此之重，根本没有精力去管文物保护、遗产继承。现在，我们越来越认识到，落实科学发展观，就是要在"以人为本"思想的指导下，探索城市如何发展、如何建设。离开了文化的灵魂，城市发展必然陷入盲目；丢掉了历史的记忆，城市发展就将走入迷途。实践中，我们坚持把"保护文化遗产"作为构建和谐宜人新无锡的重要内容来抓，大力推进"建设文明无锡，打造文化名城"的宣传活动，通过媒体开展了市民的大讨论，使各级党员干部和广大市民对文化遗产保护提高了认识、统一了思想，唤起了全市上下对加强文化遗产保护和文化建设的强烈责任感和紧迫感，从而形成了保护文化遗产、推进文化建设的强大思想合力。

第二，创新体制机制，形成全社会保护文化遗产的新局面。近年来，无锡加快了政府文保部门的职能转变步伐，按照"政事分开，管办分离"的原则，组建了文化艺术管理中心，具体管理原由政府部门直属的 8 个文物文博单位，进一步提高文化单位对文化产品的经营管理效能；成立了全国首个文化遗产局，设置了文物处、历史名城处、文物执法大队和非物质文化遗产保护中心等机构，全面加强政府对文化遗产保护的管理职能。与此同时，政府确立了"保护就是建设"的观念，加大了政府资金对文化遗产保护的投入力度，设立了名人故居修复的专项资金、考古专项资金、历史名城保护专项资金、惠山泥人保护专项资金和锡剧艺术传承教育专项资金等。截至目前，我市已修复 80 余处文保单位，总投资达 6.2 亿元。2008 年全市文化遗产保护经费预计将超过 10 个亿。我们也注重通过广泛调动社会力量，支持无锡的文化遗产抢救和保护。2007 年 4 月 10 日成立了全国首个文化遗产保护基金会，已募集资金 2400 多万元。近年来，依靠社会资金的多元投入，我们先后修缮了无锡县商会旧址（获 2005 年省文物局文物保护特别贡献奖）、丝绸仓库、纸业公所、储业公所等数十处历史遗迹，占全市修复总量的 40%。

第三，强化立法立规，增强文化遗产保护工作的刚性和力度。近年来，我们加强了《文物保护法》的宣传，并根据无锡实际，先后制定和公布了《无锡市历史街区保护办法》、《无锡市历史文化名城保护

刘氏兄弟故居，位于江阴澄江镇西横街49号，
清代晚期建筑，为江苏省文物保护单位

办法》、《无锡市工业遗产普查及认定办法》等一系列地方性法规和配套文件，确保保护文化遗产工作有法可依、有章可循，确保破坏文化遗产的行为得到及时处置、应有处罚。在城市发展规划中加强了对文化遗产的保护，由市规划局、建设局、文化遗产局牵头编制了《无锡历史文化保护规划》，并相应出台了《无锡城乡组团文物保护规划》、《无锡市历史街区保护规划》、《无锡古运河保护规划》、《工业遗产保护和利用规划》等，通过完整、系统的规划重点加大对 20 世纪历史文化遗存的保护力度。

第四，坚持科学管理，实现文化遗产保护修复的有序推进和重点突破。近年来，我们借鉴经济建设的经验，把项目化、工程化的方式应用到全市文化遗产保护利用中去，使文化遗产保护工作由"虚"变实，由"软"变硬，由单一的挂牌，到有人管事，有人保护，有人修复，有人合理利用，真正激活文化遗产的生命力。我们将近 100 个文物遗存项目分解给全市 30 个地区、部门（单位），由市委、市政府主要领导在文化工作会议上将《项目任务责任书》下达给相关地区、部门（单位）的主要负责人。此后，又在市级层面上，排出了文物保护等四个"八大文化工程"，由市委、市政府下发了《关于确定"十一五"期间重点文化工程的通知》，明确了责任主体，建立了市委常委、副市长和市人大、市政府主要领导同志每人挂钩一两个重点文物工程的联系制度，有力推动文物项目保护工作，收到了良好的效果。在文化遗产工程推进的同时，我们制定了《"建设文明无锡，打造文化名城"重点项目任务考核办法》，对目标任务按文物保护的要求进行合理的细化、量化、强化责任机制和激励机制。

第五，激活历史资源，让历史文化遗产成为城市创新文化的新亮点。近年来，无锡在对 20 世纪文化遗产的保护、修复、利用过程中，一直致力于探索一条保护→利用→发展→保护的良性循环之路。主要思路是利用历史文化资源推动文化产业和创意产业的发展，对古运河沿线大量的工业文化遗存，包括仓库、厂房、办公和其他生活附属设施，利用原有建筑的空间，吸收民间投资创办文化产业、创意产业如工业设计、广告传媒、动漫设计等项目，使这些工业文化遗存能够通

薛南溟旧居，2006年江苏省人民政府公布为江苏省文物保护单位

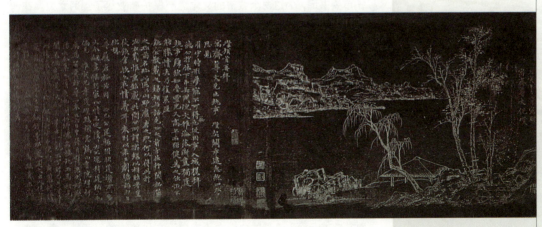

过功能置换获得新生。实践中，我们在原蚕茧仓库所作的一些尝试，已经取得了良好成效，使其成为运河之畔一道富有现代气息和历史人文内涵的亮丽风景。

虽然在保护文化遗产的历程中，我们做了一些工作，也取得了一些成效，但是无锡作为历史文化名城，要做到名至实归，面对保护20世纪文化遗产这个宏大的课题，要取得新的成果，任重而道远。我们将以无锡成为国家历史文化名城为新的起点、新的动力，继续在文物的普查、发掘，文化遗存的保护、修复、利用，文物单位的科学管理运作等方面进行全面的实践探索，带动江阴、宜兴积极建设国家历史文化名城，尽早把无锡建成国家历史文化名城群。

（2008 年 4 月 10 日）

江阴徐霞客故居及晴山堂石刻，2001年国务院公布为全国重点文物保护单位

保护城市的文化遗产就是
保护城市的成长基因

获得"薪火相传——中国文化遗产保护年度杰出人物"这样的殊荣，我十分惊喜，既深感光荣，更深感责任。因为这不仅是对我个人的肯定，更是对无锡、苏州文化遗产保护工作的认可；不仅是对地方党委、政府文化遗产保护工作的一种鼓励，更是对城市领导人做好文化遗产保护工作的一种鞭策。

华夏文明是世界上唯一的从未中断的古老文明，这是所有炎黄子孙的骄傲。薪火相传，则是每一个中华儿女义不容辞的责任，更是各级公职人员的基本职责。最近八年，我有幸先后担任苏州市市长和无锡市委书记，为这两个城市的文化遗产保护事业尽了绵薄之力。在博大精深的传统文化、底蕴深厚的文化名城以及千千万万为保护文化遗产而作出突出贡献的人们面前，我所做的一切实在是微不足道。

这8年，作为城市领导人的工作实践教育了我，使我深深懂得，要真正当好一个城市的领导人，首先必须成为城市的守卫者，所谓"守土有责"。而要真正当好一个城市的守卫者，首先必须成为城市文化遗产的守卫者。因为，保护城市的文化遗产就是保护城市的成长基因。

文化作为一种上层建筑，有其受制于经济基础的一面，也有其相对独立的一面。这种独立性主要来自于文化传统的继承性，文化遗产中蕴藏着影响社会未来发展的丰富基因。在相当长一段时间里，我们对物质资源的重视和开发远远超过了对人文资源的重视和开发，更多

本文为杨卫泽在中国文化遗产保护年度杰出人物颁奖会上的演讲稿。

地注重城市"硬实力"的打造，导致了发展的不平衡并引发出一系列社会问题。在知识经济时代，城市的发展关键在人，而人的思想素质、知识水平和创新能力，取决于城市文化的教育和熏陶，而这一切又都根植于城市历史文化遗产之中。在这个意义上，城市的"软实力"主要体现在文化上，城市的文化遗产是城市文化的基因，没有深厚文化底蕴的引领，城市必然会因为缺乏基础性的"软实力"而在竞争中落后、掉队。

我想，文化遗产的保护，关键在于文化自觉，这种自觉来自于对历史的敬重，也必将促进经济社会发展向着更加科学的方向转变。如果缺少了对城市历史文化的潜力挖掘和充分发挥，城市的特色就难以体现，城市未来的发展命脉也难以把握，以人为本、科学发展就只能是一句空话。

历史证明，文化作为人类的生存方式及其知识与意识系统，是伴随整个社会的变迁而发展的。改革开放以来，无锡、苏州等地创造了"苏南模式"，率先建成了全面小康，靠的就是文化精神。珍视文化遗产，依托文化遗产铸造现代文化，这是无锡、苏州繁荣发展的基本经验。

作为城市的领导人、城市文化的守卫者，在城市文化遗产保护上要做好三篇文章。

一是谱好传承篇，目的在于彰显城市的个性和魅力。历史义化资源是一个城市最为珍贵的资源，也是不可再生的资源，更是体现城市个性和特色的资源。充分发掘、利用好历史文化遗产，赋予它旺盛的生命力，展现城市本色，让世界了解城市文化，是城市领导人肩负的历史使命。要按照"护其貌、显其颜、铸其魂、扬其韵"的思路，保护历史文化遗产，彰显城市文化底蕴，使城市的人文精神薪火相传，充分展示城市文化的个性和魅力。

二是谱好弘扬篇，重点在于将历史文化遗产上升到城市精神的层面。利用好历史文化资源，构筑城市文化品牌，是推进城市文化大发展大繁荣、全面提升城市综合竞争力的重要举措，是城市可持续发展的重要条件、构建和谐社会的重要基础。进入 21 世纪，高度重视和研究历史文化,以历史文化为背景的文化创新、文化交流和文化传播,正越来越成为世界潮流。城市领导人要深入研究,规划提炼,把城市丰厚的历史文化遗产上升到城市精神层面,形成蕴含于历史、体现于现实、推动未来发展的城市精神力量,不断彰显文化遗产独特的凝聚力和影响力。

三是谱好创新篇,关键在于将优秀传统文化与世界文明相贯通。在文化遗产保护的创新上,城市领导人要抓住两个关节点。一是要实现保护方式的创新。坚持把体制机制创新作为文化遗产保护的一个重要环节,在强化政府主导作用的同时,创新思路,形成多元投入格局,打造多方保护机制,增强工作的刚性和力度,从而更好地发掘、利用好历史文化资源。二是要实现内外文化的融合。要创造性地把城市文化底蕴融入城市规划布局和城市功能完善之中,充分发掘本土传统文化资源的现代价值,把城市优秀的传统文化与外部现代文化相贯通,把城市历史人文优势转化为文化与科技、市场相结合的优势,转化为城市的创新度和创造力的优势,谱写城市文化发展的新篇章。

虽然,相比城市发展的历史长河,一个城市领导人的任期只是短暂的一瞬间;但是,一个城市领导人对于城市文化遗产保护的态度和作为,对城市发展历史的影响是重大和久远的。今天的获奖告诉我,薪火相传是城市领导人的天职,是第一大使命!

(2008 年 6 月 12 日)

无锡竹刻《太湖鱼米乡台屏》

突出吴文化之源　展示阖闾城之魂

今天，我和大家的心情一样，非常的喜悦。我们有了新的发现，阖闾城从一个"城"变成"都城"，提升了它的地位，也延长了无锡建城的历史，从而进一步确立了无锡"吴文化发源地"的历史地位。同时，石城、龙山石冢群的发现，南方地区防御式的城墙，从石冢群发掘出的遗物进一步说明为春秋中后期的城墙，这对当时工艺、文化、民俗的研究具有重要意义。

下一步工作，要注意做好以下几点：

第一，履行法定程序，使考古成果获得国家权威专家的认可，获得国家文物行政部门的认可。根据目前的情况，我觉得阖闾城遗址已具备条件进行专家论证会，来论证考古成果的结论。同时要积极申报"全国十大考古新发现"、"全国重点文物保护单位"和列入"全国大遗址保护项目"，尽快组织力量向国家文物局及相关专家汇报，然后使考古发现得到学术和行政的认可。

第二，精心开展规划，组织国内外最优秀的设计单位，对包括吴国都城阖闾城、龙山冢群、龙山山脉、石城、练兵处等连片区域进行整体规划保护，其中包括对文化遗址、遗迹的保护，包括对自然风光的保护和对非物质历史文化的挖掘，以及包括我们合理地处理此区域开发和历史文化的协调，可作为吴文化博览园的西区部分。东区主要以鸿山遗址、泰伯庙等为主，西区则以阖闾城遗址、龙山山脉和石城、练兵处为主。阖闾时期是吴国最强盛的时期，有了阖闾才有伍子胥、阖闾城等一系列事物。我们要高水平、全面、系统、综合地对阖闾城

本文为杨卫泽在阖闾城考古工作汇报会上的讲话稿。

进行规划，以保护阖闾城区域历史文化遗迹为核心和灵魂，为阖闾城的基础，充分挖掘历史内涵。

第三，对此区域进行全面保护，控制、冻结和停止一些生产活动，避免农业生产对遗址的破坏，冻结破坏性建设用地，抓紧组织区域内的搬迁，包括居民、工厂等。

第四，加强各方面协调，做好专家、行政以及所涉及的方方面面的工作，注意方式方法。科学规划，全面统筹，保护第一，争取各方面支持，齐心协力做好考古工作和规划编制工作，尽快启动保护工程。

第五，鸿山遗址保护已取得阶段性成绩，2008年4月，国家文物局在无锡召开了全国大遗址保护现场会，这是对无锡的肯定，更是鞭策和鼓励。吴国都城的发现，具有重要的历史意义，是对吴文化研究的又一贡献。我们要再接再厉，把阖闾城遗址保护好、利用好，成为第101座国家大遗址，成为吴文化主源重要的研究基地和展示窗口。

（2008 年 6 月 19 日）

阖闾城遗址出土带把罐

阖闾城遗址石城

阖闾城遗址贵族墓

记录中国农民伟大创造
展示改革开放巨大成果

中国乡镇企业博物馆的正式奠基,这是文化建设的又一重大标志性工程,也是无锡纪念中国改革开放30周年的一个重要内容。30年前,乡镇企业在苏南大地异军突起,这是中国农民的伟大创造。乡镇企业的崛起和发展,是中国改革开放30年的重大标志和重要成果,也是苏南地区人民创业、创新、创造精神的最集中体现。我们总结改革开放30年的历史,特别是无锡地区改革开放的30年,应该全面、认真、实事求是地总结好乡镇企业这一段发展历史。乡镇企业的发展,不仅推动了苏南地区农村工业化、城镇化的发展,奠定了苏南地区工业化的发展基础和当前经济发展的实力,给我们提供了宝贵的物质财富;同时,乡镇企业更重要的是给我们留下了丰富的精神财富,突出地表现在苏南人民那种冲破"两个凡是"为标志的政治勇气,那种以发展集体经济为突破的勇往精神,那种推进以"一包三改"为重点的市场理念,那种以"四千四万"精神为内核的创业、创新、创造的志气。

一个地区的经济竞争力在于科技,而社会影响力在于文化。无锡拥有7000多年的文明史和3000多年的文字记载史,历史文化遗存丰厚,历代文化名人辈出,在全国都有较大影响。近年来,全市各级各部门围绕"建设文明无锡、打造文化名城"目标,认真落实文化建设各项目标任务,创新思路,埋头实干,做了大量工作,取得了成功获得国家历史文化名城称号等一系列可圈可点的进展和成就,全市上下对于文化建设的态度也逐步从觉醒走向自觉。无锡是吴文化、中国民

本文为杨卫泽在中国乡镇企业博物馆奠基仪式上的致词。

族工商业和中国乡镇企业的重要发祥地，我们已经建设了中国吴文化博物馆和中国民族工商业博物馆，今天中国乡镇企业博物馆的奠基，将为无锡作为三大发祥地的文化建设画上一个圆满的句号，添上浓墨的一笔。希望锡山区和市有关部门能够精心组织，策划好中国乡镇企业博物馆的建设和设计，弘扬乡镇企业宝贵的创业、创新、创造精神，为苏南地区在新的历史条件下再创辉煌提供强大的精神动力。

中国乡镇企业已走过 50 多年的光辉历程，尤其是在改革开放 30 年中得到长足发展。到 20 世纪末，中国乡镇企业成为农村经济的主体力量、全国工业的"半壁江山"和国民经济的重要支柱。锡山区前身无锡县是中国乡镇企业的主要发祥地之一，1956 年诞生了中国最早的乡镇企业春雷造船厂，20 世纪 90 年代乡镇企业在这里高度发展，连续多年居中国县域经济百强之首，被国家统计局等部门授予"华夏第一县"称号。当前，随着农村城市化进程的不断推进，乡镇企业的历史文化亟须及时有效地保护和抢救。锡山是无锡文化遗产和工业遗产保护的重点区域。近年来，锡山区在加快经济发展的同时，坚持把文化建设纳入经济社会发展的整体规划，全力启动文化遗产保护和开发利用工程，形成了一些文化建设的新亮点，凸显了历史人文底蕴，彰显了地区个性和魅力。这次中国乡镇企业博物馆的建设，标志着锡山新一轮文化建设高潮的兴起，标志着锡山朝着文化名区的目标迈出了一大步。希望锡山区再接再厉，以更加饱满的热情、更加自觉的意识、更加扎实的行动，把中国乡镇企业博物馆建成展示乡镇企业发展历程和辉煌成果的精品力作，努力为加快"建设文明无锡、打造文化名城"作出新的更大的贡献。

(2008 年 8 月 15 日)

珍惜保护利用，还阖闾城遗址
为吴国都城的地位

中国考古、历史及大遗址保护界的顶尖专家学者会聚无锡，为吴都阖闾城遗址把脉定性、研究论证，共商保护发展大计，这是无锡历史文化遗产保护、发掘和研究的一件大事、喜事。

无锡是中国吴文化的发源地，拥有3000多年的文字记载史和2200多年的建城史。进入新世纪以来，无锡文化遗产保护工作取得长足发展。目前全市已有全国重点文物保护单位15处，省级文物保护单位59处，市级文物保护单位285处，先后有8项非物质文化遗产被列入国家非物质文化遗产保护名录，先后修复文物古迹100多处，建成各类博物馆、纪念馆20多座。近年来，全市文化遗产发掘和保护进入了历史最好时期，先后组织开展了20多批田野考古，取得了一批具有较大影响的考古成果。江阴高城墩、新区鸿山遗址先后成为全国十大考古新发现；宜兴骆驼墩遗址被中国社科院公布为六大考古重大成果；而这次阖闾城遗址的勘探，必将成为丰富优秀民族文化遗产的又一次重大发现。

阖闾城建于春秋吴国的鼎盛时期，其遗址于1982年被列为江苏省文物保护单位，其中可能蕴含的历史文化信息，长期以来一直是考古界的难解之谜，更是吴文化的难解之谜。这次，国内顶尖的考古专家济济一堂，研究论证阖闾城遗址保护规划，共商发掘阖闾城遗址工作方案等，对于证实阖闾城都城的历史地位，对于获取吴国经济、政治、军事信息，具有极其重要价值和意义。不仅如此，发掘论证阖闾城遗

本文为杨卫泽在阖闾城遗址全国考古专家论证会上的致词。

址，将进一步还原那一段历史的真实性，对丰富吴文化的深厚内涵，
彰显无锡历史文化底蕴，进一步提升无锡文化"软实力"，也具有极其
深远的现实意义。

我市将把吴都阖闾城遗址的保护作为无锡国家历史文化名城建设
的重点项目和中国吴文化博览园的重要内容，本着保护民族优秀文化
遗产、提升文化竞争力的目的，认真贯彻落实《文物保护法》和"保
护为主、抢救第一、合理利用、加强管理"的方针，把文化遗产保护
放在第一位，高起点、高标准编制吴都阖闾城遗址保护规划，深入发
掘吴都阖闾城遗址的科学价值和人文内涵，坚决防止以牺牲遗产为代
价的超负荷利用和破坏性开发，切实提高遗址挖掘保护、利用和管理
的水平，努力将遗址保护工作做出成效、做出特色。

我们本次阖闾城遗址考古专家论证会作为一次检阅和鞭策，进一
步做好我市的文化遗产保护工作，加快把无锡建设成为最富有人文特
质的文化名城，为加快江苏乃至全国文化建设作出应有的贡献！

(2008 年 9 月 10 日)

阖闾城位于无锡胡埭镇闾江村与常州市雪堰镇城里村之间。建于春
秋晚期。1982年由江苏省人民政府公布为江苏省文物保护单位

保护好历史文化遗产
建设历史文化型城市

2007年9月15日，国务院正式批复同意将无锡市列为国家历史文化名城。今天我们召开历史文化街区（古镇、古村、古运河）保护工作会议，既是为了检阅一年来我市贯彻国务院批复精神、在新起点上推进历史文化名城建设的新成果，更是为了进一步明确我市历史文化名城建设的工作重点和奋斗方向，动员全市上下加快推进历史文化街区（古镇、古村、古运河）保护性修复，有重点、分批次、扎扎实实地把历史文化名城建设各项工作推向深入，以历史文化遗产的保护、修复和利用促进城市转型，使光荣的称号与城市的风貌更加一致，让历史的文化遗产与现代的城市文明交相辉映。

一　增强责任感、紧迫感、使命感

要把无锡这样一座有着悠久历史的江南古城建设成为富有魅力的现代化、区域性城市，光有高楼大厦和现代化的基础设施是不够的，这座城市的终极优势还将体现在文化"软实力"上。文化遗产不仅是见证城市演变历史的"年轮"，更重要的是蕴涵了塑造城市特色的丰富"基因"，是城市核心竞争力的重要组成部分。

各级领导干部都要怀着敬畏历史、尊重历史的态度，深刻认识历史文化街区（古镇、古村、古运河）的历史、艺术、科学和现实价值，切实增强保护和修复历史文化街区（古镇、古村、古运河）的责任感、紧迫感和使命感。

本文为杨卫泽在历史文化街区保护工作会议上的讲话稿。

南禅寺妙光塔位于无锡南长区南门朝阳广场。始建于北宋雍熙年间（公元984~987年），由邑人朱承福捐资募建于南禅寺中。宋徽宗崇宁三年（公元1104年），赐塔名"妙光"。元明两代屡有兴废，明正统十四年（公元1449年）重建后，留存至今。1926年，实业家荣宗敬、荣德生和唐申伯出资重修，1980年无锡市人民政府拨款再修。1983年无锡市人民政府公布为无锡市文物保护单位

（一）保护修复历史文化街区（古镇、古村、古运河），是建设历史文化名城的重要举措

2008年7月1日生效的国务院《历史文化名城名镇名村保护条例》明确规定，（国家）历史文化名城应当具备下列条件："（一）保存文物特别丰富；（二）历史建筑集中成片；（三）保留着传统格局和历史风貌；（四）历史上曾经作为政治、经济、文化、交通中心或者军事要地，或者发生过重要历史事件，或者其传统产业、历史上建设的重大工程对本地区的发展产生过重要影响，或者能够集中反映本地区建筑的文化特色、民族特色。"可以看出，如果一座城市没有历史文化街区（古镇、古村），很难满足上述条件。近几年来，我市在挖掘城市物质和非物质文化遗存工作上取得了突破性进展，全市国家、省文物保护单位分别从2000年的1处、12处增加到目前的15处、58处；惠山泥人等8项被列入国家非物质文化遗产保护名录，锡剧等8项被列入省非物质文化遗产保护名录。然而，这些文保单位和非物质遗产只是我市历史文化保护的"点"，还不足以支撑无锡成为国家历史文化名城，而历史文化街区（古镇、古村）等重要保护地段则是历史文化名城的主要支柱，是保留和反映城市历史文化风貌的主要载体。《条例》特别规定："申报历史文化名城的，在所申报的历史文化名城保护范围内还应当有2个以上的历史文化街区。"因此，经过专家组的研究和认定，我市将清名桥街区和惠山古镇划为重点保护的历史文化街区，并最终获得了国家历史文化名城称号，然而这只是划定范围并列入规划予以保护。《国务院关于同意将江苏省无锡市列为国家历史文化名城的批复》中明确要求无锡："在历史文化名城保护规划的指导下，编制好历史文化街区等重要保护地段的详细规划，切实保护好历史文化遗产。"因此，保护和修复这些重要的保护地段（历史街区、古镇、古村、古运河等），既是我市申报并成为国家历史文化名城的郑重承诺，也是我市在新的起点上深入推进历史文化名城建设工作的重中之重。市委、市政府决定举全市之力，以五大历史文化街区（古镇）和环城古运河风貌带保护性修复为重点，推动全市历史文化街区、古镇、古村等重要保护地段的保护、修复和整治，目标就是要形成多层次、全方位展

现无锡历史文化名城风貌的完整体系，实现无锡文化遗产保护工作从"点"到"线"再到"面"的大跨越、大提升。

（二）保护修复历史文化街区（古镇、古村、古运河），是塑造城市个性特征的重要途径

每座城市的历史都是独一无二的，就像每个物种的基因都是独一无二的一样，挖掘城市的历史内涵是突出城市特色的有效途径，而且通常还是最佳的捷径。当前，长江三角洲地区一体化进程正在加速。随着高速公路网的密集分布和京沪高速铁路、沪宁城际铁路的开工建设，这一地区已开始步入"同城时代"。在这样的时代，要避免出现"千城一面"的城市病，必须千方百计彰显城市特色。挖掘城市历史内涵，再现民俗文化风貌，是我们无锡在未来长江三角洲这个"具有较强国际竞争力的世界级城市群"中彰显城市特色、奠定个性优势、最终脱颖而出的重要途径。我市的五大历史街区（古镇）极具历史和文化特色，分别代表了无锡不同历史时期和不同社会侧面的生活面貌和建筑风格。清名桥历史街区是京杭运河全线保存最完好、最精华的段落，两岸集中了运河古道、南禅古寺、妙光古塔、清名古桥、伯渎古港、张元古庵、南水仙古庙、明清古窑等历史文化胜迹，被誉为"江南历史人文景观长廊"。街区内较好地保存着具有典型江南运河人家传统"水弄堂"格局的街道和民居建筑，形成了独有的历史风貌，是无锡城市和社会变迁的重要缩影和见证。惠山古街蕴涵了以惠山古祠堂群为代表的有中华祠堂文化"活化石"之称的祠堂、谱牒文化，以惠山寺为主体的汇集儒、佛、道等多种艺术的宗教文化，以寄畅园为代表的中国古典江南园林艺术文化，以唐代茶祖陆羽品评无锡惠山泉而得名"天下第二泉"的泉茶文化，以惠山泥人、"二泉映月"民间音乐为代表的吴地民俗文化等，体现了无锡深厚的历史底蕴和吴文化特色。小娄巷历史街区人文荟萃，仅明清两朝就出了 1 名状元、11 名进士、15 名举人、近 80 名秀才，其保存完好的百米备弄和部分书香门第建筑，是解放环路内唯一能代表无锡老城传统建筑风格的街巷弄院。荣巷古镇建筑群混合了传统民居风格、中西合璧风格、欧式别墅风格等三种风格，集中反映了清末以来，尤其是民族工商业崛起后，无锡建筑风格发生的变化；荡口古镇名人辈出，古迹遗存众多，尚德文化、崇教文化、创业文化、亲水文化、民俗文化特色鲜明，其中义庄建筑更具有历史教育意义和现实启发意义。环城古运河是京杭大运河的精华段落，沿河留存文化遗产和历史掌故众多，人文底蕴深厚。把这五大历史文化街区（古镇）和环城古运河风貌带保护好、修复好，就能够充分彰显无锡城市的主要历史特征，从整体上增强城市的文化含量和历史纵深感，形成无锡特有的地域文化个性，从而极大地提升无锡城市的知名度和影响力。

（三）保护修复历史文化街区（古镇、古村、古运河），是改善人居环境的重要工程

无论是由于我们保护意识到位而自觉留存下来的一些历史街区、古镇、古村，还是由于经济和城市化发展相对滞后而暂时未受到较大破坏的一些历史街区、古镇、古村，普遍具有人文历史悠久和环境设施陈旧的两面性，一面是灿烂辉煌的历史文化，另一面是贫穷落后的生活现实，反差强烈。我们都曾亲眼见到，那些未经改造的历史街区、古镇、古村，或是蜷缩在现代化都市鳞次栉比的高楼大厦中，突兀独立；或是散落在经济相对落后的农村地区，破败荒凉。这些地段的基础设施陈旧落后，环境面貌脏乱差，居住生活在这里的群众也大多为贫困者和老年人。道路坑洼不平、狭窄难行，房屋年久失修、岌岌可危，地势低洼潮湿、年年易涝，环境设施缺失、垃圾堆积，污水直排入河、随地流淌，商业设施不全、肮脏破败，似乎成了这些未改造历史地段的共同特征。近年来，我市连续三轮实施城市建设 3 年行动计划，投入巨资对老城区和周边地区，特别是城中村、低洼地区，进行了大规模改造，城乡基础设施、环境面貌和人居条件有了极大改善。但由于历史街区（古镇、古村、古运河沿岸）等地段具有保护历史遗存和历史生活风貌的客观原因，这些地段的开发建设和改造进程相对较慢，人居环境明显落后于其他地区。从以人为本的角度讲，政府不惜巨资实施保护修复工程，一个重要出发点和目的，就是希望彻底改变这些历史地段的落后面貌，在改善人居环境的同时，防止商业性地块开发可能给古城旧貌带来的破坏，真正为无锡的百姓造福，为子孙

后代留下一些珍贵的遗产。一是改善住房条件。无论是搬迁安置，还是原地整修，这些地段居民的住房条件都可以得到极大改善，而依靠他们自身现在的经济条件几乎是难以做到的。二是改善环境条件。随着清淤、治污、增绿等配套工程的推进，这些地段的水环境、空气质量、街道卫生状况等将从根本上得到有效提升，从而极大改善居民生活的生态环境。三是改善出行条件。完善道路交通网是保护修复工程的重点工作之一，老路的改造，新路的拓建，既能方便将来游客的参观集散，又将有效改善当地居民的出行条件。四是改善商业条件。保护修复工程都考虑设计了配套完善、适宜各个层次消费的商业设施，外来游客购物和本地居民的日常生活环境将大为改善。五是改善文化条件。改造后的这些历史地段基本以旅游休闲、观光博览和文化创意为主要产业，将大大增加无锡城市的休闲空间和休闲设施，大大改善居民的休闲文化生活质量。因此，保护修复历史文化街区（古镇、古村、古运河）兼具老城改造、低洼地区危旧房改造和背街小巷整治、市容环境整治等多方面的综合功能，是大规模改善城市重要地段人居环境的民生工程。

（四）保护修复历史文化街区（古镇、古村、古运河），是促进城市转型发展的重要契机

当前，无锡经济社会发展最重要的任务，就是促进产业升级、实现城市转型，这两点都和历史文化街区（古镇、古村、古运河）的保护与修复有着密切的联系。一方面，城市化的加速推进为保护与修复历史文化街区（古镇、古村、古运河）提供了重要契机。进入21世纪以来，我市城市化进程加速，2007年的城市化水平已达到67.43%，市区建成区面积达到203平方公里，比2000年整整翻了一番，相当于7年时间再造了一座无锡城。城市建设的快速推进，客观上也越来越多、越来越紧迫地把城市历史文化遗存保护难题摆到我们向前，容不得我们回避和迟疑。大规模改善城乡居民生活环境，也使历史街区（古镇、古村、古运河）保护与修复工作显得刻不容缓。如果我们不作为、慢作为或者随意作为，就极可能导致城市历史遗存的破坏、消失和湮灭，那将是对历史、对人民的犯罪。从这个意义上讲，保护和修复历史文化街区（古镇、古村、古运河），本身就是经济发展、城市转型的重要内容。另一方面，保护与修复历史文化街区（古镇、古村、古运河）也为促进城市转型发展提供了重要的契机。对老城区而言，这一点尤为重要。我市工业布局结构调整今年将基本到位，城区经济不可避免会受到一定的影响，弥补这种损失的唯一办法就是发展新的产业。保护与修复历史文化街区（古镇、古村、古运河），一者可以增加旅游、休闲、文化、创意产业收入，二者能够大大改善周边地区的功能环境，增加对高素质人才和高收入群体的吸引力，有利于发展智力密集型和技术密集型产业。此外，保护和修复历史文化街区（古镇、古村、古运河）还具有很强的带动效应，在提升城市的文化影响力、文化"软实力"方面具有不可替代的长效作用，对于促进城市转型、建设服务经济主导型城市具有重大意义。

二 做到精心组织、精益求精、精雕细琢

历史文化街区（古镇、古村、古运河）保护修复是无锡国家历史文化名城建设的一件大事，也是事关广大居民群众切身利益的一件大事，必须本着对历史、对未来、对市民负责的精神，本着精益求精、慎之又慎的态度，坚持"及时抢救、全面保护，合理利用、加强管理"的原则，把保护修复工程放到重要议事日程，精心组织，强力推进，努力在"十一五"期间取得显著的实际成效。

（一）要加强领导

保护修复工程涉及面广、复杂性大，没有一个坚强有力的组织领导体系，就不可能取得预期的效果。

一要强化领导。市委、市政府已充实加强了五个街区（古镇）保护性修复和环城古运河风貌带综合整治工程领导小组（指挥部），应该说这样的组织保障力度是史无前例的，充分体现了市委、市政府的高度重视和决心信心。各工程领导小组（指挥部）都要切实加强领导、统一指挥，精心组织、周密部署，协调解决推进过程中遇到的各种矛盾和问题，确保圆满完成好既定的各项目标任务。

二要明确责任。这里要强调的是，五个历史街区（古镇）保护性

修复工程的实施主体、责任主体是五个区，环城古运河风貌带综合整治工程的实施主体、责任主体是城市发展集团公司。五个区和城发集团公司要切实强化主体意识、责任意识，坚守主体地位，发挥主体力量，积极主动，勇挑重担，攻坚克难，切实将各项工作做细做实、做精做好、做出成效。历史街区（名镇）保护性修复和环城古运河风貌带综合整治工程要作为"一把手"工程，作为衡量一个地区（集团）党政主要领导是否有能力、有作为的重要标志，列入领导干部年度目标考核，凡完不成工作进度的地区（集团），一律追究主要领导的责任。

三要落实时限。五个区和城发集团公司要明确年度工作目标，倒排工作计划，落实项目责任，确保 2008 年初见成效，2009 年初具规模，2010 年基本完成。现在离年底还有不到 3 个月的时间，大家既要精益求精、精雕细琢，又要抓紧时间、争分夺秒，确保完成年度工作目标，并为明年的工作推进奠定坚实基础。年底前，清名桥街区要确保开通古运河水上旅游试运营，惠山古镇要全面完成启动区的修复工作，荣巷古镇要全面启动荣毅仁事迹陈列馆建设，小娄巷街区、荡口古镇要在确保完成规划编制报批工作基础上，正式启动。

四要形成合力。市各有关部门要积极支持历史街区（古镇）保护修复和环城古运河风貌带综合整治工程，研究制定出台有针对性和可操作的政策措施，提供有力的政策支持。规划、国土、财政、园林等部门要积极协调、主动配合，在各个环节提供优质服务、现场服务、高效服务；文化、旅游、史志等部门要加强业务指导，提供工程紧缺的专业技术服务和专业人才支持。要强化工作督察力度，及时了解进度、总结经验、解决矛盾，形成方方面面的合力，确保目标任务不折不扣完成。

（二）要精心策划

五个历史街区（古镇）保护修复和古运河风貌带整治工程要做出特色，必须立足无锡城市历史的文化特点和比较优势，围绕保护修复和管理利用的各个环节，通盘考虑，精心策划。

一是策划好保护修复方案。目前已编制完成保护性修复规划的街区（古镇）和古运河风貌带，要在现有基础上作进一步的完善和细化，同时严格按照街区（古镇）和古运河风貌带修建性详规的要求，引进国内外高水平规划设计机构，完成整体策划方案和各个专业、每个项目的设计方案，注重从源头上彰显特点、打造特色。目前尚未完成修建性详细规划的两个街区，要学习借鉴兄弟城市、先进地区的经验，抓紧时间高起点编制整体策划方案和修建性详规。

二是策划好资金平衡方案。五个街区（古镇）要按照以区为主、内部平衡的原则，精心策划资金运作思路，积极创新地块开发模式，切实提高土地经营成效，努力实现建设资金的统筹、互补和平衡。从2008年至2010年三年内，市财政、国土部门对批准的历史文化街区（古镇）规划范围内所出让的土地原拟集中的10%土地出让金及时返还，专项用于历史文化街区（古镇）核心区的保护。各个区都要建立投融资平台，多渠道筹措保护修复资金，鼓励社会资金以捐助、投资等方式参与保护修复事业。市规划、财政、国土部门要将环城古运河两侧一定范围的土地资源划入城发集团古运河公司。要因地制宜，大胆尝试，积极探索保护修复的市场化新路，有条件的街区，可以尝试采取引进战略合作者或设计方案拍卖等方式，进一步拓宽资金筹措渠道。

三是策划好管理利用方案。历史街区（古镇、古村、古运河）保护不是简单的文物保护，只有立足特色、发挥优势，大力发展文化创意和旅游休闲产业，才会使之焕发出新的生命力，才能实现永续发展、可持续发展。要精心策划打造各自的内涵特色、业态特色、景观特色，重现老无锡的历史文化氛围，加快形成品牌效应，提升知名度。要根据各自的实际情况，探索科学规范的运营管理模式，努力促进文物保护管理与产业开发管理相得益彰、取得共赢。

（三）要精心设计

历史街区（古镇、古村、古运河）的文化品位很大程度上影响着整个城市的文化品位，因此其修复设计的水平极为重要。要充分挖掘历史文化遗存的内涵，精心设计和打造标志性建筑物，切实增强建筑美感、整体协调和文化韵味，努力提升历史街区（古镇、古村、古运河）的文化品位，实现人文与生态、历史与现代的相互交融。

一要做好单体建筑设计。要按照保护历史真实性的原则，对各级各类文物保护单位和文物保护点实施单体建筑的原地、原物和原状保护性修复，尽最大可能保护其外貌特征、建筑结构和内部陈设，努力再现其原汁原味的历史特征及其文化传承。尤其对国保、省保、市保文物单位，一定要修旧如旧，为后人留下真实的历史记忆。对富有区域特色和研究价值的建筑群，如清名桥街区的沿河建筑、惠山街区的祠堂群、荣巷街区的民初建筑、小娄巷街区的望族院落、荡口街区的义庄等，一定要保护和恢复好建筑群的原生状态，彰显其独特文化内涵；对环城古运河两侧建筑要注意增强其协调性，形成良好视觉效果和建筑轮廓。

二要做好整体风貌设计。要按照保持完整性的原则，积极改造完善基础设施和环境设施，尽最大可能保存构成整体风貌的所有要素，从道路、街巷、院墙、小桥、溪流、驳岸的空间分布，到建筑样式、建筑材质、建筑色彩的统筹选择，以及相关服务性设施的配套完善，都要在整体风貌上达到和谐协调。比如，环城古运河要形成整体风貌，清名桥街区要做好"水弄堂"文章，惠山古镇要做好"山水"文章，荣巷古镇要做好"民族工商业"文章，将相对分散的各类历史文化遗迹串连起来，形成有机统一的整体形象。

三要做好文化再现设计。要按照维护延续性的原则，尽最大可能为非物质文化遗产的延续提供平台。要"活化"如惠山泥人制作、惠山庙会香会、古运河水上风情、荣巷老街商铺等体验式互动式的文化旅游休闲节点，有意识、有计划地保留、恢复一批体现地方特色文化和民俗风情的现场载体。要维护原有的生产生活功能，加紧出台完善相关政策措施，有条件、有选择地保留部分"原住民"，保持好历史街区的生机和活力。

（四）要精心建设

历史街区（古镇、古村、古运河）保护性修复工程是我市文化建设的重点工程，各地区、各部门要统筹处理好规划、进度、质量等问题，精心管理、精心施工，加快进度、确保质量，高标准地完成好保

护修复工程。

一要依法建设。历史文化遗产是最稀缺的资源，其保护修复建设有一定的特殊性。要严格按照国务院《历史文化名城名镇名村保护条例》，实行依法保护开发和依法管理。同时要加快地方立法工作步伐，进一步完善法规体系，强化文保管理部门的执法主体地位和权威性，规范执法程序和管理行为。一旦建设过程中出现损毁破坏历史文化遗产的行为，要立即纠正并依法予以严肃处理。

二要协调推进。历史街区（古镇、古村、古运河）保护是一项复杂的系统工程，要学会"弹钢琴"，注意把握好轻重缓急各个环节，精心做好前后工序的有效衔接，坚持一次规划、分步实施，保护优先、抢救第一、突出重点、以点带面，先易后难、勇于创新，确保保护修复工作有力、有序、有效推进。

三要确保质量。历史街区（古镇、古村、古运河）是展现无锡历史文化的重要窗口，一定要确保工程质量、打造精品工程。要充实专业技术人才队伍，积极争取省、国家专业技术部门的指导和帮助，努力在最大程度上恢复历史原貌。要强化工程质量管理，严格按照项目建设程序科学施工，精心建设、精雕细琢、精益求精，以一流的设计、一流的队伍、一流的管理，将历史街区（古镇、古村、古运河）打造成保存城市记忆、传承文化遗产的时代精品，经得起专家的检验，经得起群众的检验，经得起子孙后代的检验。

（五）要保障民生

历史文化街区（古镇、古村、古运河）大都是环境面貌陈旧、基础设施落后、生活条件较差的区域，为这些地区的居民改善生活条件，也是我们实施保护修复工程的重要目的之一。要始终坚持以人为本，将保护修复工作与保障民生工作结合起来，使街区（古镇、古村、古运河）保护成为改善当地居民生活条件的良好契机。

一要完善生活设施。各地区、各单位、各有关部门在保护修复历史街区（古镇、古村、古运河）的过程中，要注意在道路交通设施、水电气和通讯设施、消防安全设施建设以及危旧房改造、环境绿化美化等各个方面，为街区（古镇、古村、古运河）居民的生活改善创造条件、提供便利，努力使保护修复工作惠及到广大居民群众，通过保护修复工作从根本上提高群众的生活质量。

二要做好搬迁安置。各地区要积极探索搬迁模式、安置方式的新机制，优先抓好安置房建设，妥善落实好搬迁安置政策，坚持就近安置、优先安置，以实物安置与货币安置"两条腿"走路，做到阳光安置、有情搬迁，尽最大努力把工作做得公开、公平、公正、到位，防止损害群众实际利益，杜绝各类群体性矛盾事件的发生。

三要加强舆论宣传。历史街区（古镇、古村、古运河）保护既是一项文化工程，又是一项为民办实事工程，是每一个无锡市民的共同而美好的愿望。要加大宣传教育和舆论引导的力度，切实提高全社会对历史文化遗存的保护意识和责任感，使这项工作赢得广大群众的理解、支持和参与，形成全社会齐心协力保护历史文化遗产的良好氛围。

5个历史文化街区（古镇）和环城古运河风貌带保护工作，是无锡建设历史文化型城市的主要载体。与此同时，要将保护工作进一步延伸到全市区域内的各个历史文化街区、古镇、古村的保护、修复和整治。各区要围绕初步选定的甘露镇、黄土塘村、严家桥村、礼舍古村、玉祁老街、周新镇、南泉古镇、葛埭村、鸿山西仓村、七房桥村等10个名村（镇、街），加强摸底调查，挖掘历史遗存，深入研究策划，积极创造条件，加快启动实施10大名村（镇、街）的保护修复工作。江阴、宜兴两个市要树立责任意识与使命意识，加强组织领导，明确目标任务，采取有效措施，进一步加快历史文化名城的建设步伐。江阴市要抓紧完成申报国家历史文化名城，宜兴市要在年内完成申报省历史文化名城的基础上，加快申报国家历史文化名城进程，到2010年底前，将无锡建成国家历史文化名城群。

实施历史文化街区（古镇、古村、古运河）保护性修复工程，是市委、市政府的重大决策，是全市人民的共同愿望，是无锡增强文化竞争力、攀登基本现代化新高峰的实际行动。全市各地区、各部门要坚定信心、团结拼搏、扎实推进，全力以赴把保护修复工作做细、做实、做好，把无锡这座国家历史文化名城建设得更加美好，努力给无锡人民、给子孙后代交出一份满意的答卷。

敬畏历史文化遗产
忠守时代赋予天职

——无锡大遗址保护利用的探索与实践

　　人类的起源、文明的起源、城市的起源，历来都是史学界、考古界、文博界所关注的课题。每次考古的新发现，或是填补历史的空白，或是重新改写历史，学术研究也随之推出新的成果，为今天人类社会的发展和文明进步、文化创新增强自信和动力。同样，一个城市要彰显自身的文化底蕴和魅力，也必须探索自身的发展源头。

　　无锡，别称梁溪，地处太湖之滨，历史悠久，人文荟萃。长江、太湖、运河等众多文化形态在这里交汇相融，吴越文化在这里碰撞融合。这里延续着3000多年的文字记载史和2200多年的建城史，是国家历史文化名城。这里是吴文化的发源地，近代中国民族工商业的发祥地和当代乡镇企业的诞生地，古代文明与现代文明在这里交相辉映。据2007年统计，无锡主要经济指标均居国内大中城市前10位，有"太湖明珠"的美誉。这里有璀璨丰沛的文化遗产，拥有全国重点文物保护单位15处、省级文物保护单位58处、市级文物保护单位285处，77项非物质文化遗产分别被列入国家、省、市非物质文化遗产保护名录。进入21世纪以来，无锡市文化遗产保护进入了历史上最好的时期，仅2008年，全市有28项文化遗产保护项目启动建设。

　　保护城市历史文化遗产，必须从源头上做起，而这一点常常为我们所忽略，常常只看到身边有形的文化遗产，忘记埋藏在地下的文化遗址、遗存和珍贵文物，缺少应有的发掘和保护。对于地处江南水乡

本文为杨卫泽在2008年10月全国大遗址保护高峰论坛上的演讲稿。

鸿山墓群位于无锡新区鸿山镇东部，在24平方公里范围内保存大小土墩近百座。2003年开始对其中7座古墓考古发掘，出土文物2300余件。墓葬以丘承墩特大型墓为主，其余各墓随之呈扇形分布。出土遗存物有青瓷器、低温琉璃陶器、玉器等，其中青瓷乐器多达500余件，可谓庞大的地下乐器库。玉器中有精微雕飞凤，令人叹为观止。经测定，文物年代为公元前470年左右，与勾践灭吴时间相当。2006年由国务院公布为全国重点文物保护单位

的无锡而言，地下文物一直较为匮乏。这几年我们加强了这方面的工作，先后组织了 20 多次田野考古。随着鸿山遗址的发现、阖闾城遗址的勘探，拨开了历史的迷雾，对无锡城市发展历史的起源有了明确的界定，无锡作为吴文化发源地的历史地位有了坚实的史料支撑，也为今天城市的有机更新和文脉清晰延续找到佐证。在对大遗址保护的探索与实践过程中，我们对历史文化遗产保护的责任性和自觉性也不断得到提升。

一 认真梳理，把握无锡遗址的基本特点

为了探究无锡这座历史文化名城的起源，确立其在吴文化中应有的历史地位，我们对无锡现有的遗址、遗存作了认真的梳理，研究把握它的基本特点。

（一）遗存众多

大遗址是指文化遗产中规模特大、文物价值突出的大型文化遗址、遗存和古墓葬。无锡遗址遗存众多，拥有反映江南地区典型新石器时代文化的彭祖墩遗址、反映崧泽文化的仙蠡墩遗址、反映良渚文化的高城墩遗址、反映马家浜文化的赤马嘴遗址、反映吴越文化的鸿山遗址、反映吴国历史的阖闾城遗址、反映东汉文明的牛塘龙窑遗址、反映无锡民国窑业发展的大窑路窑群遗址等等，仙蠡墩遗址公园和高城墩遗址公园已建成开放。

（二）价值突出

专家们一致初步认定无锡阖闾城遗址为春秋时期吴王阖闾的都城，是长江下游地区都城遗址考古研究的首次突破。对春秋时期吴国都城遗址的首次确认，填补了春秋时期诸侯国都城考古的空白，奠定了无锡吴文化发源地的中心地位。鸿山遗址的考古发掘，出土 2500 多件文物，超过了越文化领衔之地——浙江省新中国成立以后考古成果的总和，把中国瓷器历史推前了 700 多年；发现了运用微雕工艺制成的玉飞凤等玉器，为国内最早的微雕玉器；出土了成套、成组的乐器多达500 余件，为国内首次发现的完整性的古代乐器。无锡江阴高城墩、鸿山遗址被列为全国十大考古新发现，无锡宜兴骆驼墩遗址被中国社科院公布为六大考古重大成果。

鸿山遗址博物馆

中国吴文化博物馆

　　鸿山遗址博物馆暨中国吴文化博物馆于2007年5月7日正式开工，标志着无锡市对鸿山遗址的保护利用工作进入了一个新阶段。2008年4月11日新馆落成，同时挂牌的南京博物院大遗址保护研究中心，将成为国内领先的大遗址保护研究基地

遗址所保存的文化信息、自然环境以及它所蕴含的精神文化都具有自己鲜明的特色。这就决定了它在科学研究和艺术价值方面具有不可替代的功能。它的独特性意味着它是唯一的、少有的，从而使它显得珍稀，具有不可再生性，意味着一旦毁坏，它的全部物质和文化信息以及所保存的历史痕迹将永远消失。

二 以敬畏的态度，推进大遗址的保护

历史文化遗产中，蕴藏着先人对自然奥秘的探索，既有物质的创造，也有文化精神的积淀，大量的信息会给我们宝贵的启示。我们今天的一切创造，都是站在前人肩膀上的发展，不懂得承继，就谈不上发展。遗址、遗存是一个城市宝贵的、不可多得的财富，

在城市更新与城市转型发展过程中，我们以敬畏的态度看待历史文化遗产，贯穿落实科学发展观，认真算好三笔账。

第一，算好眼前账和传承账。一个地区保有历史遗址是这个地区的幸事，而不是包袱。要看到遗址是重要的文化遗产，在弘扬地域优秀的传统文化，加强爱国主义教育，促进文化传播以及带动当地文化遗产保护事业中起到的重要引领作用。一个不珍惜历史的地区是不可能发展今天，更不可能发展美好的明天。

第二，算好经济账和发展账。要以科学发展观的态度来看待遗址保护，不能简单地从眼前利益的得失来决定遗址的命运，要看到遗址是无锡地区的重要文化资源，将为无锡的文化、旅游、生态、农业结构调整、现代服务业发展等提供契机，为带动地方相关产业的发展，有效促进地方和谐社会的建设提供强大的动力。

第三，算好局部账与大局账。遗址的保护，如果仅仅从一个区或一个乡镇来考虑，可能会带来有无保护、有无建设必要的顾虑。但是，如果放到整个城市建设和发展大局中，大遗址的建设将会为无锡的经济社会发展带来新的机遇，对整个城市发展、布局和功能转换起着引领性的作用。

2003 年，无锡新区鸿山镇按区域功能规划要求，招商引资建设国

无
锡

敬畏历史文化遗产 忠守时代赋予天职

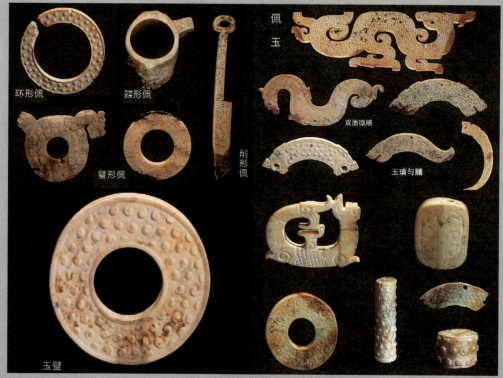

环形佩　鞢形佩

佩玉

璧形佩　　削形佩

双面微雕

玉璜与觽

玉璧

鸿山出土珍贵玉器

际家具城。在基础设施建设过程中，发现了零星文物，当地群众第一时间向文物部门提供了线索。2004 年，经国家文物局同意，组织了联合考古队对施工现场进行了抢救性考古发掘。2004 年底，抢救性考古工作基本完成。按常规而言，鸿山国际家具城即可全面建设，出土文物即可在投资 9 亿元新建的无锡博物院得到较好的收藏、展示和研究。面对众多的珍贵文物，面对周边还有同类的墓葬，在感到兴奋的同时，也产生了一些困惑：第一，遗址进行的是抢救性考古，考古已告一段落。家具城也依法完成了前期的筹备工作，若保护遗址，让家具城撤离，前期所进行的道路等基础性建设工程都将报废，还要按合同赔偿投资商 5000 多万。第二，遗址位于无锡国家级高新技术开发区内，集聚了 1500 家外资企业，地块价值已达几百万一亩，把寸土寸金的开发区作为遗址保护，这笔经济账是个天文数字，况且，对保护范围心中还无底。第三，鸿山遗址刚刚被发现，价值还没有得到国家和省文物部门的相应认可，甚至还不是无锡市级文物保护单位。对于是否要保护的问题，上级文物部门也还没有明确的指导意见，对于采取何种有效的保护方式，还不得而知。

无锡市委、市政府和新区、市各有关部门算起了"三笔账"，统一思想，形成共识，在国家高新技术开发区开展大遗址保护，把鸿山遗址建成为遗址公园。2005 年 3 月底成立了无锡市鸿山遗址保护建设领导小组。同年 5 月，国家文物局单霁翔局长亲临遗址现场踏勘指导，希望鸿山遗址规划建设体现国际一流理念，成为中国大遗址保护的典范。在国家文物局的直接关心和指导下，鸿山遗址由此从抢救性考古发掘转入科学性考古发掘，从被动保护进入主动保护。2006 年被国务院公布为第 6 批全国重点文物保护单位。2006 年底，被列为国家大遗址保护项目。在不到 3 年的时间里，无锡完成了大遗址保护规划，基本完成了遗址博物馆的建设，启动了环境控制区农业生态结构调整工程，一座严格按照大遗址保护规划，体现国际先进保护理念，结合当地社会经济发展趋势的大遗址保护项目已初现端倪。

三　谋求多方共赢，实现大遗址的科学保护利用

大遗址保护投入资金多、建设规模大、质量要求高，无锡没有这

双龙佩玉

龙纹覆面佩玉

青瓷匜　　　　青瓷盉

青瓷三足盆　　　青瓷盆

青瓷编磬

仿铜青瓷铎

青瓷礼器

青瓷冰酒器

青瓷簴座

青瓷缶

鸿山出土青瓷器

方面的经验。为了科学建设大遗址，我们先后组织了多批考察团赴国内外吸取大遗址保护先进经验。经过考察，对大遗址保护我们努力"寻求两大契合"、"形成三点认识"。

寻求两大契合，即：第一，寻求大遗址保护与当地社会经济发展相契合，使遗址保护成为当地政府的文化、生态和旅游工程。要把遗址保护工程当作最大的文化工程来抓，把文物保护和生态保护相结合，将生态保护和环境规划、生物多样性保护、土地利用规划、旅游发展等协调一致，充分发挥大遗址的综合效益，使遗址成为不可多得的城市景观，成为新的旅游增长点、现代服务业的高地和文化产业的窗口。第二，寻求大遗址保护与当地群众致富相契合，使遗址保护成为当地农民的致富工程。在大遗址保护规划中，对不同区域的农户和居民采取不同的搬迁措施：在保护核心区，把搬迁的农民变成城市居民，对中青年人员安排就业，其住宅向镇区集中，并提供高于城区的住房条件，享有与城市居民相同的基本保障；对文物保护区实行疏散人口的政策，以减轻对文物本体保护的压力；对留下来的农户实施再就业，引导他们积极参与到大遗址公园利用中去，发展文化休闲、水上旅游及农家乐；对风貌协调区的居民，原则上不搬迁，结合社会主义新农村建设，对村容、村貌进行整治，并进行农业结构调整，向高效农业发展，让留下来的人的收入能得到不断增加，生活得到不断改善。

形成三点认识，即：一是大遗址保护首先是文物保护，但并不能死保，要充分发挥文化遗产在社会发展中独特资源的作用，要为社会经济发展服务；二是大遗址保护绝不是建个博物馆，更多的是要保护遗址的文化生态环境，在文化空间中呈现文物本体所特有的魅力和价值所在；三是大遗址保护绝不是单一的文物保护项目，是涉及当地经济社会发展的一个系统工程，要体现对社会经济的推动，有利于老百姓生活的提高。

为此，我们确定了"坚持科学发展观，谋求多方共赢"的保护思路，并着重做了以下几项工作：

一是开展全面普查。2006年，我们组织了多支考古队对鸿山遗址范围内所有土墩的情况进行调查摸底，调查遗址范围内的村庄、人口及企业、农作物、水生物等各项指标，对河道、湿地、土地等地理资源也进行普查，全面掌握第一手资料，详细掌握遗址分布情况，为后期科学规划提供依据。2007 年 3 月至 2008 年 4 月，我市按照国务院《关于开展第三次全国文物普查的通知》的要求，聘请了江苏省考古研究所所长张敏为领队，抽调无锡方面考古精干力量，根据普查工作的技术标准和复查要求，分三个阶段组织考古复查组对阖闾城遗址勘探复查，完成阖闾城复查技术数据的采集工作，获取了重要勘探资料及新发现。

二是开展全面调研。在作好文物本体保护调研的基础上，为合理有效地利用大遗址及其周边环境资源，我们专门请北京、深圳等地知名的旅游策划单位，依据大遗址保护总体规划提出旅游发展方案，请南京农业大学提出农业结构调整方案，请水利部门作了水系整治方案，请农业部门作新农村建设方案，为建成大遗址公园后的利用作出科学评估。

三是开展全面规划。鸿山遗址、阖闾城遗址保护规划都是邀请中国建筑设计研究院陈同滨担纲总体规划设计，同时提出"以总体规划为龙头，各项子规划同步全面编制"的总体要求，从土地、生态、文化三种资源的综合保护和利用的角度，对遗产保护、生态保护、旅游休闲、民俗文化四项功能进行规划，力求在充分保护遗址本体及其环境的前提下，实现遗址文化价值的可持续合理利用。我们聘请一流专家担纲鸿山遗址保护规划子规划的编制，崔恺负责博物馆规划，浙江园林设计院负责湿地设计方案，中国建筑设计研究院负责博物馆环境设计方案，并委托陈同滨担任子规划的把关人，确保子规划符合总规划的要求，不走样、不偏题。到目前为止，已投资 500 多万完成各类子规划达八项。与太湖保护区规划建设相衔接，我们将对包括吴国都城阖闾城、龙山冢群、龙山山脉、石城、练兵处等连片区域进行整体规划保护，其中包括对文化遗址、遗迹的保护，对自然风光的保护和对非物质历史文化的挖掘，以及区域开发和历史文化的协调。

四是开展全面建设。遗址保护不但要对文物实行保护，更要着力于利用工程的建设，给当地社会经济发展新机遇，让当地老百姓得实惠。2007 年投资 2.5 亿，实施了鸿山遗址博物馆、鸿山农庄、农业结构调整和环遗址公路等三大工程建设。尽管启动建设才一年，已初见成效，得到了领导、群众、专家三方满意，调动了各方参与的积极性。2008 年再投资 3 亿元，全面实施大遗址本体保护和文化生态环境建设工程。进而用 3 至 5 年时间，总投资达 15 亿元，基本建成占地面积 7.5 平方公里的大遗址保护工程。我们积极创新阖闾城大遗址保护的模式，将大遗址保护与经济发展相结合、与太湖湾生态修复相结合、与改善人民生活相结合、与生态保护和农业产业结构升级相结合，将生态保护和环境规划、土地利用规划、旅游发展等协调结合起来，严格按照规划要求，有序、合理推进遗址保护建设，使其能长久地发挥在经济、社会、文化等各方面的巨大效益。

四 以永续利用为目标，实现保护理念的不断创新

大遗址保护的目的是为了文化遗产的永续利用，需要一个持续保护的理念和科学保护的措施。对此，我们进行了一些创新和尝试。

第一，领导体制的创新。无锡对鸿山遗址保护实施了市区联动、以区为主的领导体系。市委明确一位副书记担任项目联系人，市政府明确一位副市长担任鸿山遗址保护建设领导小组组长，市文化遗产局负责业务指导，市发改委、规划、建设、水利、国土、农业、交通等相关部门参加，解决市级层面协调事宜。新区作为责任主体，明确一名副主任集中精力负责大遗址建设，并建立了吴越文化保护利用办公室，办公室主任兼任鸿山镇党委副书记，大量的矛盾和问题在一线得到及时有效地解决。同时分解项目，如鸿山遗址一期工程中，博物馆工程由新区城市建设公司负责，环遗址公路由新区建设局负责，鸿山农庄由鸿山镇党委和政府负责。阖闾城遗址涉及 2 个区，对阖闾城遗址保护建设的组织领导，我们主要是将阖闾城遗址保护工程确定为文化重点工程项目和市主要领导挂帅联系的文物保护工程项目，成立了阖闾城保护领导小组，建立协调工作机制，市区联动，形成合力。实践证明，领导体制的创新，是又好又快地建设大遗址保护工程的重要保障。

第二，投资主体的创新。近几年来，无锡对文化遗产保护投融资进行了积极的探索和实践，走出了一条政府为主导、社会各界参与的

路子。"十五"期间，文化遗产保护经费每年投入为 1 亿左右，进入"十一五"后，每年投入达 5 亿左右，基本上市级财政、区（乡镇）级财政和社会资金各占 1/3。以 2008 年为例，市级财政投资无锡博物院，惠山祠堂建筑群等 3 个亿，各区财政投资中国乡镇企业博物馆、鸿山遗址、孙冶方、薛暮桥故居等约 4 个亿，社会各界如城投公司的何振梁与奥林匹克馆约 2000 万，古运河公司的清名桥及沿河建筑约 2亿，金科公司的开源机床厂工业遗产约 2000 万，等等，也是 3 亿。去年，无锡在全国成立了首家文化遗产保护基金会，公募基金 2400 万元，从企业参与走向了民众参与。在鸿山遗址保护中，我们也积极进行投融资主体的创新。在一期工程中，区级财政投资 8000 万元建设遗址博物馆及占地 350 亩的环境工程，在环境控制区吸引社会资本介入，鸿山都市生态农业发展公司投资 6000 万元，建设 1200 亩鸿山农庄。在二期工程中，区级财政将投资 3 亿，实施本体保护及文化生态保护，在环境控制区将引进一批社会资本，进行农业结构调整，发展高效农业。同时，通过土地流转，支持当地农民投资或参股，种植葡萄、玫瑰和苗木等。在三期工程中，以规划来招商引资，在风貌协调区适度发展农业旅游、生态旅游。

第三，发展思路的创新。一是在文化内涵上，遗址公园不仅要充分凸显历史文化内涵，还要兼顾当地文化环境。在鸿山遗址建设中，还将糅合江南水乡的桥文化、水文化、农耕文化、民俗文化和民居文化，使遗址公园充满地域文化元素和气息。在阖闾城的建设规划十，拟将阖闾城遗址建设成为吴国都城（阖闾城）遗址公园，成为灵山景区与惠山蠡湖景区之间重要的节点景区，成为太湖生态博览园的重要人文景观线。二是博物馆的展览布局上，我们一改遗址博物馆仅是出土文物展览的模式，在鸿山遗址 1 万平方米建设中，设立一址两馆，即邱承墩遗址展示厅、遗址博物馆和吴文化博物馆。之所以设置吴文化博物馆，主要是让观众走进遗址博物馆前，先对吴越的历史有一个基本的了解，作好铺垫。三是在大遗址功能设置上，呼应城市建设，为当地社会经济发展作出贡献，为当地百姓生活提高作出努力，寻求了生态建设、文化建设、农业建设、旅游建设等方面的结合。

程及：无锡的，更是世界的水彩画大师

——《程及画册》序

　　无锡地处太湖之滨，是一座具有 3000 多年历史的江南名城，历史文化底蕴丰富，孕育了众多绘画大家，近现代更是名家济济，而享誉世界的水彩画大师程及先生就是这其中的杰出代表。

　　程及先生以中华民族的文化精神，以海纳百川的气派，以东方人特有的文化理念探索人生、探索世界、探索宇宙，达到了"物我两忘"、"天人合一"的艺术境界。他注重诗意的营造和自我情感的抒发，形成了既有色彩造型又水墨淋漓的艺术风格，构成了一个充满禅境诗意的崇高画境。艺术上的骄人业绩，使程及先生在美国各州画会年展上获得金奖五十余枚。1965 年被选为美国国家艺术学院终身院士，1969 年被聘为美国国立艺术学院顾问。2000 年，程及应邀参加法国总统希拉克和联合国教科文组织共同策划的第一届世界文化高峰会，并在凡尔赛宫举办个人艺术展。作为东西文化交融的视觉艺术典型，令人拊膺慨叹。正如诺贝尔文学奖获得者、美国女作家赛珍珠所言："水彩画家程及先生是属于世界的。"

　　程及先生的成功，不仅是祖国，是炎黄子孙的骄傲，也是家乡无锡的无上光荣！

　　"故乡念我，我念故乡"，是这位世纪老人念念不忘的故乡情结。程及先生是中美建交后首位回国探亲的画家。回到了多年梦萦魂牵的故土，他创作了大量赞美家乡的史诗般的作品，这些作品无不乡愁绵绵，构思巧妙，情深意长。程及先生对故乡的文化事业极为关注，捐资设立奖学金和美术基金，以励后学。1986 年，程及先生在回乡探亲访问时，曾写下了遒劲飘逸的两个丈余大字："心"、"缘"，勒石在无锡著名的风景区——鼋头渚鹿顶山上，并建有"心缘台"。"心"与"缘"是程及先生对家乡与文化结缘的期望。2004 年，他回到家乡举办个人画展后，捐资献画，在家乡无锡建立"程及美术馆"，这对建设文化大市的无锡来说有着重大意义，将进一步提高无锡城市的文化品位，对弘扬民族文化精神起到了积极作用。

为弘扬程及先生的艺术，假"程及画展"在中国美术馆举办之际，荟萃先生各个时期创作的精品，编纂成集，以飨读者，亦表示家乡人民对程及画展圆满成功的衷心祝愿！

（2005 年 8 月）

程及美术馆
2008年2月5日，程及美术馆竣工开放

让紫砂艺术永葆青春

——《中国紫砂艺术大展作品选》序

发端于北宋、兴盛于明清、鼎盛于改革开放当代的宜兴紫砂，是环太湖文化的一个重要组成部分，陶瓷皇冠上的东方明珠，中华瑰宝，无锡市的骄傲。

由于大自然的恩赐，钟灵毓秀的无锡宜兴，出产世界独一的紫砂陶土，优美无匹的紫砂和江南的山山水水，养育了一代又一代锦心巧手的紫砂艺人，他们以自己的聪明才智和勤劳的双手，创造出千姿万态的紫砂茶具，并把日常生活用品提炼到美学的境界，为世界茶文化、陶文化，为人类艺术宝库增添了一道魅力无穷、风光无限的"风景线"。

紫砂茶具，清雅淳厚，既具有泡茶特香的日用功能，在文人墨客的竞相参与中，又集中华书法、绘画、诗词、篆刻、雕塑诸艺术于一体，成为地域风格明显、中华文化气息浓郁的世界名陶。

早在明代，紫砂就有进皇宫的记载，清代康熙年间，紫砂就出口到欧美等西方国家，世界上许多著名的博物馆都把紫砂作为中国珍宝来收藏。

当今中国，改革开放，国运昌盛，紫砂兴旺。紫砂界不负众望，不辱使命，在各级领导和文化艺术界的各方人士关心和参与下，承前启后，不断开拓，涌现了不少名家大师、高手新秀，创作了许多构思精绝、工艺精湛、内涵精深、风格精到的精品佳作，成为中华传统文化和艺术中欣欣向荣、美不胜收的华彩乐章，在国际、国内陶艺界产生了很大的影响，在中华艺术史上留下了灿烂的一页。

时代在前进，国家在发展，中华民族正处在伟大的复兴时期，紫砂作为民族瑰宝我们有责任保护继承，更需要与时俱进，创新发展，不但要在艺术上创新，更重要的是思维方式的创新，在继承优秀传统的同时，创新、创作出更多的具有时代内涵的艺术精品，反映这个伟大时代的精神，反映改革开放的人文精神，为弘扬中华文化、建设"文化无锡"作出更大的努力！

祝紫砂艺术之树枝繁叶茂，永葆青春。

（2005 年 9 月）

紫砂艺术珍品

弘扬历史文化核心价值
增强城市发展精神动力

——《尚德务实·和谐奋进》序

　　无锡，是一座有着丰厚的历史文化底蕴和令人瞩目的近现代发展成就的城市。古时由一方荒蛮之地逐步成为历代的"望县"、"壮县"，近代以来，又最先迎合市场经济的萌芽，催生出民族工商业的硕果；开拓性地发扬"四千四万"精神，创造出乡镇企业和民营经济的辉煌。当前，正以科学的观念、先进的理念和坚定的信念，朝着和谐宜人、"两个率先"的美好愿景，继续谱写着城市发展史的恢弘篇章。

　　用心打量和认识无锡这座城市，我们感觉的不仅是日益繁荣的经济、日益富裕的生活、日新月异的环境面貌，更能感受到一种内在的气息与力量、一种勃发的生机和活力，它催生着城市的变化与发展，沐浴着一代又一代的人民。这股流淌于 3000 多年历史长河的生生不息的无形力量，就是无锡的城市精神，它犹如这个城市的灵魂和基因，镌刻并传承于一代代无锡人的身心之间，它蕴含着无锡传统文化的精华，更彰显着鲜明的时代特征，成为无锡不断谱写发展辉煌的动力源泉。

　　2004 年 9 月，经百万市民共同讨论提炼，确定"尚德务实、和谐奋进"为无锡城市精神，这是一件很有意义的事。"尚德务实、和谐奋进"，准确而又凝练地概括了无锡的城市品格和与时俱进的精神风貌，体现了无锡厚重的历史沧桑，丰富的文化积淀，昂扬的时代精神，通达的致远目标，将对无锡未来的发展产生重要而深远的影响。在提炼并确定无锡城市精神之时，江苏省委发出了弘扬"创业、创新、创优"的"三创"精神，奋力推进"两个率先"的号召，无锡城市精神是

"三创"精神的具体体现，两者在精神层面上是相互交融、互相渗透的，在实践层面上是目标一致、互为推动的。我们要以无锡城市精神来落实"三创"实践，以"三创"精神推动无锡的改革发展。

文止而行远，意达而励进。总结、提炼无锡城市精神，目的是为了继承、发扬、光大，是为了更好地凝心聚力，创造新的业绩。无锡城市精神的提炼确定只是无锡城市发展史上的一个节点，无锡还将续写新的发展篇章，无锡城市精神也将在发展中不断丰富和升华。当前，无锡所处的时空条件发生了重大变化，发展模式出现了重大变革，从城市精神的本质内涵中化育出的"四尊四创"（尊重劳动、尊重知识、尊重人才、尊重创造；创业、创新、创优、创造），是无锡不断取得发展新业绩新成就的重要保证和强大动力，是无锡在新一轮发展中的特色所在、优势所在、力量所在。弘扬、实践无锡城市精神的关键在于坚持"四尊四创"，要在全社会营造尊重劳动、尊重知识、尊重人才、尊重创造的浓厚氛围，激发全市人民的创业勇气、创新锐气、创优志气和创造胆气，在创造物质文明的同时凝练出更加灿烂的精神成果，不断为"尚德务实、和谐奋进"的无锡城市精神注入新的内涵，推动无锡发展跃上新的台阶。

（2005 年 10 月）

中国吴文化博物馆展厅

览山水名胜　品人文古迹

——《无锡指南》序

　　无锡是历史悠久的江南名城，位于风景优美的太湖之滨，素有"太湖明珠"的美誉。早在公元前 12 世纪，周太王长子泰伯南奔，以梅里为都城建立句吴国，带领当地居民兴修水利，农耕桑蚕，促进了中原文化与江南文化的结合，开创了灿烂的古吴文化。无锡于西汉高祖五年（公元前 202 年）正式建县，1949 年建市。现辖江阴、宜兴 2 个市（县），市区设锡山、惠山、滨湖、崇安、南长、北塘、新区 7 个区，总面积 4788 平方公里，人口 452 万，其中市区人口 228 万。

　　无锡是充满活力的经济城市。在中国近现代经济史上，无锡两次作为"发祥地"载入史册：一次是 20 世纪初中国民族工商业率先起步，一次是 20 世纪七八十年代乡镇工业异军突起。得益于这两次"发祥"，无锡成为工商业繁荣的都会、重要的经济中心城市。20 世纪初，我国民族工商业界的代表人物荣宗敬、荣德生等率先在家乡兴办了中国较早一批民族工业企业，奠定了无锡工业发展的基础。新中国成立后，无锡建立起机械、纺织、电子仪表、石化、冶金、轻工、医药、建材等门类较为齐全的工业体系。改革开放以后，无锡人民抓住机遇，深化改革，扩大开放，使无锡日益成为国内外企业投资发展的热土。包括希捷、夏普等 50 多家世界 500 强企业在内的 8810 家外资企业落户无锡，国有企业改革基本完成，民营经济发展势头迅猛，国资、外资、民资"三足鼎立"，今日无锡经济发展正呈现蓬勃生机。2004 年，无锡荣登 CCTV "中国十大最具经济活力城市"之列，城市综合竞争力位列全国大中城市第 8 位。

　　无锡是风景优美的旅游城市。它是全国重点旅游城市和首批中国优秀旅游城市之一，境内自然风景得天独厚，集江（长江）、河（运河）、湖（太湖）、泉（天下第二泉）、洞（善卷洞）之美于一体，构成江南水乡景色如画的独特风貌，被誉为"吴中胜地"。鼋头渚、灵山胜景等5个国家AAAA级风景区享誉海内外，蠡园、寄畅园、天下第二泉等以名山秀水美名远扬，古运河风光带、东林书院、薛福成故居、太华竹海等景观人文积淀深厚。

无锡是宜居宜商的和谐城市。近年来，无锡在集中精力发展经济的同时，始终坚持"以人为本"，努力构建和谐宜人的城市环境。加快城市基础设施和环境现代化建设，大力实施生态修复和保护工程，城市功能和环境面貌显著改善。统筹发展各项社会事业，相继建成江南大学新校区、新图书馆、体育中心等一批科技、教育、文化、卫生、体育重大项目。深入开展以文明城市创建为龙头的群众性精神文明创建活动，市民素质和社会文明程度不断提高。扎实推进平安无锡创建，有效确保了社会稳定。近年来，无锡先后获得国家卫生城市、国家园林城市、国家环保模范城市、全国科教兴市先进城市、创建全国文明城市工作先进城市等光荣称号，并被列为"中国投资环境最优城市"、"中国最具竞争力城市"和"中国最具发展前途的城市"之一。

无锡是交通发达的枢纽城市。它地处长江三角洲几何中心，地理条件优越，交通设施发达。境内京沪铁路、新长铁路、沪宁高速公路、宁杭高速公路、沿江高速公路、锡澄高速公路、锡宜高速公路等纵横交错，是上海到成都、黑龙江同江到海南三亚、上海到北京三条高速公路的交汇点，是连接南北、沟通东西的重要节点。京杭大运河在无锡穿城而过。江阴港是长江出海口的重要换装港之一。无锡机场已开通北京、广州、深圳等航线，目前正在加快实施改扩建工程，全市立体化的对外大交通格局日臻完善。

无锡是人文荟萃的文明城市。其人杰地灵，孕育了一批举世闻名的文化巨匠，如晋代画神顾恺之、唐代诗人李绅、元代画家倪云林、明代旅行家徐霞客、清代外交家薛福成等，近现代又从无锡走出了秦邦宪（博古）、徐悲鸿、华彦钧（瞎子阿炳）、钱钟书、孙冶方、王选等一批著名人士。无锡学风鼎盛，科技人才辈出，无锡籍的中国科学院和中国工程学院院士有 65 人，所占比例在全国各城市名列前茅。无锡现有 48 个科研机构，各类专业技术人员逾 20 万，教育部直属的江南大学是国家"211 工程"重点建设高校。新世纪、新阶段是无锡率先基本实现现代化的关键时期。无锡人民正在"三个代表"重要思想指引下，全面落实科学发展观，开拓创新，与时俱进，大力推进经济国际化、新型工业化、城乡现代化，建设和谐宜人的新无锡。无锡的明天一定会更加美好！

（2006 年 2 月）

惠山历史文化街区鸟瞰

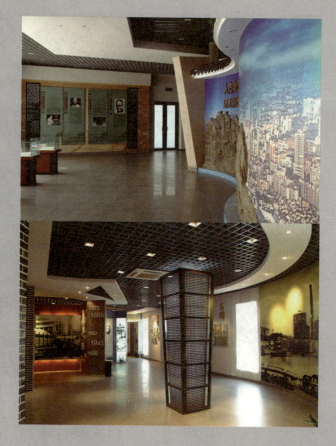

无锡人杰苑

　　无锡人杰苑项目于2006年启动，2007年9月30日落成开放，集中展示无锡历代名人大家风范

学习名人 涌现名人

——《无锡人杰》序

《无锡人杰》提供了让世界理解这个城市的途径。

如果说历史是有意义的话，就是启迪人们去思考。编撰名人传，找到了一种探索、总结过去的方法，是件非常有意义、有价值的好事、大事；也是发掘、传承和充分利用无锡历史文化资源，弘扬无锡城市品牌和形象，激励今人和后人的有效方式；更是一项建设"文化无锡"的重要举措。

悠悠 3000 余年，无锡地区（含江阴、宜兴）作为至德名邦，文脉绵延，俊彦如林，而人杰——历史舞台的重要角色，更如奇峰峻岭，拔地而起，巍乎伟哉！历代人杰的出现，使无锡这个山水名城、工商名城，具备着丰厚的历史文化内涵，将一个完整的真实的无锡，呈现到世人面前。

人杰，是无锡的根基，无锡的魅力，无锡的财富，无锡的精神，也显现着无锡的个性。每一个无锡人应当为有这样的祖先感到骄傲。他们是从这个区域的百姓中走出，又成为让百姓仰望的纪念碑式的人物。

《无锡人杰》的编撰者们完成了一项极有价值的研究，而这种研究同今天有着密切的关系。先贤们拂去了时光的灰尘向我们微笑，他们站在过去向现在提问，很自然，今天的人们也都该扪心自问。我相信，这些活生生的先贤，将鼓舞青年人有抱负，鼓舞有抱负的人焕发全部的才智，也鼓舞逆境中的人能坚持到底。任何一个城市都需要一种不断上升的精神，人们到处在寻求城市的凝聚力和竞争力，现在，先贤们透过时空，给予我们迫切需要的东西。

所有的历史，实质上就是关于人的历史。那么，一座城市最大的优势无疑体现为人的优势。无锡这块钟灵毓秀的土地，在以往的时代里，已经造就出强大的人文优势：一位位人杰都是最具开拓性和创造力的人物，无不将个人理想投射到国家民族身上，因此获得取之不竭的生命动力，方才担当得起民族的重任和人生的艰难，让生命大放异彩。如果他们不是把个体的利益与全体国民的利益保持一致，将令人难以想象：这些讲着吴侬软语、由秀山柔水哺育起来的江南儿女，何来扛动历史的铁骨钢肩！

无锡数千年的文明演进已沉积下发掘不尽的文化宝藏。显吴地文化之蕴，扬山水名城之名，利用好珍贵的无锡历史文化资源，让世界了解无锡，为坚持科学发展观、为建设和谐社会提供重要的文化背景，确实大有文章可做。《无锡人杰》的出版为做好这篇大文章添写了精彩的一笔。历史总是向人们透露着一些重要的信息：个人以至社会进步（或衰落）的原因首先是精神的，不是物质的；是内在的，不是外在的。那么，探索人杰的精神之美和人格力量，使伟大的中华民族精神和人文精神弘扬发展、继往开来，是今人不能轻慢的事情。不然，不仅将损伤了过去，也将妨碍未来。无锡人杰的后代子孙们，应当振奋精神，矢志不渝，学习前人志存高远、勇争一流的远大志向，学习他们不畏艰难、顽强拼搏的昂扬锐气，学习他们心怀天下、乐于奉献的高尚品德，在新的历史起点上，担纲历史性跨越的发展重任，再造辉煌！

我相信，杰出人物将在无锡这片充满生机的沃土上蓬勃而出，过去的历史有希望变成更加壮丽的现实。人类从来不需要比希望更多的东西，而我已经看到了这样的希望。

（2006 年 6 月）

吴文化精神：无锡建设不竭的动力

——《吴文化研究新论》序

　　吴文化是中华文化的重要组成部分，也是吴地文明发展的精髓所在。在中华文化体系中，吴文化作为一种区域文化，她既蕴涵着中华文化的历史内涵，体现了中华文化的许多共同的精神特质，也具有与自身地理环境相融合的区域文化色彩。吴文化源远流长，它承前启后，蓬勃发展，从远古文化的诸多支流中后来居上，培育了吴地灿烂的物质文明和精神文明，成为中华传统文化中的瑰宝。深入挖掘、研究、开发和利用吴文化资源，对于传承中华优秀文化传统，进一步推进吴地文明发展，有着深远的历史意义和重要的现实意义。

　　无锡是江南历史名城。作为中国吴文化的主要发源地，无锡历史悠久，人文荟萃。从商末周太王长子泰伯到梅里建"句吴"国算起，无锡已有 2200 余年建城历史。2000 年考古发现的江阴佘城遗址，距今已有 3700 多年。已有的考古发现表明，无锡是当时江南第一城。近年来考古发现的鸿山吴越贵族墓大型遗址，再次印证了无锡是吴文化的主要发祥地。在吴文化的熏陶下，从春秋战国到近现代，无锡在政治、经济、军事、文学、艺术、科技等各个方面，都曾涌现过许多杰出的代表人物，他们对吴地乃至全国的经济社会发展都作出了巨大贡献。

　　无锡是经济中心城市。19 世纪中期，无锡已是全国"四大米市"之一，也是闻名遐迩的"丝市"、"布码头"。20 世纪初，无锡成为我国民族工商业的发祥地之一，获得了"小上海"的美称。70 年代初，无锡的乡镇企业在全国率先崛起。改革开放后，无锡经济发展迅猛，成为全国 15 个经济中心城市和 13 个较大城市之一。目前，无锡以约占全国万分之五的土地、千分之四的人口，创造了全国 1.8 % 的经济总量。2005 年，无锡实现地区生产总值 2805 亿元，财政总收入 421.8 亿元，一般预算收入 181.7 亿元，在全省率先基本建成全面小康社会。在上海社会科学院最新研究推出的《长三角城市群综合竞争力评价报告》中，无锡排名第 3。

无锡是著名旅游胜地。自然风光优美，人文景观众多，集江、河、湖、泉、洞之美于一体，旅游资源非常丰富，是全国 10 个重点旅游城市之一，有五个 4A 级景区和两个 3A 级景区。无锡是区域交通枢纽。境内京沪铁路、新长铁路、沪宁高速公路、宁杭高速公路、沿江高速公路、锡澄高速公路、锡宜高速公路等纵横交错，是上海到成都、黑龙江同江到海南三亚、上海到北京三条高速公路的交汇点，是连接南北、沟通东西的重要节点。京杭大运河在无锡穿城而过。江阴港是长江出海口的重要换装港之一。民航无锡机场已经成为江苏省内重要的出入口。

千百年来，无锡经济社会发展一直走在全国前列，这绝不是偶然的，其中很重要的因素，是有着吴文化这一丰厚文化积淀的土壤，有着从古到今保持着的后来居上、创新争先精神内核。以工商经济为例，从 1895 年第一家近代工业企业建立算起，100 年来无锡谱写了持续繁荣的发展史，成为享誉全国的工商业名城。在这一百年间，无锡抓住了三次历史性的发展机遇。第一次机遇是 19 世纪末、20 世纪初由"洋务运动"带来的民族工业大发展。当时以荣氏家族为代表的一批无锡工商实业家敢于创业，勇于创新，在短短的三四十年间兴办了近 300 家企业，建立起了以棉纺织、缫丝、粮食加工为三大支柱产业的工业框架，使无锡一跃而跻身于中国六大工业都市（上海、天津、武汉、广州、青岛、无锡）之一。第二次机遇是 20 世纪七八十年代乡镇企业的发展。当时无锡农民在党的改革开放政策鼓舞下，凭着"四千四万"（踏遍千山万水、吃够千辛万苦、走进千家万户、说尽千言万语）精神，大力发展乡镇企业，一度使乡镇工业在全市经济总量中占到了"三分天下有其二"，走出了一条中国农村工业化、城市化的新路子，成为"苏南模式"发源地之一。20 世纪 90 年代以来，无锡人民又抓住经济国际化的发展先机，以工业园区建设为主要载体，大力引进外资，发展对外贸易，形成了日资高地、制造业基地等新的产业特点，使地方经济社会发展又上了一个新水平，在全省率先全面建成小康社会。

进入"十一五"发展，无锡面临着在巩固全面小康社会成果的基础上，率先基本实现现代化的历史重任。在新一轮发展中，无锡市坚持富民强市和能快则快、又快又好发展的发展思路，以创新发展模式、建设创新型城市为抓手，致力于加快经济结构的战略性调整和经济增长方式的转变，大力提升自主创新能力、体制机制活力和可持续发展能力，努力确保到2010年率先基本实现现代化，确保经济社会转入全面协调可持续发展轨道。"十一五"期间，无锡将加快建设"五大中心"，即：国际先进制造技术中心和区域性商贸物流中心、创意设计中心、职业教育中心、旅游度假中心，打造"五大名城"，即：最适宜投资创业的工商名城、最适宜创新创造的设计名城、最适宜生活居住的山水名城、最适宜旅游度假的休闲名城和最富有人文特质的文化名城。实现这一目标，特别需要文化力的支撑。

无锡作为吴文化的主要发源地，我们要进一步深入研究吴文化，传承发展吴文化，开创吴文化研究的新局面，为进一步推进无锡乃至吴地的文明发展作出新的贡献。

（2006年6月）

无锡道教有1400余年历史，其音乐以其浓郁的地方特色、宏大的规模、精到的套路、远及海外的影响而独树一帜。《二泉映月》、《十八拍》、《下西风》等就诞生在无锡道教音乐的沃土中

无锡：江南名城，吴中胜地

——《无锡文化丛书》序

　　无锡是历史悠久、人文荟萃的江南名城，是风光秀丽、山辉川媚的吴中胜地，是经济繁荣、充满活力的现代都市，素有"太湖明珠"的美称。触摸这座城市，我们无不感受到她涌动着一股内在的气韵和力量，彰显着一种独特的个性与魅力。这就是无锡的文化，无锡大地上生生不息、薪火相传的血脉。

　　翻开无锡的历史长卷，在3000多年的时间长河中，无锡凭借她得天独厚的山水地理和勤劳朴实的创业精神，创造了令人惊叹的文化硕果，留下了丰厚的文化积淀。泰伯开基，定都梅里，男耕女织，兴修水利，开创了泽被中华的灿烂吴文化，奠定了富庶江南、鱼米之乡的基础，无锡由此成为吴文化的发源地。到近代，一批民族工商业先驱敢为天下先，学习西方文明，兴办工商实业，演绎了百年繁荣的民族工商文化，无锡又成为中国民族工商业的发祥地。共和国成立之后，特别是改革开放以来，无锡更是以走向世界的眼光，海纳百川的胸襟，开拓创新的精神，以约占全国万分之五的土地、千分之四的人口，创造了全国1.7%的经济总量，在全国大中城市中位居前列。先后荣获中国优秀旅游城市、全国环保模范城市、国家园林城市、全国科教兴市先进城市、创建全国文明城市工作先进城市、中国十大最具经济活力城市等称号，谱写着现代文明的辉煌篇章。

　　历史是人民创造的。古往今来，无锡这片文化沃土深深地浸润着一代又一代无锡人的血脉，涌现出众多流芳千古的历史名人和文化巨匠。至德先祖泰伯、仲雍，陶朱公范蠡，举案齐眉的梁鸿和孟光，画神三绝顾恺之、倪云林、王绂，乐府诗人李绅，千古奇人徐霞客，东

林党人顾宪成、高攀龙，四国公使薛福成，都在历史的星空中熠熠生辉。在近代，无锡更是群英荟萃，称誉神州，以秦邦宪（博古）、陆定一为代表的革命家，以荣氏家族为代表的工商实业家，以陈瀚笙、孙冶方、薛暮桥为代表的经济学家，以华蘅芳、周培源、钱伟长为代表的科学家，以唐文治、高阳、蒋南翔为代表的教育家，以刘半农、钱穆、钱钟书为代表的文学家，以徐悲鸿、刘天华、华彦钧、程及为代表的艺术家……这些民族的栋梁，代表了各个时代的先进文化，为无锡赢得了"书画之乡"、"民乐之乡"、"泥人之乡"、"教授之乡"、"经济学家摇篮"的美誉。他们辉煌的业绩，折射出爱国恤民的思想、尚德务实的品格、和谐奋进的精神、探索创造的活力，这就是无锡文化的深刻内涵，是值得我们继承和弘扬的宝贵财富。

文化是城市的灵魂。今天，我们已踏上 21 世纪新的发展征程，文化已成为一个城市综合竞争力的重要标志和重要组成部分。衡量一个城市是否有吸引力，是否有竞争力，最重要的就是看它的文化资源、文化氛围和文化发展水平。以文化特色来塑造城市形象，展示城市品牌；以文化氛围来凝聚市民人心，推动城市发展；以文化知名度提升城市的综合地位，已经成为城市发展的关键。

无锡正站在率先全面建成小康社会的历史基点上，朝着率先基本实现现代化的宏伟目标而努力奋斗着，对此，我们感到自豪，也充满必胜的信心。同时，我们也要看到，当今世界竞争态势异常激烈。"城市竞争，名者胜"。为进一步全面提升城市综合竞争力，无锡正在努力打造最适宜投资创业的工商名城、最适宜创新创造的设计名城、最适宜生活居住的山水名城、最适宜旅游度假的休闲名城和最富有人文特质的文化名城，正以鲜明的城市形象矗立于世界之林。实施城市品牌战略，离不开优秀传统文化的继承弘扬，离不开先进文化的繁荣发展，在这方面我们还有许多工作要做，更有待于坚韧不拔的创新创造，建设传统特色与时代特征相融合的先进文化。

一年来，无锡市委宣传部召集一批有识之士，以强烈的责任感，从文化战略的高度，纵览无锡文化的历史渊源，解读无锡文化的个性特质，透析无锡文化的人文精神，对无锡文化进行全面发掘、整理和总结，结集出版《无锡文化丛书》，其规模之大、范围之广、分量之重，堪称无锡文化的一个大制作。这是一项具有深远意义的基础工程，是对无锡文化发展的一个重要贡献。通读这套丛书，人们会进一步了解无锡山水之美、人文之厚、精神之丰；无锡人民更能从中汲取营养，启迪心智，凝心聚力，激发率先基本实现现代化的无穷智慧和力量，无锡的明天一定会更加美好！

（2006 年 4 月）

无锡文化丛书

无锡彰显文化特质，走进国家历史文化名城行列

《梁溪胜迹——历史文化名城无锡图读》序

　　无锡，别称梁溪，位于太湖之滨，长江三角洲中部，京杭大运河穿城而过，是一座江南的历史文化名城和重要的风景旅游城市。这里四季分明、物产丰富，拥有众多的文化遗产和秀美的湖光山色，素以"勾吴古都，工商名城，太湖明珠"著称。

　　无锡具有 7000 年人类生活史，3000 多年文字记载史，在中国社会发展的历史上有着重要影响。无锡城市历史源远流长，是古代吴文化发源地和近代民族工商业发祥地，还是当代乡镇企业诞生地。商末泰伯定都无锡梅里，中原文化和江南文化在此交融，吴文化在中国的历史上写下了光辉灿烂的篇章。无锡是东林党斗争的策源地。明代后期以无锡人顾宪成、高攀龙为首，在无锡东林书院讲学，"风声雨声读书声声声入耳；家事国事天下事事事关心"，名扬天下。光绪二十一年（1895 年），无锡开创民族资本企业，带动了全国民族工商业的蓬勃发展，对中国的政治和经济产生了深远的影响。20 世纪 50 年代，无锡又成为中国乡镇企业诞生地。无锡至今保存着大量的吴文化、民族工商业文化、乡镇企业和东林文化遗存，无不印证着无锡城市辉煌的历史和文化底蕴，无不反映着无锡在中国历史上占有的重要地位，具有的广泛影响。

　　无锡是西汉故城，2200 多年来，城址未迁，城名依旧，宋元时期形成的平面格局基本未变，城内历史街区风貌保持较好。无锡于西汉高祖五年（公元前 202 年）设县。县城建在惠山东麓、古江南河西岸。唐宋以来，城址向古运河东岸扩展了一倍，形成"龟背形"和"一弓

何振梁与奥林匹克纪念馆

　　利用一家旧工厂车间建筑的何振梁与奥林匹克陈列馆主馆面积约1800平方米，2007年5月1日动工，2008年8月7日正式对外免费开放

（河）九箭（河）"、"玉带"、"束带"的古城空间格局，至今未有大变。城内及近邻现有荣巷、惠山、清名桥、小娄巷四大历史街区，保护面积 52.24 公顷，还有日晖巷、淘沙巷、接官亭弄、蔡家弄等街坊。城郊现存荡口、严家桥、甘露、玉祁、礼舍、黄土塘等古镇。街区、古镇保持着城市建筑风貌和原生态社会环境。

无锡市历史文化遗产丰厚，文物史迹众多，省级文保单位数居全省第三，全国重点文物保护单位数居全国大中城市第十五位。目前市区有全国重点文物保护单位 11 处，省级文物保护单位 39 处，市级文物保护单位 136 处，大型地下文物埋藏区 5 处，鸿山遗址被列为国家大遗址保护工程，惠山祠堂建筑群列为申报世界文化遗产预备名单。非物质文化遗产中，有 3 项列入国家首批非物质文化遗产保护目录，10 项列入省级非物质文化遗产保护项目。目前无锡文化遗产的点、线、面的保护格局已经形成，文化景点不断增多，特色旅游街区逐步形成，历史人文景观长廊初现端倪，文化遗产开始走近寻常百姓。

从光绪二十一年到 20 世纪 20 年代，无锡涌现出大批的民族工商业家，并形成六大民族资产集团，建立了民族工商业体系，无锡资本总额在当时全国六大工业城市中位居第 3，产业工人总数位居全国第 2，人称"小上海"。无锡现存工业遗产百余处，不但有企业厂房、百年老店，而且有银行、会所、学校、医院、图书馆、公园等，在国内具有独特性和稀有性，有 32 处工业遗产已列为省级、市级文物保护单位。2006 年首届"中国工业遗产保护论坛"在无锡举办，形成中国工业遗产保护的纲领性文件《无锡建议》。

无锡人文荟萃，名人辈出。无锡的吴文化、运河文化、工商文化造就了众多的彪炳中华史册的历史名人和文化巨匠。其中有东晋画圣顾恺之，南宋名相李纲，文人画派开创者倪云林，铜活字创始人安国，东林党人顾宪成、高攀龙，近代科技先驱徐寿、华蘅芳，外交家、思想家薛福成，工商实业家荣宗敬、荣德生、荣毅仁，文坛泰斗钱钟书，国学大师唐文治、钱穆、钱基博，革命家秦邦宪（博古）、陆定一、王昆仑，著名经济学家陈翰笙、薛暮桥、孙冶方，杰出民间音乐家阿炳，著名计算机专家王选，科学家顾毓琇、钱伟长、姚桐斌等。无锡现存名人故居 53 处，建立纪念馆对公众开放 16 处。

面对无锡深厚的文化底蕴、优秀的文化传统、众多的文化遗产，我们充分认识到历史文化遗产是一个城市最为珍贵的资源，也是不可再生资源，更是体现城市个性和特色的资源。充分发掘和利用好文化遗产资源，赋予它旺盛的生命力，展现城市个性，打造城市品牌，是我们这一代所肩负的历史使命。在无锡文化遗产保护中，我们实现了从激进的城市改造向和谐的城市更新转变，从城市建设的包袱向城市发展的动力转变，从文物单体保护向文化空间、文化环境保护转变，从行政强制保护向民众认知保护转变，从后期文物抢救向前期参与机制转变。全市对保护文化遗产的认识日趋统一，政策开始倾斜，合力逐步形成，工作有所突破，文化遗产保护和利用进入历史最好时期。

认知决定着态度，态度决定着实践。在"十五"期间，无锡以"发掘精华资源、凸显无锡人文、营造文化氛围、提高城市品位"为主线，加强历史文化遗产的保护、开发和利用。无锡全国重点文物保护单位由 1 处增加到 11 处；省级文物保护单位由 12 处增加到 39 处；市级文物保护单位由 60 处增加到 136 处；历史文化街区从 1 处增加到 4 处，并先后启动规划建设，保护区面积由 18.78 公顷增加到 52.24 公顷；名镇、名村从 1 处增加到 6 处；鸿山遗址于 2005 年被列为全国十大考古新发现；全市累计投资 5 亿多元，修复 130 余处文物建筑，建立纪念馆、博物馆等文物开放单位 50 余座。无锡在全国首先成立了文化遗产局，实施管办分离、政事分开的管理体制，颁布了《无锡历史街区保护办法》、《无锡历史文化名城保护办法》等一批地方法规，编制了《无锡历史文化名城保护规划》、《无锡工业遗产保护规划》、《无锡古运河保护规划》等一批保护规划。

在"十一五"期间，无锡以"建设文明无锡，打造文化名城"为主题，以增强城市"软实力"和人文竞争力为主线，确定了申报国家历史文化名城的工作目标；积极实施名地、名街、名居、名遗"四名"工程；加快推进重点历史文化遗产的保护利用；实施《"建设文明无锡，打造文化名城"项目任务责任书》，把文化遗产保护项目纳入各级政府责任。确定文化重点工程，实行领导挂钩联系制度，把文化遗产

保护项目纳入领导负责制。举全市之力实施清名桥、荣巷、小娄巷、惠山历史街区、"三泰一址"吴文化遗迹和遗址、荡口古镇、非物质文化遗产和市博物馆、中国民族工商业博物馆、中国乡镇企业博物馆、泥人博物馆、米市博物馆等十大文化遗产保护工程项目。以文化遗产"软实力"的利用来打造和提升无锡城市文化品牌，增强城市凝聚力、影响力、开放度和美誉度，努力把无锡建成与优秀传统文化相承接，与世界文明相贯通，与经济和社会发展相辉映的国家历史文化名城。

（2006 年 12 月 26 日）

国家历史文化名城无锡

锡金公园旧址位于无锡市中心。曾名为无锡公园，俗称公花园，今名城中公园。其范围内，涉及楚春申君黄歇于白水荡所建行宫、东晋王羲之寓所、崇安寺及道观"洞虚宫"局部、明盛冰壑方塘书院等废址。清光绪三十一年（1905年）九月，辟建锡金公园，是我国最早的近代城市公园之一。2006年由江苏省人民政府公布为江苏省文物保护单位

发掘文物资源　保护文化遗产

——《梁溪胜迹——无锡文物古迹通览》序

　　文化遗产是历史的忠实见证，它的本质特征就是真实、生动、形象，具有很强的视觉冲击力和精神感召力。在漫漫的历史长河中，无锡先民曾经创造出许许多多的辉煌成果，由于自然的和人为的双重作用，不少经典性的文化遗产没有能保存到今天。我们今天能够看到的，仅仅是无锡先民无数杰出创造中保存下来的一部分。这些饱经沧桑、屹立在无锡城区、乡镇各处的历史文化遗产，为我们理解先民的勤劳、勇敢、智慧的精神品格留下了丰富的想象空间。它们既是无锡灿烂文化的物化成果，又是无锡悠久历史的稀世见证，也是支撑我们今后进一步生存和发展的重要基石。我们有必要、有责任、有能力来保护这批幸存至今的文化遗产。因为它们不仅属于过去，而且属于未来；不仅属于无锡，而且属于中国乃至世界。

　　2005年，无锡历经5年的不懈努力，终于获得省级历史文化名城的称号。全国重点文物保护单位数量列全国大中城市第15位。在步入文物大市之机，应当编撰一套全面反映无锡历史文化遗产的大型图书，作为存续数千年的历史文化遗产在我们这个现代转型时期的一个总结。全面地、系统地展示无锡先民的伟大创造，充分反映历史文化遗产的内在价值，努力探究无锡深厚的文化底蕴和人文精神，是我们一代人的历史责任。

锡金公园

　　《梁溪胜迹》分为《历史文化名城无锡图读》、《无锡文物古迹通览》二册。着重反映我市历史文化遗产及非物质文化遗产的基本状况，并力图以新的视角切入，从文物本体出发又不拘泥文物本体。也就是说，它记录的首先是文物本身的真实面貌，同时不忘记发掘与文物本体有关的各种历史信息和遗存，借以保存历史本身色彩斑斓的多样性和复杂性。"图读"为上册，汇集无锡文化遗址、历史街区、名村名镇、老街小巷、名人故居、工业遗产、馆藏文物和非物质文化遗产，全面地展示无锡城市的历史沿革、空间肌理、建筑风貌、文化特色、人文精神。"通览"为下册，囊括无锡各级文物保护单位186处，辅以准确、翔实的相关资料和数据，真实地、系统地阐述无锡文保单位鲜明的个性特色和独特的内在魅力，形象地展示这些文物的历史、艺术、科学价值。

本书立足实现学术性与可读性，知识性与真实性的统一。无锡，别称梁溪，《锡金县志》载有东汉高士梁鸿为民疏通梁溪河和"举案齐眉"的佳话，故将这本反映无锡先民智慧和创造精神的图书定名为《梁溪胜迹》。

谨以此书奉献给一切关心无锡、珍爱文化的人们。

（2006 年 12 月 26 日）

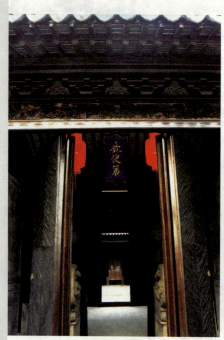

钦使第——薛福成故居

寄畅园

古风依旧　陶然于心

——鸿山遗址博物馆、中国吴文化博物馆记

　　吴域文化，源远流长。古有先民筚路蓝缕，泰伯奔吴开疆立邦，务实拓进尚德之风飘扬。遂成刚健清新、灵动秀丽之一脉，汇入华夏5000年文化长河。江南神韵，溯其源，寻其根，在我吴域也。

　　诚然，千年史载渺渺乎苍茫，欲睹古吴之风采，殷殷矣期盼！新世纪曙光初照，鸿山惊醒，玉凤振翅，青瓷编钟复奏春秋雅乐，浩然引得世人竞折腰。呜呼！吾邦信史有物也。

　　今建吴文化博物馆、鸿山遗址博物馆，爱之护之，可念先贤之德行高迈，可沐文化之气韵光芒。可励吾辈之奋进宏志。善哉善哉！岁在戊子年阳春三月，谨以记之。

（2008年4月10日）

玲珑球　　　玉凤

鸿山遗址出土文物

无锡论坛：为中国文化遗产
保护作出积极贡献

——《中国工业遗产保护论坛文集》序

2006年早春3月，正逢"两会"期间，我与国家文物局单霁翔局长会晤，三句不离文化遗产的保护。我谈及无锡是中国民族工商业的发祥地，留有众多的工业遗产，它既是无锡文化遗产之特色，又是文化遗产保护之难点。单霁翔局长更是认为，工业遗产保护已成为我国在城市化快速发展时期亟须面对的新课题，务必引起高度重视。共识所至，双方一拍即合，共同倡议定于2006年4月18日，即国际古迹遗址日，在江苏无锡由中国古迹遗址协会主办，由江苏省文物局、无锡市人民政府承办，联合举办中国工业遗产保护论坛。

为办好论坛，无锡就工业遗产的保护做了几件事。一是市政府下发了《关于开展工业遗产普查和保护工作的通知》，把工业遗产的保护列入重要议事日程；二是在工业遗产普查的基础上，汇编了《无锡工业遗产图录》；三是展示工业遗产保护成果，举办了"无锡工业遗产保护展"。从确定议题到举办论坛，只有短短一个月时间，出乎意料的是，它受到了国内众多专家学者、工业遗产重点城市的积极响应，80多位各界人士参加了会议。论坛富有成果，单局长发表了《保护工业遗产的思考与探索》主旨演讲，通过了《无锡建议——注重经济高速发展时期的工业遗产保护》重要文件。与会者就工业遗产的保护进行了深入广泛的研讨，议题切合实际，角度各有侧重，见解独到精辟，言之有物有理，充满时代精神。

为了保存、推广论坛的研究成果，并使其在今后的实际工作中发挥更大作用，国家文物局文物保护司和无锡市文化遗产局把论坛的文稿编辑成集。纵览文集，许多文章既有理论性，又有实践性，既有超前意识，又具实践意义。我相信文中闪烁着的理论火花，在今后的实践中必将燎原成一个又一个工业遗产保护之成功典范。

　　编辑这本论文集是一个良好开端，希望能以此引发更多的同志对工业遗产保护这个课题更多的关注与思考。举办中国工业遗产论坛更是一个良好的开端，我和单局长再次倡议，每年举办一届中国文化遗产保护无锡论坛，从工业遗产开始，涉及更多、更广的领域，把中国文化遗产保护无锡论坛办成国内乃至国际有影响的论坛，为中国文化遗产保护作出应有的贡献。

　　是为序。

（2007 年 2 月 8 日）

《中国工业遗产保护论坛文集》

无锡20世纪工业遗产

以吴文化研究成果促进和谐发展

——《吴文化与和谐文化》序

　　吴文化是中华文化的重要组成部分，也是吴地文明发展的精髓所在。作为一种区域文化，吴文化既蕴涵着中华文化的许多共同精神特质，也有着与自身地理环境相融合的区域文化色彩。在构建社会主义和谐社会的新形势下，深入研究和开发利用好吴文化资源，进一步传承发展好吴文化的优秀传统，对于加强吴地和谐文化建设，推进文化创新，促进吴地和谐发展，有着十分重要的意义。

　　从商末周太王长子泰伯南奔梅里建"句吴"国算起，无锡已有2200余年建城历史。2000年考古发现的江阴佘城遗址，距今已有3700多年。近年来考古发现的鸿山吴越贵族墓大型遗址，再次印证了无锡是吴文化的主要发祥地。在吴文化的熏陶下，从春秋战国到近现代，无锡在政治、经济、军事、文学、艺术、科技、教育等各个方面，都涌现过许多杰出的代表人物，他们对吴地乃至全国的经济社会发展作出了巨大贡献。

　　千百年来，在吴文化的支撑和推动下，无锡从县城发展成为江南经济重镇。到19世纪中期，无锡已是全国"四大米市"之一，也是闻名遐迩的"丝市"、"布码头"。20世纪初，无锡成为我国民族工商业的发祥地之一，获得了"小上海"的美称。20世纪70年代初，无锡的乡镇企业在全国率先崛起。改革开放后，无锡经济发展迅猛，成为全国15个经济中心城市和13个较大城市之一。2006年，无锡实现地区生产总值3300亿元，财政总收入517.4亿元，一般预算收入220.9亿元，城市居民人均可支配收入18189元，农民人均可支配收入8880元。中国社科院发布的《2007年中国城市竞争力蓝皮书》，无锡市在

综合排名中列第 7 位。

　　无锡经济社会的发展，一个重要原因，是得益于吴文化的丰厚积淀和滋养，有着从古到今保持着的后来居上、创新争先精神内核。从1895 年第一家近代工业企业建立算起，100 年来无锡谱写了持续繁荣的发展史，成为享誉全国的工商业名城。在这 100 年间，无锡抓住了三次历史性的发展机遇。第一次机遇是 19 世纪末、20 世纪初由"洋务运动"带来的民族工业大发展。第二次机遇是 20 世纪七八十年代乡镇企业的发展，走出了一条中国农村工业化、城市化的新路子，成为"苏南模式"发源地之一。20 世纪 90 年代以来，无锡人民又抓住经济国际化的发展先机，以工业园区建设为主要载体，大力引进外资，发展开放型经济，形成了日资高地、制造业基地等新的产业特点，使地方经济社会发展又上了一个新水平，在全省率先全面建成小康社会。

　　当前，无锡正在深入学习贯彻党的十六届六中全会精神，致力于构建社会主义和谐社会。无锡市第十一次党代会提出了"一当好、三争创"的奋斗目标（即当好江苏现代化建设先行军，争创科学发展先导区、和谐发展示范区、党的建设模范区），在和谐社会建设中，重点抓好富裕无锡、和谐无锡、文明无锡、绿色无锡、平安无锡、法治无锡六大建设，突出解决就业和社会保障、收入和收入分配、教育和医疗卫生、住房和交通、安全和环境、司法和行政执法保护等六个老百姓最直接最现实的利益问题。在经济社会发展中，坚持好中求快，优中求进，创新发展模式，加快调整经济结构和转变增长方式，加强环境保护和资源节约，大力推进改革开放和自主创新，促进经济又好又快发展与社会和谐稳定。

　　实现新一轮发展目标，特别需要文化力的支撑，特别需要加强文化建设的理论研究，这也是无锡坚持每年举办吴文化国际研讨会的初衷。吴文化与和谐文化有着密切的关系，特别是吴文化中尚德崇文、开拓创新的人文精神，体现了德治、科学发展的价值理念，体现了以人为本、社会公平的重要思想和崇学重教、文化兴邦的精神。这些思想和精神，是当今构建和谐社会、建设和谐文化进程中不可或缺的重要文化思想。

　　我们会以每一届的吴文化国际研讨会为载体，深入研究吴文化，传承发展吴文化，进一步揭示吴文化的深刻内涵及其与和谐文化建设的关联，产生出更多更新的优秀研究成果，为无锡乃至吴文化区域和谐文明发展提供强大的精神动力和智力支持。

（2007 年 4 月 10 日）

吴文化系列丛书

文保足迹

苏　州

◎ 2001 年

6 月 29 日　出席观前地区整治更新三期工程动员大会，作"建设秀美、繁荣、文明的新观前"讲话

7 月 26 日　出席市文联第 8 次代表大会开幕式。

12 月 26 日　参加苏州市广播电视总台成立大会。

9 月 6 日　出席第 8 届亚太经合组织财长会议记者招待会，作"苏州的过去、现在和未来"致词。

11 月 28 日　出席苏州文化工作会议作"古为今用，做好传统文化的薪火传人；与时俱进，谱写现代文明的崭新篇章"讲话。

◎ 2002 年

4 月 30 日　出席苏州博物馆新馆建筑设计签约仪式。

5 月 24 日　出席苏州市环古城保护工程开工典礼，作"挖掘历史内涵，促进古城繁荣"讲话。

6 月 18 日　出席山塘历史文化保护区保护性修复试验段工程启动仪式，作"身体力行，探索古城保护振兴之路"讲话。

6 月 28 日　出席苏州城市品牌高级论坛，作"打造跨越 2500 年的经典品牌"演讲。

8 月 28 日　出席观前地区整治更新工程竣工典礼，作"把苏州建设成为人间新天堂"致词。

◎ 2003 年

2 月 18 日　出席第 27 届世界遗产大会会务指挥部成员会议暨新闻发布会，作"意义重大责任重大，全力以赴办好世遗会，全面提升苏

州城市的国际形象"讲话。

4月19日 出席中国美术家协会和苏州市政府联合主办的中国首届粉画展开幕式。

9月11日 出席"古韵今风——苏州行"活动,作"苏州:一座历史文化名城的创新与崛起"讲话。

11月5日 出席苏州博物馆新馆奠基典礼,作"为千年古城增添新的光彩和活力"致词。

11月15日 出席第2届中国昆剧艺术节、第2届中国苏州评弹艺术节开幕式。

12月23日 出席苏州市文物工作会议作"保护抢救利用管理好文化遗产,为打造文化苏州建设文化强市奠定基础"的讲话。

12月24日 出席加快古城风貌保护二期工程建设动员会,作"打造千年古城,建设东方水城"讲话。

◎ 2004 年

2月17日 出席国务院新闻办公室召开的中国世界遗产保护和第28届世界遗产委员会会议筹备工作新闻发布会,并回答了中外媒体提问。

3月19日 出席迎接第28届世界遗产委员会会议和创建全国文明城市动员大会,作"以国际水准、苏州特色、文明形象,确保第28届世界遗产委员会会议圆满成功"讲话。

6月21日 参加复旦大学与国家文物局联合举办的全国文物局长学习班,作"苏州古城保护的探索和实践"主题演讲。

6月28日 出席联合国教科文组织第28届世界遗产委员会会议开幕式,作"世界遗产大会选址苏州是最好选择"致词。

7月2日 出席苏州市文化工作会议,作"一手抓文化事业,一手抓文化产业,全面推进文化强市建设"讲话。

无 锡

◎ 2004 年

11月24日 出席程及捐赠画作仪式,向程及先生颁发荣誉证书,决定在蠡湖公园建设程及美术馆。

11 月 24 日　在新区调研时要求重视鸿山遗址考古，开展整体保护研究。

◎ 2005 年

3 月 23 日　调研吴文化公园、鸿山遗址考古现场，作"显吴地文化之蕴，扬山水名城之名"讲话。

5 月 1 日　出席秦邦宪（博古）故居开放仪式。

5 月 1 日　就旅游发展作专题调研，提出要挖掘历史文化资源，发展文化旅游。

5 月 11 日　出席第 2 届中国太湖国际民乐展开幕式。

5 月 23 日　视察全国文明城市创建工作时指出，要充分发挥文化软实力在文明城市建设中的作用。

6 月 28 日　出席市委召开的全市宣传思想暨"活力无锡"建设工作会议。

6 月 10 日　调研城区工作，提出在城区建设中要重视文物保护。

6 月 10 日　参加全市社会事业改革创新动员大会，作"深化文化体制改革，加快文化名城建设"讲话。

8 月 8 日　参加纪念荣德生先生诞辰一百三十周年大会，作"继承和发扬无锡工商文化传统"讲话。

9 月 2 日　出席全市城市工作会议，提出要把无锡建成古代文明与现代文明交相辉映的国家历史文化名城的要求。

9 月 13 日　出席中国紫砂艺术大展开幕式。

10 月 7 日　在江南大学听李岚清同志"音乐·艺术·人生"讲座。

12 月 3 日　出席无锡博物院动工仪式。

◎ 2006 年

4 月 11 日　出席吴文化国际研讨会开幕式。

4 月 11 日　出席鸿山遗址公园奠基暨吴文化之旅线路开通仪式。

4 月 12 日　出席"吴地风韵"大型展览开幕式。

4 月 19 日　出席中国工业遗产保护论坛，作"珍惜百年工业遗产，铸造工商名城之魂"主题演讲。

4月22日 参观无锡工业遗产保护展。

5月1日 出席阿炳故居开放仪式。

6月9日 出席陆定一诞辰百年座谈会。

6月10日 出席在上海同济大学举行的世界遗产国际高层研讨会，作"无锡文化遗产保护理念和方式的转变"演讲。获联合国教科文组织亚太地区文化遗产保护奖。

7月20日 在文化工作调研时指出，无锡要以文化"软实力"，提高城市竞争力。

7月21日 出席《无锡人杰》首发式，并为该书作"学习名人，涌现名人"序。

7月24日 出席鸿山遗址保护总体规划汇报会，提出要把鸿山遗址建成世界一流、中国典范的大遗址。

7月27日 调研宣传文化单位，提出年内建成省级历史文化名城，再用一两年时间建成国家历史文化名城的目标。

7月29日 在清名桥历史街区规划和古运河申遗工作会上强调，高度重视古运河保护，无锡要争当古运河"申遗"牵头城市。

8月12日 市委、市政府召开全市"建设文明无锡，打造文化名城"工作会议，作"传承千年文明，再铸文化辉煌"讲话，为无锡市文化遗产局成立揭牌。

11月22日 到江阴、锡山调研，提出保护利用丰富的历史文化资源，推动文化大发展大繁荣。

12月30日 看望在无锡调研的国家历史文化名城专家委员会部分专家，提出无锡申报成功省级历史文化名城之日，是无锡申报国家历史文化名城之始的要求。

12月31日 出席中国民族工商业博物馆、无锡锡剧博物馆开馆典礼和顾毓琇故居开放典礼。

◎ 2007 年

1月13日 参加全市宣传部长会议。

2月17日 视察无锡博物馆等"五馆两中心"工程建设。

3月5日　在北京出席《无锡历史文化名城保护规划》专家咨询会。

4月11日　出席吴文化国际研讨会开幕式。

4月11日　出席两岸三地同祭泰伯典礼。

4月11日　出席中国文化遗产保护无锡论坛，作"在城乡现代化发展中永葆江南水乡特色"主题演讲。

4月11日　出席无锡文化遗产保护基金成立大会，带头捐款1万元，基金会共募基金2486万元。

5月1日　出席何振梁与奥林匹克陈列馆开工典礼。

6月10日　出席在北京召开的城市文化国际研讨会，作"城市与文化遗产：以无锡为例"主题演讲。

6月22日　出席秦邦宪百年诞辰纪念品捐赠仪式。

7月2日　出席无锡市国家历史文化名城专家论证会，提出无锡将以申报为动力，全面保护文化遗产。

8月25日　出席全市文化体制改革动员大会，提出文化体制改革重点在管办分离、政事分开，通过改革掀起文化建设新高潮。

8月29日　出席鸿山吴文化广场暨风情街开工典礼。

10月1日　出席无锡人杰园开园典礼，祝贺无锡申报成功国家历史文化名城。

10月25日　出席无锡籍著名画家作品展开幕式。

10月28日　出席第3届中国无锡·太湖国际民乐展开幕式。

11月5日　在宜兴调研，要求充分利用保护好自然和人文资源，为无锡五大名城建设作出更大贡献。

11月6日　调研清名桥历史街区，提出要精心打造江南水弄堂、运河绝版地。

11月7日　考察无锡博物院工地，提出坚持观众至上，突出特色优势，建设全国一流的博物院。

11月7日　调研惠山历史街区，提出加大惠山古街保护性修复力度，全面保护祠堂文化和山水文化。

11月22日　主持召开市委常委会，部署掀起"建设文明无锡，打造文化名城"各项工作。

11 月 30 日　调研新区科技文化发展，要求彰显新区特色，争创四高联动的先行区、示范区。

12 月 10 日　市委、市政府召开建设文明无锡，打造文化名城再动员大会，提出要以无锡获得国家历史文化名城动员为新的起点，掀起历史文化名城建设新高潮。

12 月 15 日　在江阴调研，提出大力抓科技提高经济竞争力，大力抓文化提高社会影响力。

◎ 2008 年

1 月 5 日　市委常委会确定新一年重点工作，要求江阴、宜兴申报国家历史文化名城，无锡要率先建成国家历史文化名城群。

2 月 6 日　出席薛福成故居薛家花园和程及美术馆开放仪式。

2 月 28 日　出席市委"五个一"工程奖和文学艺术奖颁奖仪式。

3 月 15 日　在北京出席《中国奥运冠军印谱》首发仪式。

4 月 10 日　出席中国文化遗产保护无锡论坛，作"以成为国家历史文化名城为动力，走在保护 20 世纪文化遗产前列"的主题演讲。

4 月 11 日　出席鸿山遗址博物馆、中国吴文化博物馆落成仪式。国家文物局在无锡召开全国大遗址保护现场会。

4 月 11 日　出席 2008 中国吴文化节暨世界同宗祭祀泰伯典礼。

5 月 10 日　出席第 3 届中国徐霞客国际旅游节开幕式。

5 月 21 日　出席何振梁与奥林匹克陈列馆开馆典礼。

6 月 5 日　在锡山区、惠山区调研，强调要保护乡土建筑。

6 月 12 日　在北京出席中国文化遗产年度杰出人物颁奖典礼，获首届"薪火相传——中国文化遗产保护年度杰出人物奖"，向四川地震灾区捐款 1 万元用于文化遗产保护。

6 月 16 日　调研江阴、宜兴，提出要加快国家历史文化名城申报，突出城市个性和特色。

7 月 1 日　出席无锡市第 9 次文代会开幕式。

7 月 29 日　专题调研城乡规划工作，提出要尊重和善待文化遗产，以规划为龙头做好保护工作。

7月31日　出席全市城乡规划工作会议，提出全面启动5大历史街区（古镇）保护工程，切实重视古村落、工业遗产和20世纪文化遗产等保护。

8月15日　出席乡镇企业博物馆奠基仪式

10月1日　出席无锡博物院开馆典礼。

10月7日　市委、市政府召开全市历史文化街区（古镇、古村、古运河）保护与利用工作会议，作"保护好历史文化遗产、建设历史文化型名城"讲话。

10月20日　出席全国大遗址保护高峰论坛，作"敬畏历史文化遗产、忠守时代赋予天职——无锡大遗址保护利用的探索与实践"的主题演讲。

后　记

　　感谢中国文化遗产保护年度十大杰出人物评选办公室和全国关心评选活动的人们的信任，给了我这样一份沉甸甸的荣誉和责任。

　　感谢中国文物保护基金会给了我一个将近年来有关文化遗产保护的习作汇集成册的机会，使我对文化遗产保护认识水平得到了进一步的提高，更增强了保护文化遗产的信心和力量。

　　还要感谢给了我一个表达感言的机会：

　　一座城市的文化遗产，是这个城市的文化基因。一个城市领导人的天职，最重要的是守卫好这座城市的文化遗产。只有这样，才是一个既对历史负责，又对未来负责的领导人。文化遗产薪火相传，保护好城市文化遗产，是每一位城市领导人都应当铭记在心的重要使命。

　　一座城市的文化遗产，是这个城市最为珍贵的资源，也是不可再生的资源，更是体现城市个性和特色的资源。城市领导人要善待和敬畏文化遗产。未来城市以文化论输赢，只有深厚文化底蕴和先进文化引领，城市才会在竞争中不断发展，才会建成具有理想和抱负的文化城市。

　　一座城市的文化遗产，是这个城市的文脉体现。一个城市领导人要呼应时代的进步，不断赋予新的内容，不断注入新的内涵，使这座城市焕发出新的时代气息，凸显现代文明。文化遗产也将在这一进程中促进城市的科学发展，成为城市文明成果的崭新亮点。

　　最后，我要感谢帮助收集整理文稿的叶建兴、施展、张旗、陈嵘、杨建民等同志和所有参与编辑的同志们，感谢大家付出的努力和辛勤的劳动。

杨卫泽

2008 年 8 月 9 日

图书在版编目（CIP）数据

天职：从"文保市长"到"文保书记"/中国文物保护基金会编 . 一北京：
文物出版社，2009. 2
　　ISBN 978-7-5010-2637-1

　　Ⅰ. 天…　Ⅱ. 中…　Ⅲ. 文物保护 – 中国 – 文集
Ⅳ. K87. 53
中国版本图书馆 CIP 数据核字（2008）第 168514 号

天　职
——从"文保市长"到"文保书记"

编　　者　中国文物保护基金会
装帧设计　潘小庆
责任印制　张道奇
责任编辑　王　戈
出版发行　文物出版社
地　　址　北京市东直门内北小街 2 号楼
　　　　　100007
　　　　　http://www. wenwu. com
　　　　　E-mail：web@ wenwu. com

制作印刷　南京墨之缘艺术文化有限公司
　　　　　北京画中画印刷有限公司
经　　销　新华书店
版　　次　2009 年 2 月第 1 版　2009 年 2 月第 1 次印刷
开　　本　787×1092　1/16
印　　张　26. 25
书　　号　ISBN　978-7-5010-2637-1
定　　价　88 元